Über dieses Buch

Die Sozialpolitik sieht sich aktuell mit einer Fülle von Problemen konfrontiert, die sie nur bewältigen kann, wenn die Gesellschaft sich über den Wert des Sozialstaates einig bleibt und die konkrete Ausgestaltung der sozialen Sicherungssysteme als eine dauernde Aufgabe begreift. Denn angesichts der umfassenden Veränderungen, die sich aus Europa- und Deutschlandpolitik, aus dem ökologischen Umbau von Wirtschaft und Gesellschaft, aus neuen technologischen Entwicklungen und Fortschritten in der Medizin ergeben, läßt sich prognostisch kaum noch bestimmen, welche sozialpolitischen Herausforderungen auf uns zukommen und wie wir ihnen begegnen können. Nur soviel scheint klar: Sozialpolitik kann nicht länger mit ausgreifenden Konzeptionen und einem starren gesetzlichen Regelwerk betrieben werden, sondern muß sich in Zukunft flexibel den jeweiligen gesellschaftlichen Gegebenheiten anpassen. Dem Wandel der Altersstruktur der Bevölkerung wird sie sich ebenso zu stellen haben wie der Aufgabe, ökologischen, technologischen und ökonomischen Veränderungen in ihren Auswirkungen auf die sozialen Sicherungssysteme entgegenzusteuern. Eine flexiblere Sozialpolitik hat zur Folge, daß sich Fragen nach der Verteilung von Einkommen, Vermögen und sozialer Sicherung künftig häufiger aufdrängen und einen größeren Stellenwert in der öffentlichen Auseinandersetzung einnehmen werden. Bei der Suche nach mehrheitsfähigen Kompromissen sollten Sozialpolitiker jedoch über eines nicht hinwegtäuschen: Der fragliche Punkt ist nicht, ob die sozialen Netze noch finanzierbar sind, sondern wieviel uns ihre Sicherung wert ist. Hier stehen verteilungspolitische Entscheidungen an, die sich als Bewährungsprobe des sozialen Rechtsstaates erweisen können.

Der Autor

Dr. Peter Rosenberg, geb. 1938 in Stuttgart, arbeitete nach dem wirtschaftswissenschaftlichen Studium auf den Gebieten der Sozialpolitik und der Gesundheitsökonomie beim Wirtschafts- und Sozialwissenschaftlichen Institut des DGB sowie beim Deutschen Institut für Wirtschaftsforschung. Seit 1978 leitet er im Bundesministerium für Arbeit und Sozialordnung die Unterabteilung für »Mathematische und finanzielle Fragen der Sozialpolitik, Sozialbudget«.

Fischer Wirtschaft

Herausgegeben von
Prof. Dr. Bert Rürup

Peter Rosenberg

Das soziale Netz vor der Zerreißprobe?

Ökonomische, technologische und demographische Herausforderungen

Fischer
Taschenbuch
Verlag

Originalausgabe
Veröffentlicht im Fischer Taschenbuch Verlag GmbH,
Frankfurt am Main, November 1990

Umschlaggestaltung: Buchholz/Hinsch/Hensinger
Abbildung: Foto Bilderberg/Horacek
Satz: Fotosatz Otto Gutfreund, Darmstadt
Druck und Bindung: Clausen & Bosse, Leck
Printed in Germany
ISBN 3-596-10154-9

Inhalt

1 Einleitung

Mit dem Schlagwort »Eins ist sicher – die Rente« warb der Bundesminister für Arbeit und Sozialordnung vor einiger Zeit für die Rentenreform. Gleichzeitig warb die private Lebensversicherung in zahlreichen Zeitungsanzeigen für den Abschluß privater Lebensversicherungsverträge, weil das Leistungsniveau der gesetzlichen Rentenversicherung nicht aufrechtzuerhalten sei. Naturwissenschaftler prophezeien in kurzer Folge mal den Kälte-, mal den Hitzetod für die Erde; als ich mir die ersten Gedanken zu diesem Buch machte, wurde gerade die Überflutung der Stadt Tokio für das Jahr 2030 vorausgesagt.

Sehr viel aktueller sind Spekulationen über die wirtschaftlichen und gesellschaftlichen Folgen der Nutzung neuer Technologien oder der Realisierung eines europäischen Binnenmarktes. Trotz der größeren Aktualität dieser Vorgänge sind Prognosen über deren Wirkungen vielfach nicht weniger vieldeutig als Bauernregeln für die Wettervorhersage.

Tatsächlich vollziehen sich wirtschaftliche und soziale Entwicklungen häufig ganz anders, als Experten dies vorausgesagt haben, sei es, weil bei der Vielzahl möglicher Einflußfaktoren einige nicht in die Prognose einbezogen wurden, oder weil Verhaltensveränderungen auf nationaler oder internationaler Ebene eintraten, mit denen nicht zu rechnen war. So hatte auch der Autor ursprünglich keinesfalls die Absicht, die neue Konstellation im Verhältnis der beiden deutschen Staaten in die Überlegungen über die soziale Sicherung an der Wende des Jahrhunderts einzubeziehen. Es kann im folgenden sicherlich nicht eine ganz bestimmte wirtschaftliche und gesellschaftliche Zukunft und die dieser Situation angemessene soziale Sicherung dargestellt werden. Vielmehr gilt es, Risiken und Unwägbarkeiten abzutasten und zu prüfen, ob und gegebenenfalls welche politischen Maßnahmen Erfolg versprechen, den erreichten sozialen Standard aufrechtzuerhalten und an neue Erfordernisse anzupassen. Dabei werden grundsätzliche Alternativen zu den bestehenden Sicherungssystemen ebenso unter die Lupe zu nehmen sein wie schrittweise Veränderungen unserer heutigen Sozialversicherungen.

Das System der sozialen Sicherung in der Bundesrepublik Deutschland ist äußerst vielgestaltig. Zahlreiche Institutionen wirken mit vielfältigen Maßnahmen zusammen, um die Menschen beim Eintritt bestimmter Risiken oder Lebensumstände zu sichern, um Schädigungen zu vermeiden, sozialen Abstieg zu verhüten, gesellschaftliche Aktivität wiederherzustellen. Nicht auf alle diese Maßnahmen wird im folgenden eingegangen, sondern es sollen die sozialpolitischen Zielbereiche Gesundheit und Alter im Mittelpunkt der Betrachtung stehen. Von den rd. 660 Mrd. DM, die das Sozialbudget für 1988 als Sozialleistungen insgesamt ausweist, beanspruchen diese beiden Bereiche etwa drei Viertel der Finanzmittel.

660 Mrd. DM, das waren mehr als 30 % des Bruttosozialprodukts, die entweder direkt als Güter und Dienstleistungen – z. B. im Falle der Krankheit – oder als Einkommensleistungen wie Renten, Pensionen und Krankengeld den Sozialleistungsempfängern zugute kamen. Können wir uns diesen Sozialaufwand künftig noch leisten? Sind wir damit im EG-Binnenmarkt, aber auch darüber hinaus, noch wettbewerbsfähig? Müssen wir diesen Anteil am Sozialprodukt aus Gründen unserer Bevölkerungsentwicklung nicht eigentlich noch anheben? Hilft die Einführung neuer Technologien der Wirtschaft bei der Bewältigung sozialer Problemlagen oder schafft sie neue, andersartige Problemfelder, an die es die sozialen Sicherungssysteme anzupassen gilt? Müssen wir aus ökologischen Gründen nicht den Gedanken an einen immer weiter steigenden »materiellen Wohlstand« begraben, damit aber auch die Hoffnung, zunehmende soziale Bedürfnisse aus dem Wirtschaftswachstum befriedigen zu können?

Eine Fülle von Fragen! Gerechtfertigt scheinen sie aufgrund der Dramatik einzelner politischer Stimmen, denen zufolge wir vor der größten Herausforderung der jüngeren deutschen Geschichte, an einer grundsätzlichen Wende ökonomischer und gesellschaftlicher Entwicklung stehen. Aber trifft es auch zu, daß wir letztlich in der Sozialpolitik außer der Möglichkeit des massiven Abbaus der sozialen Sicherung keine ernsthafte Alternative haben?

2 Gesellschaft im Wandel – Was kommt auf uns zu?

Die Verhältnisse, in denen die Mitglieder eines Gemeinwesens leben, die gesellschaftlichen Verhältnisse, waren zu keiner Zeit und nirgendwo statisch und unveränderlich. Sie ändern sich laufend, mal langsamer, unmerklicher, mal in größeren Sprüngen und damit hastiger. Das gilt für wirtschaftliche Entwicklungen ebenso wie für den Wandel politischer Strömungen, es gilt für den technischen Fortschritt ebenso wie für Einstellungen zum menschlichen Zusammenleben, sei es in der Familie oder in der Region.

Sozialpolitik als ein Gefüge von Maßnahmen und Institutionen, die dem einzelnen helfen sollen, in der jeweiligen gesellschaftlichen Situation eine angemessene Position zu erreichen und diesen sozialen Status nicht durch vielfache Risiken wieder einzubüßen, muß sich dem gesellschaftlichen Wandel anpassen. Auch wenn wir zur Zeit das 100jährige Bestehen der Sozialversicherung feiern, so haben wir es heute keinesfalls mehr mit der Bismarckschen Kranken- und Rentenversicherung zu tun. Aber immerhin haben sich die Grundgedanken der selbstverwalteten Solidargemeinschaft erhalten, sogar einige organisatorische Strukturen haben zwei Weltkriege, eine Inflation und eine Währungsreform überstanden, und von der ganz überwiegenden Mehrheit der Versicherten ist die Notwendigkeit dieser Sicherungseinrichtungen zu keinem Zeitpunkt in Frage gestellt worden.

Daß diese hohe politische Akzeptanz erreicht werden konnte, ist nicht zuletzt darauf zurückzuführen, daß die Systeme auf jeweils aktuelle Bedürfnisse und gesellschaftliche Bedingungen ausgerichtet wurden. Andererseits führte gerade dieser Prozeß der Weiterentwicklung, der strukturellen Anpassung über zahllose Gesetzesinitiativen immer wieder zu einer Diskussion darüber, ob diese Systeme noch reformfähig seien.

Auch mit dem Gesetz zur Strukturreform im Gesundheitswesen

ist – wie die aktuelle Diskussion zeigt – die Reform der Krankenversicherung keinesfalls abgeschlossen, ebensowenig wie mit dem gerade verabschiedeten Rentenreformgesetz die Alterssicherung der Arbeiter und Angestellten für die Zukunft endgültig geregelt ist.

Könnten wir genau vorhersagen, wie viele Kinder in den nächsten Jahrzehnten geboren werden, ob und in welchem Umfang die Lebenserwartung der Menschen noch weiter zunimmt, welche neuen Krankheiten auftreten, welche dank des medizinischen Fortschritts verschwinden oder heilbar werden, welches Wirtschaftswachstum wir haben werden, wie viele Erwerbstätige wir benötigen, wie sich die Verteilung des Wohlstandes, von Haus-, Grundbesitz und Geldvermögen entwickelt, wie sich die Einstellungen der Bürger zu Familie, Gesundheit, Erwerbstätigkeit und Freizeit verändern und einige Faktoren mehr, selbst dann wäre es allenfalls theoretisch möglich, ein Sozialversicherungsnetz zu entwerfen, das für Jahrzehnte Bestand hätte.

Tatsächlich wissen wir relativ wenig über die Zukunft. Wir haben mehr oder weniger plausible Vermutungen, haben kapazitätsstarke Rechenanlagen, mit denen sich eine Fülle von sehr langfristigen Entwürfen in die Zukunft modellhaft erstellen lassen, haben weitaus mehr Informationen als Wissen! In dieser Situation drängt sich nun die berechtigte Frage auf, wozu diese in die Zukunft ausgreifenden Überlegungen denn eigentlich gut sein sollen. Als jemand, der tagtäglich mit Prognosen, Projektionen und Modellrechnungen zu tun hat, möchte ich eher zurückhaltend antworten:

1. Der Unsicherheitsbereich in der Vorhersage ist nicht für alle Merkmale gleich groß, wenn man von katastrophalen Ereignissen, wie z. B. Kriegen, absieht. Spielen für einen bestimmten Anwendungsbereich solche etwas sichereren Faktoren die Hauptrolle, wie dies z. B. mit der Bedeutung der demographischen Entwicklung für die Alterssicherung der Fall ist, dann lassen sich immerhin Spielräume für mögliche Entwicklungen bestimmen.
2. Mit der Charakterisierung von Entwicklungsspielräumen läßt sich aktueller oder künftiger politischer Handlungsbedarf erkennen, lassen sich Fehlentscheidungen in gewissem Umfang vermeiden oder begrenzen.
3. Aber auch dort, wo die Unsicherheit über künftige Entwicklungen

relativ groß ist, das heißt, immer dort, wo Annahmen über künftiges menschliches Verhalten zu treffen sind, können sich zukunftsorientierte Überlegungen im Sinne der Risikoanalyse als fruchtbar erweisen. Die Aussage, daß sich unter bestimmten Annahmen ein Risiko ergibt, ermöglicht es vielfach, Vorkehrungen gegen das Eintreten des Risikos oder für den Fall seines Eintretens zu treffen.

4. Andererseits ist aber auch erhebliche Vorsicht geboten: Die Modellierung *einer* Zukunft, mit Überzeugungskraft als unausweichlich vorgetragen und mit eindeutigen Folgerungen für politische Maßnahmen versehen, ist in der Regel nicht mehr als der wissenschaftlich verbrämte Versuch, einseitige politische Interessen durchzusetzen.

Im folgenden werden drei Bereiche betrachtet, die die gesellschaftlichen Verhältnisse in der Bundesrepublik Deutschland und die Sozialpolitik maßgeblich berühren und in denen sich lebhafte Wandlungsprozesse ankündigen:

- die Entwicklung der Zahl und der Altersstruktur der Bevölkerung,
- die wirtschaftliche Entwicklung unter Berücksichtigung der Einführung neuer Technologien und der Verwirklichung eines europäischen Binnenmarktes und
- die Sozialpolitik in der Europäischen Gemeinschaft.

Diese Bereiche stehen nicht isoliert nebeneinander, sie beeinflussen sich gegenseitig. So kann die wirtschaftliche Entwicklung Wanderungsprozesse auslösen und damit die Bevölkerungszahl ändern, wie umgekehrt die Bevölkerungsentwicklung auf die Wirtschaftsentwicklung einwirkt und beide die Sozialpolitik in der Europäischen Gemeinschaft beeinflussen werden.

2.1 Schrumpfung und Vergreisung der Bevölkerung?

Wenn in früheren Zeiten von einem Greis die Rede war, dann handelte es sich um den in langer Lebenserfahrung gereiften, alten Menschen, dessen Rat in Familie, Nachbarschaft, aber auch in der Gemeinde durchaus noch gefragt war.

Wenn heute von »Vergreisung« (Miegel) der Bevölkerung gesprochen wird, dann soll eher der Eindruck erweckt werden, daß die künftige Bevölkerung maßgeblich durch alte, unproduktive, gebrechliche, teils senile Menschen geprägt sein wird. Die Wortwahl verrät die Absicht, eine bedrohliche Entwicklung an die Wand zu malen, um daraus die Notwendigkeit politischer Aktivitäten scheinbar zwingend abzuleiten.

Nun besteht kaum ein Zweifel, daß wir langfristig mit einer rückläufigen Bevölkerungszahl, mit einem abnehmenden Anteil von Kindern und Jugendlichen und mit einem zunehmenden Anteil älterer Personen in unserer Bevölkerung werden rechnen müssen. Darin stimmen alle Vorausberechnungen überein – auf die Gründe will ich gleich eingehen. Sehr viel weniger Übereinstimmung besteht dagegen hinsichtlich des Zeitpunkts, zu dem der Bevölkerungsrückgang einsetzt, und welche Altersstrukturen sich langfristig einstellen.

Der bisherige Höhepunkt der Bevölkerungsentwicklung in der Bundesrepublik Deutschland war 1974 mit knapp über 62 Mio. Einwohnern erreicht worden: Nach einem zwischenzeitlichen Rückgang wurde dieses Niveau 1989 fast wieder erlangt, und es wird 1990 übertroffen. Daß diese jüngste Entwicklung, die maßgeblich durch hohe Zuwanderungen von Aussiedlern, Übersiedlern aus der DDR und durch Ausländer zustande kam, in keiner Vorausschätzung vorweggenommen wurde, ist verständlich. Weniger verständlich ist eine Schätzung aus dem Jahre 1985, die den Rückgang der Bevölkerung auf unter 60 Mio. für 1990 mit dem Hinweis vorhersagt, daß »sich alle Prognostiker darin einig (sind), daß die Bevölkerung vorerst weiter abnehmen wird« (Miegel).

Ich gehe im folgenden von einer Modellrechnung für die Bevölkerungsentwicklung aus, die auf den Erhebungen der Volkszählung von 1987 basiert und deren Ergebnisse in Tabelle 1 dargestellt sind. Danach wird die Bevölkerung bis zur Jahrtausendwende noch zunehmen, anschließend jedoch zurückgehen und im Jahre 2030 um rd. 11 Mio. unter der heutigen Bevölkerungszahl liegen. Ich wage keinesfalls die Prognose, daß diese Situation eintreten *muß*, halte aber die Annahmen der Modellrechnung aus heutiger Sicht für plausibel.

Unter ökonomischen und gesellschaftlichen Gesichtspunkten bie-

Tabelle 1: Bevölkerungsentwicklung

Jahr[1]	Bevölk. insgesamt	Kinder u. Jugendl. b. u. 20 J.	Erwerbs-fähige 20 b. u. 65	Ältere 65 u. mehr Jahre	Kinder u. Jugendl.	Ältere
	in Mio. Personen				Anteile in %	
1970	60,92	17,83	34,42	8,67	29,3	14,2
1974	62,06	17,55	35,11	9,40	28,3	15,1
1980	61,52	16,47	35,28	9,77	26,8	15,9
1985	60,99	13,90	37,80	9,29	22,8	15,2
1988	61,34	12,84	38,68	9,82	20,9	16,0
– Vorausberechnung –						
1990	62,90	13,04	40,18	9,68	20,7	15,4
2000	63,27	12,93	39,38	10,96	20,4	17,3
2010	60,95	11,10	37,16	12,69	18,2	20,8
2015	59,06	9,90	36,43	12,73	16,8	21,6
2030	51,90	8,19	29,40	14,31	15,8	27,6

[1] 1970 bis 1988: Mikrozensus; Vorausberechnung 1990 bis 2030: Jahresmittelwerte

Quelle: Statistisches Bundesamt

tet es sich an, für die grobe Betrachtung der Altersstruktur von drei Altersgruppen auszugehen:

- *Kinder und Jugendliche* im Alter bis unter 20 Jahren. Diese Gruppe zeigt die Stärke der nachwachsenden Generation an; sie ist ein Indikator für die Anforderungen an das Bildungswesen; sie lebt überwiegend von der Einkommensumverteilung innerhalb der Familie und wird durch Leistungen des Familienlastenausgleichs begünstigt. Die Abgrenzung ist nicht trennscharf, weil einerseits Jugendliche dieser Altersgruppe bereits im Erwerbsleben stehen, andererseits insbesondere Personen mit akademischer Ausbildung sehr viel länger im Bildungswesen bleiben.
- Die *erwerbsfähige Bevölkerung* im Alter von 20 bis unter 65 Jah-

ren. Personen in dieser Altersgruppe wird gesellschaftlich zugemutet, einer Erwerbstätigkeit nachzugehen und/oder Familienpflichten zu erfüllen. Die Altersgrenzen werden am unteren Ende durch das Bildungssystem, am oberen Ende durch das soziale Sicherungssystem in Form der Anspruchsberechtigung für eine Altersrente oder Pension normiert. Tatsächlich liegt das Alter des Renteneintritts heute allerdings durchschnittlich bei etwa 60 Jahren, was einerseits auf den vorzeitigen Eintritt von Erwerbsunfähigkeit, andererseits auf die Möglichkeit, vorgezogene Altersrenten in Anspruch zu nehmen, zurückzuführen ist.
Die Zahl der Personen im erwerbsfähigen Alter ist ein Indikator für das Potential an Arbeitskräften, an Beitragszahlern für die Sozialversicherung, an Einkommen-, insbesondere Lohnsteuerzahlern.

– Die *Älteren*, Personen im Alter von 65 und mehr Jahren. Ab diesem Alter beginnt grundsätzlich der Anspruch auf normale Altersrente, endet der Schutz der Arbeitslosenversicherung. Diese gesetzliche Grenze kann einerseits die individuelle Leistungsfähigkeit bis zu diesem Alter oder darüber hinaus nicht berücksichtigen, sie entspricht sicher auch nicht den heutigen Vorstellungen vieler Arbeitnehmer über ein angemessenes Renteneintrittsalter. Sie wird aber künftig – das zeigt das Rentenreformgesetz – wieder stärker als in der jüngeren Vergangenheit ihre Bedeutung als Regelaltersgrenze zurückgewinnen.
  Für diese Gruppe der Älteren ist typisch, daß sie nicht von Erwerbseinkommen, sondern von Transfereinkommen (Renten, Pensionen) lebt, daß ihr Gesundheitszustand zum Lebensende hin laufend schlechter wird und damit zunehmender Bedarf an medizinischen Hilfen, an pflegerischer und sozialer Betreuung entsteht.

Nach der Modellrechnung (vgl. Tabelle 1, S. 19) ergeben sich bei den unterstellten Annahmen sehr unterschiedliche Entwicklungen für diese drei Altersgruppen:

– Die Zahl der Kinder und Jugendlichen nimmt – wie schon seit Anfang der 70er Jahre – weiter ab. Hatte sie 1988 noch 12,8 Mio. betragen, so würde sie nach diesem Modell um 36 % auf 8,2 Mio. im Jahre 2030 absinken. Ihr Bevölkerungsanteil betrüge dann 16 % gegenüber 21 % im Jahre 1988.

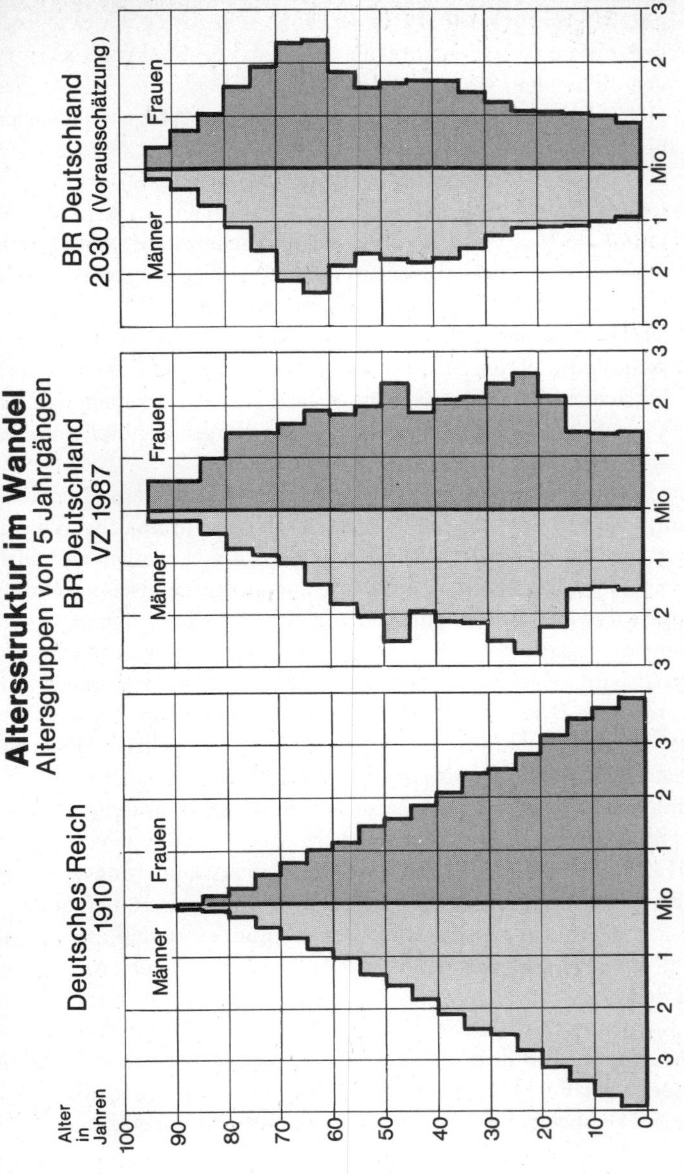
Altersstruktur im Wandel
Altersgruppen von 5 Jahrgängen
Deutsches Reich 1910
BR Deutschland VZ 1987
BR Deutschland 2030 (Vorausschätzung)
Alter in Jahren
100
90
80
70
60
50
40
30
20
10
0
Männer
Frauen
3
2
1
Mio
1
2
3

- Die Bevölkerung im erwerbsfähigen Alter, die seit 1980 wegen der starken Geburtenjahrgänge Mitte der 60er Jahre deutlich zugenommen hat, wird voraussichtlich in den nächsten Jahren ihren Höhepunkt erreichen und dann zunächst langsam, ab 2020 jedoch beschleunigt abnehmen. Im Jahr 2030 läge sie mit 29,4 Mio. Personen um 24 % unter dem heutigen Niveau.
- Die Zahl der Älteren, die seit 1980 relativ stabil ist, wird bis 2030 um rd. 46 % auf 14,3 Mio. Personen zunehmen. Ihr Anteil an der – gleichzeitig rückläufigen – Gesamtbevölkerung steigt dadurch von 16 % im Jahr 1988 auf fast 28 % im Jahr 2030. Auch dieser durchaus beträchtliche Anstieg der Älteren rechtfertigt allerdings keinesfalls, diesen Altersstrukturwandel mit »Vergreisung« zu bezeichnen. Wie die tägliche Erfahrung lehrt, haben wir eine Vielzahl geistig und körperlich höchst aktiver Rentner und Pensionäre im Alter von über 65 Jahren.

Ehe wir uns den Faktoren zuwenden, die die Bevölkerungsentwicklung in der Bundesrepublik voraussichtlich bestimmen werden, ist hier kurz auf die deutsch-deutsche Entwicklung einzugehen. Selbstverständlich liegen zur Zeit noch keine »gesamtdeutschen« Projektionen über die Bevölkerungsentwicklung und über deren Auswirkungen für Arbeitsmarkt, Renten- und Krankenversicherung vor. Daher wird auch im folgenden nur auf die Entwicklung in der Bundesrepublik Bezug genommen. Die Vereinigung der Staatsgebiete der Bundesrepublik Deutschland und der Deutschen Demokratischen Republik dürfte aber auch nur das Niveau der Gesamtbevölkerung, nicht dagegen deren Altersstrukturwandel entscheidend beeinflussen.

Faßt man für Ende 1986, also vor der Zuwanderungswelle der Übersiedler, die Bevölkerung der beiden Staaten zusammen und vergleicht deren Altersstruktur mit der der Bundesrepublik, so sind die Unterschiede ziemlich gering, wie die nebenstehende Aufstellung verdeutlicht.

Die derzeit in der DDR festzustellende höhere Geburtenhäufigkeit und Sterblichkeit dürfte sich in den nächsten Jahren an die Verhältnisse in der Bundesrepublik anpassen und daher keine grundsätzlich andere Perspektive für die Bevölkerungsentwicklung eröffnen.

Alter	Bundesrepublik		BRD u. DDR	
	in Mio.	in %	in Mio.	in %
unter 18	11,5	18,8	15,4	19,8
18 bis unter 60	37,0	60,6	46,8	60,1
60 und mehr	12,6	20,6	15,6	20,1
zusammen	61,6	100	77,8	100

2.1.1 Pillenknick und Herzschrittmacher – Ursachen und Faktoren der Bevölkerungsentwicklung

Für die Entwicklung der Gesamtzahl sowie der Alters- und Geschlechtsstruktur der Bevölkerung eines Landes sind drei Arten von Faktoren maßgebend:

- die Geburtenentwicklung,
- die Sterblichkeit und
- die Zu- und Abwanderungen über die Landesgrenzen.

Vorab seien Leserinnen und Leser um Entschuldigung gebeten, weniger weil hier einige Fachausdrücke verwendet und damit auch erklärt werden müssen, als vielmehr weil Ausdrücke wie »Nettoreproduktionsrate« oder »Absterbeordnung« aus dem Wörterbuch des Unmenschen zu stammen scheinen.

Mit »Nettoreproduktionsrate« bezeichnen Bevölkerungsstatistiker nicht etwa einen Vorgang aus dem Maschinenbau, sondern einen Indikator, der dann gleich 1 ist, wenn eine Frauengeneration so viele Töchter zur Welt bringt, daß diese Generation, wenn sie im gebärfähigen Alter ist, gerade so groß ist wie deren Muttergeneration. Zur Zeit bedeutet das, daß durchschnittlich etwa 2,2 Kinder je Frau geboren werden müßten, um eine Nettoreproduktionsrate von 1 zu erreichen. Verändert sich die Sterblichkeit nicht und finden keine Zu- und Abwanderungen statt, dann bleibt bei einer Nettoreproduktionsrate von 1 die Gesamtbevölkerung langfristig konstant.

2.1.1.1 Geburtenentwicklung

Tatsächlich liegt – wie Tabelle 2 zeigt – die Nettoreproduktionsrate zur Zeit bei etwa 0,66, d. h. ein Drittel unter dem Niveau, das zur Bestandserhaltung der Bevölkerung erforderlich wäre. Die Zahl der je Frau im Durchschnitt geborenen Kinder liegt nicht bei über 2, sondern bei 1,3 bis 1,4 Kindern. Das bedeutet, daß in 20 bis 30 Jahren, wenn die heute geborenen Töchter in dem Alter sind, um Kinder zur Welt zu bringen, die Zahl der potentiellen Mütter aufgrund der Geburtenentwicklung um mehr als ein Drittel geringer sein wird als heute.

Betrachtet man nur die Geburtenentwicklung seit dem 2. Weltkrieg, also die in der Tabelle 2 wiedergegebene Zeitspanne, dann stellt man einen Anstieg bis 1965 fest und ein abruptes Absacken danach. Kann man den Anstieg nach dem Kriege noch als Normalisierung kriegsbedingter Störungen durch Tod und Kriegsgefangenschaft, durch Verschiebung von Eheschließung und mangelnder Existenzsicherheit potentieller Eltern in den unmittelbaren Nachkriegsjahren sowie mit einem Nachholeffekt an Eheschließungen und Geburten in den 60er Jahren erklären, so fehlt für die Zeit nach 1965 ein eindeutiger Erklärungsansatz.

Sicher greift die eher mechanistische Erklärung des »Pillenknicks«, d. h. der Einführung der hormonalen Empfängnisverhütung, als Ursache des Geburtenrückgangs zu kurz. Zwar hat die Pille die Empfängnisverhütung eindeutig sicherer gemacht, aber allein mit der Vermeidung von Mißgeschicken bei den bis dahin gebräuchlichen Verhütungsmethoden läßt sich die annähernde Halbierung der Geburtenzahl in den Folgejahren nicht begründen. Offensichtlich hat auch die Verbreitung von Empfängnisverhütung zugenommen, ist der Wunsch nach Kindern zurückgegangen; und hierfür sind die Ursachen zu klären.

Dazu ist zunächst festzustellen, daß der Geburtenrückgang nach 1970 nur eine Phase innerhalb einer sehr viel längeren Entwicklung ist. Schon von 1875 bis 1910 sank die Zahl der Geburten je 1000 Einwohner um 27 % und von 1910 bis 1925 – von Sonderentwicklungen abgesehen – um weitere 30 %. Im übrigen handelt es sich

Tabelle 2: Geburtenentwicklung in der Bundesrepublik Deutschland

	Zahl der Lebendgeboren in 1000	Nettoreproduktionsrate[1]	Zusammengefaßte Geburtenziffer[2]
1950	813	0,93	2091
1955	820	0,93	2101
1960	969	1,10	2360
1965	1044	1,17	2502
1970	811	0,95	2012
1975	601	0,68	1449
1980	621	0,68	1443
1981	625	0,67	1434
1982	621	0,66	1406
1983	594	0,63	1330
1984	584	0,61	1289
1985	586	0,60	1280
1986	626	0,63	1344
1987	642	0,64	1362
1988	677	0,66	1423

[1] Anteil, zu dem die jeweilige Müttergeneration später durch die Tochtergeneration ersetzt wird.
[2] Summen der altersspezifischen Geburtenziffern je 1000 Frauen im Alter von 15 bis unter 45 Jahren.

Quelle: Statistische Jahrbücher

auch keineswegs um eine rein deutsche Erscheinung. In allen sich entwickelnden Industriestaaten zeigen sich ähnliche Trends. In keinem der europäischen Länder und auch nicht in Kanada, den USA und Japan liegt die Zahl der Geburten je Frau heute noch deutlich über 2, wie dies zu Beginn des Jahrhunderts allgemein der Fall war.

Die Geschichte der Theorien über Bevölkerungsentwicklung, über die Ursachen schwankender Geburtenhäufigkeit im Zeitablauf ist lang. Sie soll hier nicht dargestellt werden, denn sicher sind viele der in der Vergangenheit maßgeblichen Faktoren für die heutige Situation und die künftige Entwicklung in der Bundesrepublik Deutschland nicht mehr von Bedeutung.

Bei der Beurteilung der aktuellen Situation besteht unter Wissenschaftlern allenfalls Einigkeit darüber, daß nicht nur eine zentrale Ursache maßgeblich ist, sondern eine Vielzahl von Faktoren zusammenwirken. So zeigt sich beispielsweise aufgrund internationaler Vergleiche, daß weder das Ausmaß der Erwerbsbeteiligung von Frauen noch die oft auch in Meinungsbefragungen genannten finanziellen Belastungen bzw. die Qualität des Familienlastenausgleichs allein oder mit besonderem Gewicht als Ursache in Frage kommen. In Ländern mit höherer Beschäftigung von Frauen ist die Geburtenrate keineswegs immer niedriger als in Ländern mit vergleichsweise geringer weiblicher Erwerbsbeteiligung. Das Argument der finanziellen Belastung hätte im Zeitablauf, angesichts zunehmenden Wohlstandes, eher eine Zunahme der Geburten erklären können. Häufig wird darauf hingewiesen, daß in früheren Zeiten Kinder unmittelbar die soziale Sicherung der Eltern bei Krankheit und im Alter darstellten, während sie angesichts eines breiten gesetzlichen Sozialversicherungssystems heute entbehrlich zu sein scheinen. Auch dieser Ansatz dürfte nur begrenzt zur Erklärung des Geburtenrückgangs besonders in den letzten Jahrzehnten beitragen. Erstens machte er schon in der vorindustriellen Gesellschaft nur für Teile der Gesellschaft einen Sinn, zweitens kann bezweifelt werden, daß die Altersvorsorge tatsächlich einen dominanten Aspekt für die Familienplanung dargestellt hat, und drittens kann er kaum den weiteren Rückgang der Geburtenhäufigkeit nach 100 Jahren Sozialversicherung erklären.

Ein besserer statistischer Zusammenhang ergibt sich zwischen dem Bildungsgrad und der Kinderzahl. Bei Familien mit höherem Bildungsniveau ist die Kinderzahl durchschnittlich kleiner. Da das Bildungsniveau der Bevölkerung steigt und auch steigen soll, wäre damit die Geburtenentwicklung erklärlich. Allerdings wird dann die

Frage aufgeworfen, warum höhere Bildung diesen Effekt hat, warum höher Gebildete sich weniger Kinder wünschen. Ist es rationaler und damit für höher Gebildete einsichtiger, weniger Kinder zu haben?

Ein Effekt für den Zusammenhang von höherem Bildungsniveau und niedriger Kinderzahl könnte ein rein biologischer sein. Höhere, insbesondere akademische Bildung hat im allgemeinen ein höheres Heiratsalter zur Folge. Bis Akademiker nach einer beruflichen Orientierungsphase unter Berücksichtigung einer für die Verwirklichung von Karriereerwartungen hohen räumlichen Mobilität an die Familiengründung denken, ist häufig ein Alter erreicht, in dem Ehepaare mit früherem Berufseinstieg bereits mehrere Kinder haben. Hohe Anforderungen der Leistungsgesellschaft hinsichtlich beruflicher Flexibilität und räumlicher Mobilität können für den einzelnen, besonders aber für Ehegatten, zu deutlich steigender Unsicherheit bei der Familienplanung führen.

Selbstverständlich spielen die Prinzipien einer auf materiellen Wohlstand als Erfolgskriterium ausgerichteten Leistungsgesellschaft nicht nur für die oberste Bildungsgruppe eine Rolle. Auch auf anderen Bildungsstufen kann individuelles ökonomisches Leistungsstreben mit Eheschließung und Familienbildung in Konflikt geraten. Die »kinderfeindliche Umwelt« geht insofern über Wohnungsprobleme und unzureichende Infrastruktur (Spielplätze, Kindergärten) hinaus. Der alte Gewerkschafts-Slogan »Samstags gehört Papi mir!« in Verbindung mit der heutigen Diskussion über flexible Arbeitszeiten sowie Samstags- und Sonntagsarbeit zur besseren Auslastung der investierten Maschinenkapazitäten weist deutlich auf die Konflikte zwischen familiären und gesamtwirtschaftlichen Interessen hin.

Zieht man ein Fazit aus den verschiedenen Erklärungsansätzen zur Geburtenentwicklung bzw. zum Geburtenrückgang, dann stellt man zum einen fest, daß sie vielfach mehr plausible Vermutungen als nachprüfbare Fakten widerspiegeln, und zum anderen, daß kaum Faktoren genannt werden, die für einen Wiederanstieg der Geburtenzahlen sprechen. In der vorliegenden Modellrechnung wird daher – mangels besserer Zukunftskenntnis – davon ausgegangen, daß die heutige Nettoreproduktionsrate konstant bleibt, d. h. die Geburtenzahlen künftig weiter abnehmen.

2.1.1.2 Sterblichkeit

Die Sterblichkeit, das heißt die Wahrscheinlichkeit, daß eine Person eines bestimmten Alters innerhalb eines Jahres stirbt, hat in diesem Jahrhundert drastisch abgenommen. Während zu Beginn dieses Jahrhunderts von 100 männlichen (weiblichen) Lebendgeborenen nur etwa die Hälfte (56 %) das 55. Lebensjahr erreichte, sind es heute 92 (96) %. Während zu Beginn des Jahrhunderts die durchschnittliche Lebenserwartung eines Lebendgeborenen 45 (48) Jahre betrug, sind es heute 72 (78) Jahre.

Am stärksten hat zu dieser Entwicklung der Rückgang der Säuglingssterblichkeit beigetragen. Während zu Beginn des Jahrhunderts 20 % der männlichen und 17 % der weiblichen Lebendgeborenen vor Ablauf des ersten Lebensjahres starben, liegen diese Anteile heute unter 1 %. Eine verbesserte Geburtsheilkunde, Vorsorgeuntersuchungen sowie bessere Wohnverhältnisse und hygienische Bedingungen haben dies bewirkt.

Aber auch in den oberen Altersgruppen hat die Lebenserwartung deutlich zugenommen. Hatte ein 60jähriger Mann Anfang des Jahrhunderts noch eine durchschnittliche Lebenserwartung von 13 Jahren, so sind es heute über 17; bei den gleichaltrigen Frauen ist der Anstieg von gut 14 auf fast 23 Jahre noch deutlicher (vgl. Tabelle 3). Zu dieser Steigerung der Lebenserwartung haben neben der Verbesserung der Lebens- und Arbeitsbedingungen medizinische Fortschritte, wie z. B. neue medikamentöse Therapien, sowie Chirurgie und Implantate (Herzschrittmacher, Hüftgelenke, Nierentransplantationen) beigetragen.

Angesichts der mittlerweile erreichten geringen Säuglingssterblichkeit ist durch deren weitere Senkung – so begrüßenswert diese im Einzelfall natürlich ist – keine nennenswerte Wirkung auf die mittlere Lebenserwartung mehr zu erreichen. Interessanter – nicht zuletzt für die künftige Entwicklung der Alterssicherungssysteme – ist die Frage, ob die Lebenserwartung in den oberen Altersgruppen künftig noch weiter zunimmt und gegebenenfalls in welchem Umfang.

Während sich der beschriebene Anstieg der Lebenserwartung von

Tabelle 3: Entwicklung der Lebenserwartung seit 1900
(Durchschnittliche Lebenserwartung im Alter . . . in Jahren

Vollendetes Alter	Männer				
	nach der Sterbetafel für				
	1901/10	1949/51	1960/62	1970/72	1985/87
0[1]	44,8	64,6	66,9	67,4	71,8
10	51,2	59,8	59,9	59,7	62,7
50	19,4	23,8	23,1	23,1	25,2
60	13,1	16,2	15,5	15,3	17,3
65	10,4	12,8	12,4	12,1	13,8
70	8,0	9,8	9,6	9,4	10,7
	Frauen				
0[1]	48,3	68,5	72,4	73,8	78,4
10	53,4	62,8	64,9	65,7	69,2
50	21,4	25,8	27,0	27,7	30,5
60	14,2	17,5	18,5	19,1	21,7
65	11,1	13,7	14,6	15,2	17,6
70	8,5	10,4	11,1	11,6	13,8

[1] Lebendgeborene

Quelle: Statistisches Bundesamt

Frauen im Alter von 60 seit Anfang des Jahrhunderts ziemlich gleichmäßig vollzogen hat, war dies bei Männern nicht der Fall. Vermutlich unter der Einwirkung von zwei Weltkriegen ging die Lebenserwartung 60jähriger Männer nach 1950 bis etwa 1970 deutlich zurück, erst dann zeigt sie wieder einen kontinuierlichen Anstieg. In den letzten 10 Jahren (1976–1986) hat die Lebenserwartung 60jähriger Männer um 1,5 Jahre, die 60jähriger Frauen um 1,8 Jahre oder in beiden Fällen um etwa 9 % zugenommen.

Tabelle 4: Lebenserwartung im Alter 60 in Jahren

		Männer	Frauen
BR Deutschland	(1984/86)	17,1	21,6
Frankreich	(1985)	17,8	23,0
Norwegen	(1984/85)	17,9	22,7
Schweden	(1981/85)	18,3	22,6
Spanien	(1980/81)	18,4	22,1
Japan	(1985)	19,3	23,2

Quelle: OECD-Social Indicators

Mediziner und Biologen nehmen an, daß es ein natürliches und maximales Lebensalter für Menschen gibt, und tatsächlich ergibt sich die Steigerung der durchschnittlichen Lebenserwartung auch nicht dadurch, daß vereinzelt Menschen heute 150 oder 180 Jahre alt werden. Vielmehr erreichen immer mehr Männer und Frauen heute ein Alter von 95 oder 100 Jahren, was früher nur relativ selten der Fall war. Während nach den Sterblichkeitsverhältnissen zu Beginn des Jahrhunderts von 100 neugeborenen Mädchen eines die Chance hatte, 90 Jahre alt zu werden, sind es nach heutigen Sterblichkeitsverhältnissen über 15.

Wie sich dieser Prozeß des Alterns innerhalb möglicher maximaler biologischer Lebensaltersgrenzen weiter vollziehen wird, darüber geben auch Mediziner keine Prognosen ab. Allenfalls läßt sich aus internationalen Vergleichen schließen, daß die Bundesrepublik Deutschland das Maximum noch nicht erreicht hat (vgl. Tabelle 4).

Andererseits zeigen auch einige Nachbarländer, wie Dänemark und die Niederlande, in den letzten Jahren eine Stagnation etwa auf dem Niveau der Lebenserwartung in der Bundesrepublik Deutschland. Insofern erscheint es plausibel, in Modellrechnungen eine weitere Erhöhung der Lebenserwartung der 60jährigen etwa in dem Umfang einzusetzen, der in den letzten 5 bis 10 Jahren eingetreten ist, darüber hinaus jedoch keine weitere Steigerung zu unterstellen.

2.1.1.3 Wanderungen über die Grenzen der Bundesrepublik Deutschland

Die Bevölkerungsentwicklung in der Bundesrepublik Deutschland ist sehr stark von Wanderungen sowohl von Deutschen als auch von Ausländern geprägt worden. Die Teilung Deutschlands hat zunächst zu einer außerordentlich hohen Zuwanderung von Vertriebenen, Aussiedlern und Umsiedlern aus der DDR geführt, die unter den politischen Restriktionen der Herkunftsländer allerdings bereits in den 60er Jahren deutlich nachließ. Erst 1987 setzte wieder eine verstärkte Zuwanderung von Aussiedlern vor allem aus Polen und aus der Sowjetunion sowie von Übersiedlern aus der DDR ein. 1988 betrug die Zuwanderung dieser beiden Gruppen über 240000 Personen, 1989 waren es 720000 Personen, d. h. 10mal soviel wie in den Jahren davor.

Die Altersstruktur der Aussiedler und Übersiedler, die 1988 zuwanderten, war deutlich günstiger als die der hiesigen Wohnbevölkerung (vgl. Tabelle 5).

Die Zuwanderung der Aussiedler und Übersiedler führt daher gegenwärtig zu einer Verjüngung der Wohnbevölkerung, wenn dieser

Tabelle 5: Aus- und Übersiedler sowie Wohnbevölkerung der Bundesrepublik Deutschland 1988
(Anteile nach Altersgruppen in %)

	Aus- und Übersiedler	Wohnbevölkerung
unter 18	30,3	17,9
18 bis unter 25	11,0	11,5
25 bis unter 45	37,6	27,9
45 bis unter 65	16,5	26,7
65 und älter	4,7	16,0
insgesamt	100	100

Quelle: Bundesanstalt für Arbeit und eigene Berechnungen

Effekt angesichts der Größenordnung der Zuwanderungen im Vergleich zur Wohnbevölkerung auch relativ gering ist. Eine Verstärkung erfährt kurz-, aber auch längerfristig insbesondere die Bevölkerung im erwerbsfähigen Alter, während der Anteil der Personen im Rentenalter deutlich unter den hiesigen Verhältnissen liegt.

Ob der Zuzug von Aussiedlern und Übersiedlern bzw. die Binnenwanderung aus dem östlichen Teil eines vereinigten Deutschlands auch in den nächsten Jahren in der Größenordnung der Jahre 1988 und 1989 anhalten wird, hängt nicht zuletzt von der Entwicklung der politischen und ökonomischen Verhältnisse in den Herkunftsländern ab und ist insofern schwer vorherzusagen. Auf jeden Fall handelt es sich aber nicht um einen langfristig anhaltenden Vorgang, denn die Zahl potentieller Aussiedler aus Polen, der Sowjetunion und aus Rumänien ist begrenzt; eher unsichere Schätzungen nennen noch etwa 3 Millionen Personen; dabei wird man nicht davon ausgehen müssen, daß diese sich alle zur Übersiedlung entschließen, sind sie doch überwiegend in den Herkunftsländern sozial und kulturell integriert und erfahren zunehmend, daß sich der Integrationsprozeß in der Bundesrepublik nicht reibungslos vollzieht, d. h. durchaus längere Phasen der sozialen Instabilität und des Statusverlustes angesichts von Arbeitslosigkeit und Wohnraummangel überwunden werden müssen.

Völlig anders stellt sich die Situation bei den Wanderungen von Ausländern dar:

- Während es sich bei Aussiedlern und Übersiedlern aus der DDR – zumindest in der Vergangenheit – ganz überwiegend um eine Wanderungsbewegung in einer Richtung handelt, stehen bei Ausländern hohen Zuzugszahlen hohe Zahlen von Fortzügen gegenüber. In der Vergangenheit wechselten sich positive Wanderungssalden (mehr Zuzüge als Fortzüge) mit negativen ab.
- Während der Zuzug von Aussiedlern und Übersiedlern, sofern sie als Deutsche gelten, keinen Restriktionen unterliegt, haben politische Einstellungen und Maßnahmen hinsichtlich des Zuzugs von Ausländern in der Vergangenheit mehrfach gewechselt. In den 60er Jahren wurde der Zuzug ausländischer Arbeitskräfte staatlich gefördert; ab Mitte der 70er Jahre wurde er angesichts zuneh-

mender Arbeitslosigkeit, soweit dies im Rahmen des EG-Rechts auf Freizügigkeit der Arbeitnehmer möglich war, gestoppt, die Rückkehr in die Heimatländer gefördert, der Nachzug von Familienangehörigen erschwert. Die eindeutig wirtschafts- und arbeitsmarktpolitisch ausgerichtete Ausländerpolitik wird überlagert von einer kulturpolitischen und einer nationalistischen Diskussion über die Aufnahmefähigkeit der Bundesrepublik für weitere Ausländer. Die Erörterungen der Einschränkung des Asylrechts in den letzten Jahren sind Ausdruck der zuletzt genannten Debatte.

- Ein weiterer Einfluß wird von der Weiterentwicklung des »Europäischen Binnenmarktes« erwartet. Wenn es tatsächlich zu einer sehr viel stärkeren wirtschaftlichen Verflechtung innerhalb der Europäischen Gemeinschaft kommt, wird dies voraussichtlich zu einer intensiveren gesellschaftlichen Integration mit einer Zunahme von Wanderungen innerhalb dieser Staatengemeinschaft führen. Ob sich daraus allerdings längerfristig deutlich positive, ausgeglichene oder gar negative Wanderungssalden für die Bundesrepublik ergeben, wird nicht zuletzt eine Frage der wirtschaftlichen Entwicklung in den Mitgliedsländern und des Abbaus oder Weiterbestehens von Wohlstandsunterschieden zwischen diesen sein.

Anders als bei Aussiedlern stehen Aussagen über die künftigen Wanderungen von Ausländern unter keiner zeitlichen und zahlenmäßigen Einschränkung; sie haben sehr kontroverse politische Richtungen in der Bundesrepublik Deutschland zu berücksichtigen und eine Vielzahl ökonomischer, sozialer und politischer Faktoren im In- und Ausland in das Kalkül einzubeziehen.

In der vorliegenden Modellrechnung wurde ein begrenzter positiver Wanderungssaldo für Ausländer (55000 Personen jährlich) für die Zeit bis 2010 unterstellt und anschließend von einem ausgeglichenen Saldo ausgegangen. Wenn man überhaupt eine Begründung für diese ziemlich willkürliche Annahme sucht, dann läßt sich dafür anführen, daß einerseits Interessen der Wirtschaft auf eine Ausweitung des Erwerbspersonenpotentials drängen werden, andererseits gegen eine Ausweitung der Ausländerzahlen gerichtete politische

Kräfte einen Gegendruck schaffen, der bei kontinuierlich steigendem Ausländeranteil an der Bevölkerung letztlich auch den Nullsaldo ab 2010 erklären könnte.

Hinzuzufügen wäre noch, daß auch bei einem ausgeglichenen Wanderungssaldo die ausländische Bevölkerung aufgrund ihrer günstigeren Altersstruktur (weniger Alte und damit relativ weniger Todesfälle) und wegen ihrer im Vergleich zur deutschen Bevölkerung etwas höheren Geburtenrate noch zunimmt.

2.1.2 Von der Großfamilie zum Einpersonenhaushalt

In Erörterungen des gesellschaftlichen Wandels in Verbindung mit ökonomischer und demographischer Entwicklung wird immer wieder auf die große sozialpolitische Bedeutung hingewiesen, die sich aus dem Wandel der Familienstrukturen langfristig ergeben hat. Vor allem die agrarische Großfamilie wird dabei als das entscheidende soziale Netz der Vergangenheit gepriesen, die sowohl die materielle Versorgung im Krankheitsfall wie im Alter sichergestellt habe als zugleich auch die Behütung der Kinder wie die Pflege der Alten. Erst die Auflösung dieser Mehrgenerationenfamilie in verschiedene Haushalte im Gefolge der Industrialisierung, des Entstehens industriell geprägter Ballungsgebiete mit verhältnismäßig großer Wohnungsnot, habe eigentlich den Bedarf für Systeme der sozialen Sicherung, wie Kranken- und Rentenversicherung, Familienlastenausgleich und sozialen Wohnungsbau, geschaffen.

Die Begriffe »Familie« und »Haushalt« beschreiben zwei unterschiedliche Tatbestände; sie sind daher auch in der statistischen Betrachtung auseinanderzuhalten, selbst wenn es einen weiten Überschneidungsbereich der beiden Gruppen gibt.

Die Definition der »Familie« ist in der Literatur nicht immer einheitlich. Teils wird von »Familie« nur gesprochen, wenn Eltern mit mindestens einem Kind zusammenleben, teils werden Ehepaare ohne Kind – sozusagen als potentielle Eltern – in den Begriff einbezogen. Alleinerziehende, die mit ihrem Kind oder ihren Kindern zusammenleben, werden teils als »unvollständige Familie«, teils als

»Familie« definiert. Eindeutig ist nur, daß alleinstehende Ledige nicht unter den Begriff der »Familie« fallen. (So die amtliche statistische Definition, die allerdings auf ledige Kinder in der Familie abstellt.)

Im Gegensatz zur »Familie«, in der die Eltern-Kind-Beziehung das entscheidende Kriterium ist, ist der »Haushalt« eine zusammenwohnende und gemeinsam wirtschaftende Personengemeinschaft, ohne daß verwandtschaftliche Beziehungen bestehen müssen. Auch der »Haushalt« ist in der Praxis nicht immer trennscharf zu bestimmen; dies gilt insbesondere bei der gleitenden Skala von der Wohngemeinschaft mit getrenntem Wirtschaften über die »eheähnliche Gemeinschaft« ohne Kind bis zu der mit gemeinsamem Kind. Weniger bedeutsam als die statistische Zuordnung sind bei derartigen, sich in jüngerer Zeit stärker verbreitenden Formen des Zusammenwohnens und Zusammenlebens häufig die sozialrechtlichen Konsequenzen, wie z. B. die Anrechnung von Einkommen einer Person auf Arbeitslosen- oder Sozialhilfe der anderen, selbst wenn sie nicht miteinander verheiratet oder verwandt sind.

Auch wenn man der häufig ziemlich legendenhaften Verklärung der »Großfamilie auf dem Bauernhof« skeptisch gegenüberstehen sollte, zumal auch vor 100 Jahren – gemessen an den Erwerbspersonen – allenfalls zwei Fünftel der Bevölkerung in einer solchen Gemeinschaft lebten, so ist doch nicht zu verkennen, daß die immer weiter fortschreitende Verkleinerung der Familienhaushalte mit sozialen Funktionsverlusten verbunden ist, die den Bedarf an haushaltsexternen Leistungen erhöhen.

Betrug die durchschnittliche Haushaltsgröße im Deutschen Reich 1871 noch 4,6 und 1925 noch 4,0 Personen, so ging sie Anfang der 50er Jahre in der Bundesrepublik Deutschland auf 3 Personen zurück und betrug nach der Volkszählung 1987 noch 2,3 Personen.

Wie die Tabelle 6 zeigt (s. S. 36), hat allein seit 1925 der Anteil der Haushalte mit 5 oder mehr Personen um vier Fünftel abgenommen. Demgegenüber hat sich der Anteil der Einpersonenhaushalte verfünffacht, mit einem Drittel stehen sie mittlerweile an der Spitze aller Haushaltstypen. 14 % der Bevölkerung leben heute in Einpersonenhaushalten, 1925 waren es weniger als 2 %.

Tabelle 6: Größe der Privathaushalte
(Anteile in %)

Haushalte mit . . . Personen	1925[1]	1950[2]	1970	1987
1	6,7	19,4	25,1	33,4
2	17,7	25,3	27,1	28,4
3	22,5	23,0	19,6	17,9
4	19,7	16,2	15,2	13,7
5 und mehr	33,4	16,1	12,9	6,7
Insgesamt	100	100	100	100

[1] Reichsgebiet
[2] Bundesgebiet ohne Saarland und Berlin (West)
Quelle: Statistisches Bundesamt

Für diesen Strukturwandel in den Haushaltsgrößen sind eine Vielzahl von Faktoren maßgebend:

- Der anteilsmäßige Rückgang der größeren Mehrpersonenhaushalte wird entscheidend bestimmt durch die rückläufige Zahl von Kindern je Ehe. Wurden in 47 % der zu Anfang des Jahrhunderts geschlossenen Ehen noch 4 und mehr Kinder zur Welt gebracht, so ist dieser Anteilswert in jüngerer Zeit auf etwa ein Zehntel davon gesunken. Weniger ausgeprägt gilt dies auch für Ehen mit 3 Kindern.
- Ein weiterer Effekt, der die Zahl der größeren Mehrpersonenhaushalte verringert hat, ist die höhere regionale Mobilität mit Beginn des Erwerbslebens, aber auch ein stärkeres Streben nach haushaltsmäßiger Unabhängigkeit jüngerer Personen.
- Die Zunahme von Ehescheidungen und – in der Bundesrepublik Deutschland allerdings noch mit relativ geringem Gewicht – eine größere Häufigkeit lediger Väter und Mütter trägt ebenfalls zur Verkleinerung von Familien und damit in der Regel zur Verkleinerung des Haushalts bei.

– Die Zunahme der Einpersonenhaushalte wird so von zwei Seiten gespeist: zum einen von den jüngeren Ledigen, zum anderen von den Hinterbliebenen einer »Restfamilie«, d. h. in aller Regel Witwen. In rund 30 % der Einpersonenhaushalte lebten 1986 Witwen im Alter von über 64 Jahren. In gut 40 % der Einpersonenhaushalte lebten Männer oder Frauen dieser Altersgruppe.

Gerade in der Zusammenschau demographischer und sozialpolitischer Perspektiven erweist sich diese Struktur der Einpersonenhaushalte als problematisch. Heute lebt bereits über die Hälfte der älteren Frauen in derartigen Haushalten, bei den Männern sind es lediglich gut ein Sechstel, weil sie in aller Regel vor ihren Ehefrauen sterben.

Nimmt die Lebenserwartung weiter zu und halten die gegenwärtigen Trends der Familienbildung und Haushaltsführung an, wofür alles spricht, dann wird der Bedarf an Hilfen, die sowohl einer Isolierung als auch dem Nachlassen der Fähigkeiten zu selbständiger Haushaltsführung entgegenwirken, noch deutlich über das heute schon bestehende Maß hinaus anwachsen.

Allerdings ist auch vor einer voreiligen Gleichsetzung von Einpersonenhaushalt mit Isolierung selbst bei Älteren zu warnen. Die Einliegerwohnung der Großmutter im Haus der Kinder ist ebenso ein Einpersonenhaushalt wie das kleine Appartement in der Nachbarschaft, die private Wohngemeinschaft mit selbständig wirtschaftenden älteren Personen oder die von den Kindern weit entfernte Wohnung, in der nur noch ein Elternteil wohnt. Für die sozialen Beziehungen, für mögliche Familien- und Nachbarschaftshilfen ergeben sich hieraus ganz unterschiedliche Bedingungen, die mit dem groben Maß der Haushaltsgröße nicht erfaßt werden können.

Die Entwicklung von Zahl und Altersstruktur der Gesamtbevölkerung sowie die aus der jüngeren Vergangenheit bekannten Tendenzen zur Haushaltsbildung sprechen dafür, daß die Zahl der Haushalte bis ins nächste Jahrhundert hinein noch zunimmt. Dabei wird die wachsende Zahl der Ein- und Zweipersonenhaushalte die abnehmende Zahl der größeren Mehrpersonenhaushalte überkompensieren. Eine gewisse Begrenzung könnte dieser Prozeß allerdings in den nächsten Jahren durch Engpässe auf dem Wohnungsmarkt erfahren, die sich vor dem Hintergrund der Aus- und Übersiedlerwelle klar gezeigt haben.

Langfristig wird die Zahl der Haushalte bei abnehmender Bevölkerungszahl jedoch ebenfalls – wenn auch zunächst langsamer – sinken.

Mit der Annahme dieser zuletzt genannten Perspektive einer langfristig rückläufigen Zahl der Privathaushalte setzen sich damit die Tendenzen fort, die wir bereits in den letzten Jahrzehnten feststellen konnten. Qualitativ neu und deshalb auch schlechter prognostizierbar ist allenfalls eine Veränderung der Familienstruktur der Haushalte. Waren früher Zweipersonenhaushalte ganz überwiegend Ehepaare vor der Geburt des ersten Kindes oder in höherem Alter, wenn die Kinder den elterlichen Haushalt verlassen hatten, so spielen heute Lebensgemeinschaften von Ledigen sowie alleinstehende – teils ledige, teils geschiedene oder getrennt lebende – Erwachsene mit Kind eine zunehmende Rolle.

Faßt man die familiären und haushaltsmäßigen Entwicklungstendenzen in ihren Auswirkungen auf Gesellschaft und Sozialpolitik zusammen, so lassen sich folgende Feststellungen treffen:

– Zwar ist die Entwicklungsrichtung zu immer mehr Kleinhaushalten nicht notwendigerweise mit Isolierung und Vereinzelung verbunden, aber die soziale Erfahrung des Zusammenlebens in einer größeren Familie geht immer mehr verloren. Dies dürfte zum einen die Einstellung der Jugendlichen hinsichtlich ihrer eigenen Familienplanung prägen, womit unabhängig von anderen Faktoren auch für die Zukunft eine Vorentscheidung für Kleinfamilien angelegt ist. In welchem Umfang neue Formen des Zusammenlebens an die Stelle der Ehe treten, möglicherweise mit der Folge eines dann noch stärkeren Rückgangs der Kinderzahl je Frau, ist schwer abzuschätzen. Einerseits nimmt die Zahl der Eheschließungen Lediger ab, andererseits ist die Zahl außerehelicher Geburten bezogen auf die größer gewordene Zahl Lediger in der Bundesrepublik Deutschland im Vergleich zu einigen Nachbarländern gering. Unsicher ist auch das Urteil darüber, was der Wegfall bzw. die Reduktion sozialer Erfahrung in der Familie über den familienorientierten Aspekt hinaus bedeutet. Führt diese Entwicklung zu mehr Individualismus, zu weniger Solidarität, zu mehr sozialen Konflikten innerhalb, aber auch zwischen den Generationen? Treten andere Organisationsformen und Mechanismen der Sozialisation an die Stelle der Familie?

- Die wirtschaftlichen Effekte des Rückgangs der Haushaltsgröße sind je nach der Familiensituation sehr unterschiedlich. Die Reduktion der Kinderzahl führt zu einer deutlichen Verbesserung der materiellen Situation von kinderarmen Familien im Vergleich zu kinderreichen sowohl wegen des geringeren familiären Versorgungsbedarfs als auch wegen der vergrößerten Möglichkeit beider Elternteile, einer Erwerbstätigkeit nachzugehen. Der über Steuern und über die sozialen Sicherungssysteme bewirkte Familienlastenausgleich gleicht diese Unterschiede bei weitem nicht aus. Andererseits steigt der Pro-Kopf-Aufwand mit abnehmender Haushaltsgröße. In Verbindung mit eingeschränkter oder weggefallener Erwerbsfähigkeit führt dies nicht nur bei Witwen, sondern auch bei unvollständigen Familien, insbesondere bei ledigen Müttern, zu Situationen, in denen zusätzliche soziale Absicherung erforderlich ist.
- Gesamtwirtschaftlich ist die Frage nach der Entwicklung der Zahl und Größe der Haushalte vor allem für den Wohnungsmarkt und sekundär für den Sektor Wohnungsausstattung von Bedeutung. Während wenigstens für das nächste Jahrzehnt noch mit einer über den Ersatzbedarf hinausgehenden Nachfrage nach Wohnraum gerechnet werden kann, ist langfristig – entsprechend den hier erörterten Bevölkerungsrechnungen – mit einer abnehmenden Nachfrage nach Wohnungen bei allerdings tendenziell zunehmender Größe je Haushaltsangehörigen zu rechnen.

2.1.3 Was sagen »Belastungsquotienten« aus?

Wenn in politischen Diskussionen von den Auswirkungen der demographischen Entwicklung auf die Systeme der sozialen Sicherung die Rede ist, dann taucht regelmäßig der »Alterslastquotient« auf. Zu seiner Ermittlung wird die Zahl der »alten« Personen – wie auch immer abgegrenzt – zu der Zahl der Personen im erwerbsfähigen Alter in Beziehung gesetzt. Daraus wird geschlossen, in welchem Umfang die Personen im mittleren Alter mit Alten oder aber auch mit Kindern und Jugendlichen (Jugendlastquotient) »belastet« sind. Da die Wahl des Wortes »Last« in ethischer Hinsicht zumindest problematisch, in sachlicher Hinsicht falsch ist, werde ich es vermeiden. Falsch ist der Ausdruck »Last« deshalb, weil ja offensichtlich nicht ausgedrückt werden soll, wie viele Alte im Durchschnitt auf dem Rücken der Personen im erwerbsfähigen Alter sitzen, sondern vielmehr an eine finanzielle Belastung gedacht wird. Finanzielle Größen gehen aber in den Quotienten gar nicht ein. Auch gibt er mit der lediglich altersmäßigen Abgrenzung nicht etwa das Verhältnis von wirtschaftlich inaktiven Alten (Rentner, Pensionäre) zu den wirtschaftlich aktiven Personen (Erwerbstätige) an. Dieser Einschränkungen sollte man sich bewußt sein, wenn man »Altersquotienten«, »Jugendquotienten« oder ähnliche Indikatoren benutzt, weil sie einerseits leicht aus Bevölkerungsvorausschätzungen zu ermitteln sind und andererseits geeignete Modellrechnungen zur Ermittlung spezifischer, insbesondere auch finanzieller Quotienten nicht zur Verfügung stehen.

Für Altenquotienten sind zwei Altersabgrenzungen verbreitet, nämlich

a) die Bevölkerung im Alter von 60 und mehr Jahren im Verhältnis zur Bevölkerung im Alter von 20 bis unter 60 Jahren (Typ 20/60);
b) die Bevölkerung im Alter von 65 Jahren im Verhältnis zur Bevölkerung im Alter von 15 bis unter 65 Jahren (Typ 15/65).

Während die Definition unter b) eher auf formale Grenzen der Schulpflicht und des gesetzlichen Eintrittsalters für Altersrenten abstellt und auch international sehr verbreitet ist, berücksichtigt die Abgrenzung unter a) eher das effektive durchschnittliche Eintrittsalter in den Beruf einerseits und das tatsächlich durchschnittliche Renteneintrittsalter andererseits, wobei letzteres allerdings den Eintritt in Invaliditätsrenten mit umfaßt.

Ich möchte hier noch einen dritten Typ (20/65) einführen, der das effektive Berufseintrittsalter mit der Sollaltersgrenze für das Altersruhegeld kombiniert und damit insbesondere die Frühinvalidität nicht dem Alter zurechnet. Außerdem wird hier außer den reinen Altersquotienten auch ein Indikator eingeführt, der die Altersgruppen zu den Erwerbstätigen, also den wirtschaftlich aktiven Personen, in Beziehung setzt.

Alle Altenquotienten zeigen die gemeinsame Tendenz, daß etwa bis 2010 ein eher verhaltener Anstieg festzustellen ist, wie Tabelle 7 zeigt (s. S. 42). Danach steigen die Altenquotienten sehr viel schneller an. Unterschiedlich sind zunächst entsprechend den verschiedenen Definitionen die Ausgangsniveaus. Der auf die Erwerbstätigen bezogene Quotient liegt im Niveau deutlich höher als der rein demographische Quotient 20/65, was darauf zurückzuführen ist, daß eben bei weitem nicht alle Personen im erwerbsfähigen Alter eine Erwerbstätigkeit ausüben oder das zu tun wünschen. Interessant ist dieser näher an wirtschaftlichen Verteilungsbeziehungen orientierte Indikator, weil er langfristig relativ am geringsten zunimmt.

Unter dem Gesichtspunkt der finanziellen Belastung der Erwerbstätigen durch Umverteilungslasten zugunsten der Alten ist häufig darauf hingewiesen worden, daß über die abnehmende Kinder- und Jugendlichenzahl zugleich eine Entlastung eintritt. Wie allerdings die Jugendquotienten zeigen, hat diese Entlastung bereits in der jüngeren Vergangenheit stattgefunden und ist künftig eher von untergeordneter Bedeutung.

Faßt man Jugend- und Altenquotienten zu entsprechend abgegrenzten Gesamtquotienten zusammen, so zeigt sich, daß wir gegenwärtig in einer außergewöhnlich günstigen Situation hinsichtlich des Verhältnisses von noch nicht bzw. nicht mehr Aktiven im Verhältnis zur mittleren Altersgruppe stehen. Der Jugendquotient hat seit 1970 sehr viel mehr abgenommen, als der Altenquotient gestiegen ist. Im Vergleich zu 1970 stellt sich beim Gesamtquotienten auch der Anstieg bis 2030 weitaus weniger dramatisch dar als allein bei den Altenquotienten. Andererseits macht die Entwicklung des Gesamtquotienten auch deutlich, daß dessen Anstieg in den nächsten Jahrzehnten deutlich stärker wäre, wenn – aus welchem Grund auch immer – die Geburtenhäufigkeit in den nächsten Jahren merklich ansteigen würde. Dann würde nämlich ein steigender Jugend-

Tabelle 7: Altersquotienten
(in %)

	Jugendquotienten Personen im Alter von			
	unter 15	unter 20	unter 20	unter 20 zu Erwerbstätigen
	zu Personen im Alter von			
	15–65	20–60	20–65	
1970	36	58	52	67
1988	21	37	33	47
2000	23	37	33	44
2010	19	33	30	38
2030	19	33	28	35
	Altenquotienten Personen im Alter von			
	65 u. m	60 u. m.	65 u. m.	65 u. m. zu Erwerbstätigen
	zu Personen im Alter von			
	15–65	20–60	20–65	
1970	23	41	25	33
1988	23	38	25	36
2000	26	44	28	37
2010	31	49	34	43
2030	45	77	49	62
	Gesamtquotienten Personen im Alter von			
	u. 15/65 u. m.	u. 20/60 u. m.	u. 20/65 u. m.	u. 20/65 u. m. zu Erwerbstätigen
	zu Personen im Alter von			
	15–65	20–60	20–65	
1970	59	99	77	100
1988	44	75	58	83
2000	49	81	61	81
2010	50	82	64	81
2030	64	110	77	97

Quelle: Statistisches Bundesamt und eigene Berechnungen

quotient mit einem steigenden Altenquotienten zusammentreffen. Allerdings sei gerade hier nochmals auf die einleitenden Bemerkungen zu den Altersquotienten verwiesen: Sie enthalten keine finanziellen Bewertungen. So lassen sich weder die Aufwendungen für Alte mit denen für Kinder und Jugendliche gleichsetzen, noch die Systeme der Alterssicherung mit den sozialen Leistungssystemen für Kinder und Jugendliche.

Da allen diesen Quotienten letztlich der Gedanke zugrunde liegt, die auf die Erwerbstätigen zukommende Belastungsveränderung wenigstens überschlägig anzuzeigen, bieten sich an Stelle des oben genannten Gesamtquotienten noch zwei andere an, nämlich

- die Relation aus den Nichterwerbstätigen zu den Erwerbstätigen (»Nichterwerbstätigenquotient«) oder
- die Relation aus der Gesamtbevölkerung zu den Erwerbstätigen.

Damit sind auch die Personen im erwerbsfähigen Alter, die entweder über soziale Sicherungssysteme oder – z. B. als Hausfrauen – im Familienverbund Einkommensübertragungen erhalten, in die Betrachtung eingeschlossen.

Zwar hängt die künftige Zahl der Erwerbstätigen langfristig auch entscheidend von der Bevölkerungsentwicklung ab, gleichermaßen bedeutend ist jedoch die Wirtschaftsentwicklung. Bevor auf diese Zusammenhänge weiter unten eingegangen wird, sollen hier die dort erläuterten Ergebnisse herangezogen werden, um den Nichterwerbstätigenquotienten darzustellen.

Vergleicht man den Nichterwerbstätigenquotienten mit dem lediglich Altersgruppen berücksichtigenden Altersgesamtquotienten, so zeigen sich sowohl im Niveau wie im zeitlichen Verlauf deutliche Unterschiede. Obwohl 1970 ein Jahr mit besonders hohem Beschäftigungsniveau war, gingen von über 39 Mio. Personen im »erwerbsfähigen Alter« nur 26,8 Mio., d. h. etwa zwei Drittel, einer Erwerbstätigkeit nach. Ein Teil dieser Altersgruppe war noch in Ausbildung, ein Teil erwerbsunfähig oder arbeitslos, und ein großer Teil, vor allem Frauen, war wegen Kindererziehung zeitweise oder auf Dauer aus dem Erwerbsleben ausgeschieden. Im Ergebnis entfielen 128 Nichterwerbstätige auf 100 Erwerbstätige. Während die Altersgesamtquotienten – unabhängig von der Abgrenzung – von 1970 bis

1988 wegen des Rückgangs der Zahl der Kinder stark fielen, zeigt sich beim Nichterwerbstätigenquotienten kaum eine Entlastung. Hier wurde der demographische Effekt kompensiert durch längere Ausbildungszeiten, früheren Rentenzugang und durch einen außerordentlich starken Anstieg der Arbeitslosigkeit – die Zahl der Arbeitslosen nahm von 149000 im Jahre 1970 auf über 2,2 Mio. im Jahre 1988 zu.

Auch der Altenerwerbstätigenquotient (Personen im Alter von 65 und mehr Jahren zu Erwerbstätigen) steigt mit 72 % von 1988 bis 2030 langsamer als die vergleichbaren demographischen Altenquotienten, deren Anstieg 96 % (15/65) bzw. 103 % (20/60) beträgt. Auch ein Anstieg um 72 % ist keinesfalls eine Bagatelle, entspräche er doch grob geschätzt in der Rentenversicherung einer Beitragssatzerhöhung von 18,7 % in 1987 auf 32 % in 2030.

Diese nähere Betrachtung von »Belastungsquotienten« hat gezeigt, daß je nach Definition der Quotienten recht unterschiedliche Ergebnisse für die künftige Entwicklung zustande kommen. Je nach Auswahl eines Quotienten für die politische Argumentation läßt sich der Reform- bzw. Konsolidierungsbedarf damit auch mehr oder weniger dramatisch darstellen, lassen sich mehr oder weniger radikale Lösungsoptionen begründen.

2.1.4 Gehen uns die Erwerbstätigen aus?

Seit der Volkszählung 1987 wissen wir, daß wir zur Zeit die höchste Zahl an Erwerbstätigen seit Bestehen der Bundesrepublik Deutschland haben. Die Tatsache, daß die Zahl der Erwerbstätigen für 1987 von jahresdurchschnittlich knapp unter 26 Mio. Personen um 1 Mio. auf knapp unter 27 Mio. korrigiert werden mußte, weist einerseits auf Schwächen der Statistik hin und mahnt andererseits zur Vorsicht im Umgang mit den scheinbar so exakten Zahlen.

Gegenüber 1970 war die Erwerbstätigkeit 1988 nur geringfügig, nämlich um 490000 Personen, höher, obwohl die Zahl der Personen im erwerbsfähigen Alter (hier: 15–65) um 3,8 Mio. Personen zugenommen hatte. Was ist mit den restlichen fast 3½ Mio. Personen geschehen?

Fast 2,1 Mio. mehr Arbeitslose im Jahresdurchschnitt 1987 erklären mehr als die Hälfte der Differenz. Die Zahl der »Erwerbspersonen«, d. h. der Erwerbstätigen zuzüglich der beim Arbeitsamt registrierten Arbeitslosen, stieg in diesem Zeitraum um rd. 2,6 Mio. Personen. Der Rest erklärt sich aus verschiedenen, teils gegenläufigen Änderungen der Erwerbsbeteiligung:

Als Folge längerer *Bildungs- und Ausbildungszeiten* ist insbesondere bei Männern die Erwerbsbeteiligung im Alter von 15 bis unter 30 weiter gesunken. Bei Frauen wird dieser Prozeß überlagert – insbesondere in der Altersgruppe von 25 bis unter 30 Jahren – dadurch, daß immer weniger Frauen wegen Kindererziehung aus dem Erwerbsleben überhaupt oder langfristig ausscheiden. Betrachtet man allein das durchschnittliche Arbeitsmarkt-Eintrittsalter, dann wird zwischen 1971 und 1985 ein Anstieg von Alter 16,5 auf 18,5, d. h. um 2 Jahre, geschätzt; für 1925 schätzen verschiedene Autoren das durchschnittliche Arbeitsmarkt-Eintrittsalter auf 14,7 Jahre. Die Größenordnung von 18 bis 19 Jahren als durchschnittliches Arbeitsmarkt-Eintrittsalter überrascht zunächst angesichts der sehr langen akademischen Ausbildungszeiten in der Bundesrepublik. Dabei darf allerdings nicht übersehen werden, daß immer noch der überwiegende Teil der Jugendlichen sein Erwerbsleben mit einer betrieblichen Ausbildung beginnt, also relativ früh erwerbstätig wird. So liegt der Anteil der Erwerbspersonen an der Bevölkerung im Alter von 15 bis 19 Jahren heute bei etwa 45 % und in der Altersgruppe 20 bis 24 bei 75 %.

Besonders entscheidend für die Erwerbstätigkeit der Bevölkerung ist die steigende *Erwerbsbeteiligung von Frauen* im Alter von 25 bis 60 Jahren. Sehr viel häufiger als früher kehren Frauen nach einer Phase der Kindererziehung wieder ins Erwerbsleben zurück; die Phasen der Kindererziehung sind auch kürzer, was sich schon aus den geringeren Kinderzahlen je Frau erklärt; vielfach wird die Erwerbstätigkeit auch nur im Rahmen der Mutterschutzfristen einschließlich der neu eröffneten Möglichkeit des Erziehungsurlaubs unterbrochen. Waren nach dem Mikrozensus 1970 erst 46 % der Frauen im Alter von 25 bis unter 60 Jahren Erwerbspersonen, so ist dieser Anteil bis 1988 auf 60 % gestiegen.

Ein sehr ausgeprägter Rückgang der Erwerbsbeteiligung hat sich seit 1970 besonders bei Männern in den *oberen Altersgruppen* ergeben. So sank die Erwerbsquote bei den 55- bis unter 60jährigen von fast 90 % in 1970 auf unter 80 % in 1988, weitaus dramatischer noch bei den 60- bis 65jährigen von rd. 75 % auf gut ein Drittel. Waren 1970 noch über 30 % der Männer im Alter von 65 bis unter 70 Jahren Erwerbspersonen, so waren es 1988 weniger als 8 %. Auch bei Frauen im Alter von 60 und mehr Jahren ergab sich in diesem Zeitraum eine deutliche Abnahme der ohnehin geringen Erwerbsbeteiligung. Ein Zusammenspiel von zwei Faktoren hat diese Entwicklung maßgeblich beeinflußt: zum einen die Ende der 60er Jahre verstärkte Diskussion über die Humanisierung des Arbeitslebens, die auch in einer Verkürzung der Lebensarbeitszeit gesehen wurde; zum anderen der in der ersten Hälfte der 70er Jahre im Gefolge der ersten Ölkrise einsetzende Anstieg der Arbeitslosigkeit. Die mit dem Gedanken und auch der Bezeichnung der Flexibilisierung des Renten- bzw. Pensionseintrittsalters eingeführten niedrigeren Altersgrenzen stießen einerseits auf den hohen Zuspruch der Arbeitnehmer, denen eine vorzeitige Beendigung der Erwerbsphase ohne oder bei nur geringen Renten- oder Pensionseinbußen attraktiver erschien als die Weiterarbeit, insbesondere über das 65. Lebensjahr hinaus. Zum anderen stießen diese Regelungen aber auch bei den Arbeitgebern auf großes Interesse, die betriebliche Probleme des Personalabbaus oder der Personalverjüngung mit Hilfe der vorzeitigen Pensionierung über flexible Altersgrenzen oder über »manipulierte Arbeitslosigkeit« in Verbindung mit Altersrenten wegen einjähriger Arbeitslosigkeit relativ preiswert, nämlich zu Lasten der Sozialversicherung, lösen konnten.

Auch die Politik sah in dem vorzeitigen Ausscheiden älterer Arbeitnehmer aus dem Erwerbsleben einen arbeitsmarktpolitischen Puffer, den sie mit dem zeitlich befristeten Gesetz über das Vorruhestandsgeld förderte.

Zusammenfassend läßt sich für die Entwicklung der Erwerbsbeteiligung in der Vergangenheit also feststellen, daß einerseits die Lebensarbeitszeit, d. h. die Phase vom Berufseintritt bis zur Verrentung, durch längere Ausbildungszeiten und früheren Renteneintritt beträchtlich geschrumpft ist, daß andererseits die Erwerbsbeteiligung von Frauen im Rahmen dieser reduzierten Lebensarbeitszeit deutlich zugenommen hat. In der gegenwärtigen Situation einer Arbeitslosigkeit von über 2 Mio. Personen im Jahresdurchschnitt ist die per Saldo eingetretene Verringerung der Erwerbsbeteiligung sicher zu begrüßen. Allein unter längerfristigen demographischen Aspekten kommt man zu einer entgegengesetzten Einstellung.

Bei einer längerfristig deutlich sinkenden Zahl von Personen im erwerbsfähigen Alter wird eine weitere Verkürzung der Lebensarbeitszeit kaum in Kauf genommen werden können. Soll die ohnehin unausweichlich zunehmende Belastung der Erwerbstätigen durch Abgaben oder familieninterne Einkommensumverteilung für Nichterwerbstätige nicht zum grundsätzlichen gesellschaftlichen Dissens über den Sozialstaat und zu dessen Scheitern führen, dann wird man einerseits die Erwerbsbeteiligung der Bevölkerung ausweiten, andererseits aber auch für die Beschäftigung des erweiterten Erwerbspersonenpotentials sorgen müssen. Das eine ohne das andere zu tun, würde gesellschaftliche Konflikte und finanzielle Aufwendungen eher erhöhen.

Wie sehen nun die Chancen für einen Wiederanstieg der Erwerbsbeteiligung in den unteren und in den oberen Altersgruppen sowie für einen weiteren Anstieg bei den Frauen aus? Steigt die Erwerbsbeteiligung automatisch wieder an, wenn der Berufsnachwuchs knapper wird, die Arbeitgeber nicht nur den »olympiareifen« Arbeitnehmer beschäftigen, oder müssen darüber hinaus gesetzliche Regelungen getroffen werden?

Betrachten wir zunächst das Arbeitsmarkt-Eintrittsalter. Zwar hat auch hier zweifellos die Arbeitsmarktsituation dazu geführt, daß der Einstieg ins Erwerbsleben verzögert erfolgte. Einerseits versuchten die Jugendlichen, durch weitere schulische Bildung ihre Eintrittschancen zu erhöhen, andererseits hatten die Arbeitgeber ihre Anforderungen – teils in unsinniger Weise – angehoben. Mit dem zur Zeit schon deutlichen Rückgang der Schulabgängerzahl der Sekundarstufe und beginnenden Engpässen bei der Besetzung von Ausbildungsstellen ist hier die Korrektur schon eingeleitet. Andererseits wird eine hohe berufliche Qualifikation in Zukunft eher noch eine größere Rolle spielen als in der Vergangenheit. Auch wenn insbesondere bei akademischen Ausbildungsgängen deutliche Zeitreserven vorhanden und ohne Qualitätsverlust auch abbaubar sind, wird dieses Potential voraussichtlich dadurch kompensiert, daß der Anteil qualifizierter Ausbildungen tendenziell noch zunimmt. Insofern dürften die Möglichkeiten, die Erwerbsbeteiligung in den unteren Altersgruppen zu steigern, quantitativ kaum von Bedeutung sein.

Anders sieht es bei den oberen Altersgruppen aus. Zwar genießt die Möglichkeit des vorzeitigen Renteneintritts eine hohe Akzeptanz, aber zahlreiche ältere Arbeitnehmer sind auch im Rahmen struktureller Anpassungen in der Wirtschaft über Arbeitslosigkeit, arbeitsmarktbedingte Erwerbsunfähigkeit, mit Hilfe von Sozialplänen und Abfindungen vorzeitig in den Ruhestand gedrängt worden. Hier ist zweifellos ein Potential von Erwerbspersonen vorhanden, das bei besserer Arbeitsmarktsituation, intensiverer medizinischer und beruflicher Prävention und Rehabilitation sowie der Modifikation der Regelungen über einen flexiblen Übergang von der Arbeit in den Ruhestand erschlossen werden kann. Der wirtschaftliche Strukturwandel mit dem Rückgang gewerblicher Arbeitsplätze und der Zunahme von Dienstleistungstätigkeiten im weitesten Sinne kann die Potentialausweitung insofern unterstützen, als mit dem Strukturwandel der Arbeitsplätze zugleich eine Verminderung unfallträchtiger und gesundheitsgefährdender Tätigkeiten verbunden ist. Die Unterschiede in der Häufigkeit von Erwerbsunfähigkeit zwischen der Rentenversicherung der Arbeiter und der der Angestellten zeigt dies deutlich. Auch bei Frauen wird man davon ausgehen können, daß sich der Trend zu steigender Erwerbsbeteiligung, der auch in Zeiten steigender Arbeitslosigkeit angehalten hat, künftig fortsetzt. Dies dürfte insbesondere dann in verstärktem Maße gelten, wenn bei verbesserter Arbeitsmarktsituation auch die Vereinbarkeit von Familie und Beruf sowohl durch infrastrukturelle Verbesserungen bei der Kinderbetreuung als auch durch günstigere Arbeitszeitangebote der Arbeitgeber erleichtert wird.

Während hier bisher nur die Änderung der Erwerbsbeteiligung innerhalb einer gegebenen Bevölkerung erörtert wurde, sei nochmals auf den Aspekt der Wanderungen von Ausländern hingewiesen. Sollten trotz der angedeuteten Potentialreserven künftig die wirtschaftliche Entwicklung hemmende Personalengpässe auftreten, so ist auch damit zu rechnen, daß die Anwerbung ausländischer Arbeitskräfte wieder eine andere Bewertung erfährt als in der gegenwärtigen Situation hoher Arbeitslosigkeit. Dies wird jedoch in der folgenden Modellrechnung zum Erwerbspersonenpotential – wie oben bei der Beschreibung des Bevölkerungsmodells dargestellt – nicht berücksichtigt.

2.1.4.1 Das künftige Erwerbspersonenpotential

Das »Erwerbspersonenpotential« ist der Teil der Bevölkerung, der bei günstiger Arbeitsmarktlage erwerbstätig ist oder Arbeit sucht. Es umfaßt außer den Erwerbspersonen, also den Erwerbstätigen und den Arbeitslosen, auch die »Stille Reserve«. Im Unterschied zu Erwerbspersonen, die gezählt werden können, kann die »Stille Reserve« nur geschätzt werden. Ihre Höhe ist damit – besonders in Zeiten hoher Arbeitslosigkeit – heftig umstritten, wobei eine Bandbreite von 0 bis 1,5 Mio. Personen für die Gegenwart angenommen wird. Die Vertreter der 0-Position argumentieren, daß es eine »Stille Reserve« nicht gibt, denn wer an Arbeit interessiert sei, der melde sich beim Arbeitsamt und werde dann als Arbeitsloser gezählt. Andererseits läßt sich leicht erkennen, daß es eine Vielzahl von Personengruppen gibt, die heute weder erwerbstätig noch registriert arbeitslos sind, bei attraktiven Beschäftigungsangeboten jedoch eine Erwerbstätigkeit aufnehmen würden. Dabei handelt es sich nicht nur um Hausfrauen, die in der Phase der Kindererziehung ihre Erwerbstätigkeit aufgegeben haben und angesichts der hohen Arbeitslosigkeit gegenwärtig keine Vermittlungschancen sehen, sondern auch um ältere Arbeitnehmer, die, wenn sie heute arbeitslos werden, praktisch keine Wahl zwischen Wiedereinstellung und langfristiger Arbeitslosigkeit bzw. dem Einstieg in eine Erwerbsunfähigkeitsrente haben.

Zur Abschätzung des Erwerbspersonenpotentials bedient man sich nun eines Tricks. Man unterstellt, daß in »Vollbeschäftigungsjahren« in der Vergangenheit tatsächlich die letzten Arbeitsmarktreserven aktiviert worden sind, und definiert die damals erreichten Erwerbsquoten für einzelne Altersgruppen als »Potentialerwerbsquoten«.

Für Männer ist das insbesondere bei den mittleren Altersgruppen (30–55) relativ problemlos, weil hier die Erwerbsquoten früher nahe bei 100 % lagen. Lediglich für die jüngeren Jahrgänge sind Annahmen zu treffen über eine heute mögliche maximale Ausschöpfung vor dem Hintergrund mittlerweile erweiterter Bildungsgänge. Andererseits müssen für die oberen Jahrgänge Annahmen gemacht werden, welche Erwerbsquoten sich bei Vollbeschäftigung einerseits, bei mittlerweile geänderten Altersgrenzen andererseits einstellen würden und wie diese sich gegebenenfalls unter dem Einfluß einer erneuten Änderung der Altersgrenzen künftig verändern würden.

Schwieriger ist die Bestimmung von Potentialerwerbsquoten für Frauen. Anders als bei Männern, für die wenigstens für die Vergangenheit Orientierungsgrößen vorliegen, die als Maxima definiert werden können, liegen für Frauen keine Maximalwerte aus der Vergangenheit vor. Vielmehr hat die Erwerbsbeteiligung von Frauen ständig zugenommen, der aktuellste Wert ist in der Regel jeweils der höchste, wenn man von der untersten Altersgruppe (15–20) und den oberen absieht.

Nun ist es nicht plausibel, den aktuellen Wert auch für die Zukunft als Maximum festzuhalten, denn angesichts einer besseren Ausbildungsstruktur von Frauen, sich verbessernden Arbeitsbedingungen und geringerer familiärer Verpflichtungen wegen kleinerer Kinderzahl spricht nichts dafür, daß der Trend zu steigender Erwerbsbeteiligung kurzfristig abbricht.

Es sind also Annahmen zu treffen über die weitere Entwicklung der altersspezifischen Erwerbsquoten, wobei sowohl die Verlängerung der bisherigen Entwicklungstendenz wie die Orientierung an ausländischen Verhältnissen herangezogen werden können. Da die Erwerbsbeteiligung bei Frauen sehr entscheidend vom Familienstand abhängt – dies dürfte in abgeschwächtem Maße auch für die Zukunft gelten –, wird bei differenzierten Erwerbspotentialschätzungen auch dieser Faktor einbezogen.

In Tabelle 8 (s. S. 52) werden die tatsächlichen Erwerbsquoten für 1961, 1970 und 1987 dargestellt sowie die unterstellten Potentialquoten für 2000 und 2015, die der Abschätzung des künftigen Arbeitskräfteangebots dienen. Für die Zeit nach 2000 wird insbesondere eine Anhebung der Altersgrenzen in der Rentenversicherung unterstellt, wie sie im Rentenreformgesetz für die Jahre nach 2001 beschlossen worden ist.

Vergleicht man die zusammengefaßte Erwerbsquote für die Altersgruppen von 15 bis unter 65 Jahren in 2000 und 2010 für Männer von 84,5 % bzw. rd. 85 % und von Frauen von 60,5 % bzw. 63,5 % mit Werten, die heute (1986) bereits im Ausland erreicht sind (vgl. Tabelle 9, S. 53), dann zeigt sich, daß die hier getroffenen Annahmen, insbesondere für Frauen, nicht extrem hoch sind.

Aus den unterstellten Potentialerwerbsquoten und der Bevölkerungsmodellrechnung ergibt sich das Erwerbspersonenpotential, das sich unter bestimmten wirtschaftlichen Annahmen über die Entwicklung der Erwerbstätigkeit auf Erwerbstätige, Arbeitslose und »Stille Reserve« aufteilen läßt. In Tabelle 10 (s. S. 53) ist eine derartige Variante dargestellt. In dieser Beschäftigungsvariante wird davon ausgegangen, daß die Zahl der Erwerbstätigen mit abnehmenden Zuwachsraten weiter steigt, bis das Erwerbspersonenpotential ausgeschöpft und die Arbeitslosenzahl und »Stille Reserve« auf ein Niveau zurückgegangen sind, das aus Gründen jeweils kurzer Sucharbeitslosigkeit auch in einer Vollbeschäftigungssituation nicht unterschritten wird.

Tabelle 10 (s. S. 53) läßt erkennen, daß unter den gewählten Annahmen

- das Erwerbspersonenpotential die Bevölkerung im erwerbsfähigen Alter immer stärker auslastet, weil die Erwerbsbeteiligung zunimmt,
- die Erwerbstätigkeit das Erwerbspersonenpotential zunehmend ausschöpft und damit letztlich, d. h. etwa ab 2010 bis 2015, abnehmen müßte.

Praktisch bedeutet diese angedeutete Entwicklung, daß die Zahl der Erwerbstätigen noch steigen kann, wenn die Bevölkerung im erwerbsfähigen Alter und auch das Erwerbspersonenpotential aus de-

Tabelle 8: Altersspezifische Erwerbsquoten
(Anteil der Erwerbspersonen in % der gleichaltrigen Bevölkerung)

Alter von ... bis unter ... Jahren	Tatsächliche Erwerbsquoten			Potentialerwerbsquoten	
	1961[1]	1970[2]	1987[2]	2000	2015
– Männer –					
15–20	81,3	54,7	45,5	46,5	46,5
20–25	91,1	82,9	81,4	82,5	82,5
25–30	96,2	92,6	87,5	88,0	88,0
30–35	98,3	98,4	95,9	97,0	97,0
35–40	97,8	98,8	97,5	98,5	98,5
40–45	97,1	98,5	97,4	98,5	98,5
45–50	96,1	96,8	96,4	97,0	97,0
50–55	93,8	95,1	93,2	94,0	94,0
55–60	88,7	89,1	79,8	85,0	85,0
60–65	72,3	74,7	34,5	45,0	65,0
65–70	32,6	30,6	7,8	–	–
– Frauen –					
15–20	78,2	53,6	39,5	40,9	42,0
20–25	71,9	69,8	75,4	78,4	80,0
25–30	50,7	51,1	67,7	74,6	77,0
30–35	44,6	45,4	62,4	77,0	80,0
35–40	46,3	46,2	63,7	76,1	82,0
40–45	45,4	48,4	64,2	72,4	78,0
45–50	42,3	48,9	60,9	70,8	75,0
50–55	38,1	44,8	53,7	60,5	64,0
55–60	32,8	37,2	41,1	46,6	48,0
60–65	20,9	22,5	11,1	15,0	35,0
65–70	12,2	10,7	3,3	–	–

[1] Volkszählung
[2] Mikrozensus

Quelle: Statistisches Bundesamt und eigene Berechnungen

Tabelle 9: Erwerbspersonen in % der Bevölkerung im Alter von 15 bis unter 65 Jahren

	Männer	Frauen
Frankreich	76,3	55,3
Vereinigtes Königreich	87,9	61,0
Vereinigte Staaten	84,4	64,9
Kanada	85,1	63,5
Japan	87,6	57,4

Quelle: OECD

Tabelle 10: Bevölkerung, Erwerbspersonenpotential, Erwerbstätige

Jahr	Bevölkerung	Erwerbspersonenpotential	Erwerbstätige	Arbeitslose u. Stille Reserve
	in Mio. Personen			
1960 VZ	55,9	26,7[1]	26,2	0,2[2]
1970 MZ	61,4	27,0[1]	26,8	0,2[2]
1988 MZ	61,3	29,7[1]	27,4	2,3[2]
1995	63,5	32,1	29,1	3,0
2000	63,3	31,8	29,4	2,4
2005	63,3	31,5	29,4	2,0
2010	61,0	31,3	29,4	1,9
2015	59,1	30,6	29,4	1,3
2030	51,9	24,5	23,8	0,6

[1] Effektive Erwerbspersonen – [2] Nur Arbeitslose

Quelle: Statistisches Bundesamt und eigene Berechnungen

mographischen Gründen bereits sinken. Vielfach wird daher das eigentliche Problem des nächsten Jahrzehnts noch weniger in einem globalen Arbeitskräftemangel als vielmehr im Anhalten einer relativ hohen Arbeitslosigkeit gesehen.

2.1.4.2 Exkurs: Lebensarbeitszeit – Jahresarbeitszeit

Nun ist für das Angebot an Arbeit nicht allein die Zahl der potentiellen Erwerbstätigen von Bedeutung, sondern auch deren Arbeitszeit. Die Lebensarbeitszeit, nämlich die Spanne vom Eintritt ins Berufsleben bis zum Ende des Berufslebens – in der Regel verbunden mit dem Renteneintritt –, schlägt sich unmittelbar im Erwerbs*personen*potential nieder. Allerdings sind die Zusammenhänge etwas komplizierter, als sie vielfach mit »griffigen« Zahlen dargestellt werden. Wenn das »Arbeitsmarkteintrittsalter« in den letzten 60 bis 70 Jahren von 14,5 auf 19 Jahre zugenommen hat und das durchschnittliche Renteneintrittsalter damals wie heute etwa bei 60 Jahren liegt, dann besagt dies für die durchschnittlich in Erwerbstätigkeit verbrachten Lebensjahre relativ wenig. Unterbrechungen der Erwerbstätigkeit, z. B. durch eine Hochschulausbildung nach der betrieblichen Berufsausbildung, Zeiten der Arbeitslosigkeit und der Kindererziehung, werden ebensowenig berücksichtigt wie die Tatsache, daß 1925 wesentlich weniger der im Jahre 1865 Geborenen das 60. Lebensjahr erreichten, als dies 1987 für die im Jahre 1917 Geborenen zuträfe, wenn man vom Sondereinfluß des 2. Weltkrieges absieht. Die Chancen eines 30jährigen Mannes, das 65. Lebensjahr und damit die Rentenaltersgrenze zu erreichen, lagen nach den Sterblichkeitsverhältnissen der 80er Jahre des letzten Jahrhunderts gerade bei 50 %, während sie nach heutigen Verhältnissen fast bei 80 % liegen. Informativer ist daher die Bestimmung der Erwerbsbeteiligung über Erwerbsquoten, wie dies vorstehend geschehen ist.

Der andere Zeitfaktor, der das Arbeitsangebot bestimmt, ist die durchschnittliche effektive jährliche Arbeitszeit. Sie ergibt sich im wesentlichen aus Kalendertagen, abzüglich nicht gearbeiteter Tage (Sonn-, Feiertage, Arbeitsunfähigkeit, Urlaub u. ä.), aus der tariflichen Wochenarbeitszeit zuzüglich Überstunden und abzüglich von Teilzeiteffekten.

Das Institut für Arbeitsmarkt- und Berufsforschung schätzt, daß 1988 alle Erwerbstätigen im Durchschnitt etwa 1680 Stunden gearbeitet haben. 1970 war demgegenüber die Jahresarbeitszeit mit 1949 Stunden um 16 %, 1960 mit 2152 Stunden noch um 28 % länger. Maßgeblich für diesen Rückgang waren bei Arbeitnehmern die Zunahme des Jahresurlaubs von 15,5 Tagen in 1960 über 21,2 in 1970 auf 30,5 Tage in 1988, die Verkürzung der Wochenarbeitszeit von 44,6 Stunden in 1960 auf 39,2 in 1988 sowie die Zunahme der Teilzeitarbeit, die im Gesamtzeitraum die durchschnittliche Jahresarbeitszeit um rd. 50 Stunden gesenkt hat. Insbesondere im Vergleich zu 1970 hat auch ein Abbau von Überstunden in der Größenordnung von 100 Stunden zu der Senkung der durchschnittlichen jährlichen Arbeitszeit bei Arbeitnehmern beigetragen.

Bei langfristigen Überlegungen über demographisch bedingte Engpässe des Arbeitsangebots kann man die Entwicklung der durchschnittlichen Jahresarbeitszeit gewiß nicht unberücksichtigt lassen. Zum einen wird sich die steigende Erwerbsbeteiligung von Frauen insgesamt, aber auch von Männern in den rentennahen Altersjahrgängen in erheblichem Umfang auf dem Teilzeitarbeitsmarkt abspielen, dem relativen Zuwachs an Erwerbstätigen steht also ein geringer Zuwachs an effektiver Arbeitszeit gegenüber bzw. die durchschnittliche Jahresarbeitszeit geht weiter zurück.

Im internationalen Vergleich spielt die Teilzeitarbeit in der Bundesrepublik Deutschland noch eine eher nachrangige Rolle. Tendenziell führen darüber hinaus viele der unter dem Thema »Flexibilisierung der Arbeitszeit« erörterten Maßnahmen zu einer Reduktion der durchschnittlichen Jahresarbeitszeit. Des weiteren sind – zumindest für die nächste Zeit – noch weitere Wochenarbeitszeitverkürzungen in der tarifpolitischen Diskussion. Ein dritter Faktor, der sich negativ auf das Arbeitszeitangebot auswirken könnte, ist das Erfordernis, künftig mehr Zeit für berufliche Qualifikation auch im Betrieb aufzuwenden.

Andererseits gibt es unter den Erwerbstätigen und geringfügig Beschäftigten, die statistisch vielfach nicht unter den Erwerbstätigen erfaßt sind, eine beträchtliche Anzahl von Personen, die ihre Arbeitszeit auszudehnen wünschen. Eine Untersuchung im Auftrag des Bundesministeriums für Arbeit und Sozialordnung ergab für einen Stichtag im 2. Quartal 1987 eine Zahl von 2,3 Mio. Personen, die einer kurzfristigen oder geringfügigen und deshalb sozialversicherungsfreien Beschäftigung nachgingen: Etwa ein Drittel davon sind allerdings Rentner, Studenten, Schüler, die überwiegend nur eine derartige geringfügige Tätigkeit suchen. Fast 40 % (881 000 Personen) waren haushaltsführende Frauen, bei denen durchaus ein nicht ausgeschöpftes Arbeitszeitpotential vermutet werden kann. Ebenso ist aus anderen Untersuchungen bekannt, daß ein nennenswerter Teil heutiger Teilzeitarbeitnehmer an einer Verlängerung der Arbeitszeit interessiert ist, andererseits allerdings auch ein Teil der Vollzeitarbeitnehmer bei entsprechendem Arbeitsplatzangebot eine Teilzeittätigkeit wählen würde.

2.1.4.3 Fazit zur Entwicklung von Erwerbspersonen- und Arbeitnehmerpotential

Zieht man aus diesen unterschiedlichen Tendenzen ein *Fazit*, so wird man angesichts tarifvertraglicher Festlegungen und Entwicklungstendenzen sowie aufgrund der individuellen Arbeitszeitwünsche wenigstens zunächst eher mit einem weiteren Rückgang der durchschnittlichen Jahresarbeitszeit der Erwerbstätigen rechnen müssen.

Für die Zunahme der Erwerbstätigenzahl in den nächsten zwei Jahrzehnten besteht unter demographischen Aspekten durchaus noch Spielraum. Allerdings hat die Verengung des Arbeitsangebots bei den jüngeren Jahrgängen, die am Beginn des Erwerbslebens stehen, bereits eingesetzt. Die Zahl der betrieblichen Ausbildungsverhältnisse nimmt bereits ab, der fachlich qualifizierte Nachwuchs geht zurück. Die Erwerbspersonenreserven liegen eher in den mittleren und oberen Jahrgängen und weisen damit nicht immer eine aktuelle berufliche Qualifikation auf.

Hinsichtlich des potentiellen Arbeitsvolumens, d. h. dem Produkt aus potentiellen Erwerbstätigen und Jahresarbeitszeit, ist bei Fortsetzung aktueller Trends eher mit vorläufiger Stagnation zu rechnen, langfristig könnte der Arbeitszeitrückgang den Erwerbspersonenpotentialrückgang noch verstärken.

Entscheidend hängt die Entwicklung des effektiven Arbeitsvolumens allerdings von der Nachfrage nach Arbeitskräften und damit von der wirtschaftlichen Entwicklung ab; dies gilt sowohl für die Zahl der Beschäftigten wie für die Arbeitszeiten. Mit der Potentialrechnung wird daher hier nur eine Orientierungslinie gezeichnet, keinesfalls dagegen eine undurchdringbare Obergrenze.

2.2 Mehr Wirtschaftswachstum zur Rettung der sozialen Sicherung?

Seit Bestehen der Bundesrepublik Deutschland hat sich das reale Bruttosozialprodukt, das heißt die preisbereinigte Menge an Waren und Diensten, die für den privaten Verbrauch, für den Staatsverbrauch und für Investitionen zur Verfügung stehen, etwa verfünffacht. Beträgt das Bruttosozialprodukt 1990 (in Preisen von 1988) fast 2,3 Billionen DM, so hätte es 1950 für das heutige Bundesgebiet etwa 425 Mrd. DM betragen. Da in der gleichen Zeit auch die Zahl der Einwohner von knapp 50 Mio. auf etwa knapp 63 Mio. Personen gestiegen ist, war der Anstieg des realen Bruttosozialprodukts je Einwohner von etwa 8500 DM in 1950 auf 36300 DM in 1990 etwas schwächer, entsprach aber immerhin noch mehr als einer Vervierfachung (vgl. Tabelle 11, S. 58).

Dieses starke Wirtschaftswachstum, dessen Voraussetzung insbesondere in der unmittelbaren Nachkriegszeit eine hohe Investitionstätigkeit war, hat einen überproportionalen Anstieg der Sozialleistungen zugelassen, zugleich aber auch – trotz steigender Steuern und Sozialabgaben – eine erhebliche Verbesserung der realen Nettoarbeitsentgelte der Arbeitnehmer. Gemessen am nominalen Bruttosozialprodukt sind die im Sozialbudget zusammengefaßten Sozialleistungen seit 1950 von etwa 20 % auf über 30 % in 1990 angestiegen,

Tabelle 11: Das Wachstum des Bruttosozialprodukts

	Bruttosozialprodukt		Bruttosozialprodukt zu Preisen von 1988	
Jahr von ... bis ...	zu jeweiligen Preisen	zu Preisen von 1988	je Einwohner	je Erwerbstätigen
	in Mrd. DM		in DM	
1950[1]	105	425,3	8508	20106
1960	303	913,2	16475	34793
1970	676	1415,3	23336	53071
1980	1485	1853,7	30107	68506
1990s	2395	2285	36330	81350
	Durchschnittliche jährl. Veränderung von ... bis ... – in DM –			
1950–60	–	49	797	1469
1960–70	–	50	686	1828
1970–80	–	44	677	1544
1980–90	–	43	622	1284
	Durchschnittliche jährl. Veränderung von ... bis ... – in % –			
1950–60	11,2	7,9	6,8	5,6
1960–70	8,4	4,5	3,5	4,3
1970–80	8,2	2,7	2,6	2,6
1980–90	4,9	2,1	1,9	1,7

[1] Heutiges Bundesgebiet einschl. Berlin (West), geschätzt

Quelle: Statistisches Bundesamt und eigene Berechnungen

gleichzeitig haben sich die Nettorealverdienste je Arbeitnehmer auf etwa das 3½fache erhöht.

Diese Zahlen machen einen wesentlichen Zusammenhang zwischen Sozialpolitik und Wirtschaftswachstum deutlich. Grundsätzlich läßt sich auf Erwerbstätige und Nichterwerbstätige nur die Summe der Güter verteilen, die im Rahmen des Sozialprodukts eines Landes erstellt werden. Stagniert die Wirtschaft, dann kann auch keine zusätzliche Gütermenge verteilt werden, allenfalls kann versucht werden, die bisherige Gütermenge anders zu verteilen. Letzteres bedeutet allerdings bei konstanter Bevölkerung, daß ein Teil der Einwohner Einbußen hinnehmen muß, wenn einem anderen Teil mehr Güter zukommen sollen. Daher lassen sich Verteilungsfragen bei steigendem Sozialprodukt im allgemeinen leichter und mit geringeren Konflikten lösen als bei Stagnation. Lediglich bei rückläufiger Bevölkerungszahl kann auch bei stagnierendem Sozialprodukt die Gütermenge je Einwohner zunehmen, eine angesichts der langfristigen demographischen Entwicklung in der Bundesrepublik durchaus realistische Option!

Der Zeitraum seit 1950 bis heute ist gerade etwa so lang wie der Zeitraum, über den wir uns heute unter demographischen Aspekten Gedanken machen, nämlich über die nächsten 40 Jahre bis etwa 2030. Auch wenn die Ausgangspunkte sehr verschieden sind – damals Wiederaufbauperiode mit vergleichsweise ärmlichen Lebensverhältnissen, heute eine im internationalen Wettbewerb herausragende Wirtschaftsnation mit einer Lebensstandardposition unter den führenden Industrieländern –, ist es doch gerade im Zusammenhang mit den folgenden Spekulationen über die weitere Wirtschaftsentwicklung ganz hilfreich, wenn man sich die Dynamik und den Strukturwandel, der sich in der Vergangenheit vollzogen hat, vergegenwärtigt.

Von 1950 bis 1988

- ist das nominale Sozialprodukt auf das 20fache gestiegen;
- hat sich das reale Sozialprodukt auf das 5fache erhöht;
- hat der Preisindex des Sozialprodukts das 4fache Niveau erreicht;
- sind die Leistungsausgaben der gesetzlichen Krankenversicherung auf das 57fache und die Ausgaben der Rentenversicherung

der Arbeiter und Angestellten in der gleichen Größenordnung gestiegen;
- hat der Anteil der Arbeiter an den Arbeitnehmern von 71 % auf 43 % abgenommen; hat sich der Anteil der Angestellten von 23 % auf 47 %, der der Beamten von 6 % auf 10 % erhöht;
- hat sich die Zahl der Selbständigen und mithelfenden Familienangehörigen fast halbiert;
- ist die Zahl der Erwerbstätigen in der Landwirtschaft auf unter ein Drittel gesunken; sind die Anteile der Erwerbstätigen im produzierenden Gewerbe von 43 % auf 41 % gesunken, im Handel, Verkehr und im Dienstleistungsbereich dagegen von 33 % auf 55 % gestiegen.

Das Wirtschaftswachstum und der Strukturwandel verliefen aber keineswegs kontinuierlich. Während das reale Bruttosozialprodukt von 1950 bis 1960 noch jahresdurchschnittlich um fast 8 % zunahm, ging die Wachstumsrate in der Folgezeit immer mehr zurück; im Durchschnitt beträgt es von 1980 bis 1990 gerade noch 2,1 %. Nun ist diese Abnahme schon allein deshalb weniger spektakulär, als es zunächst scheint, weil eine konstante Zuwachsrate über Jahrzehnte z. B. in der Größenordnung der 60er Jahre (4,5 %) zu einem exorbitanten Wachstum führen würde, dessen absoluter Zuwachs von Jahr zu Jahr größer würde. Vergleicht man daher für die Vergangenheit die absoluten Zuwächse des realen Bruttosozialprodukts jeweils für 10-Jahres-Abstände, dann erscheinen die Wachstumseinbußen auch der letzten zwei Jahrzehnte weniger dramatisch (in Preisen des Jahres 1988):

1960	im Vergleich zu 1950:	+ 488 Mrd. DM
1970	im Vergleich zu 1960:	+ 502 Mrd. DM
1980	im Vergleich zu 1970:	+ 438 Mrd. DM
1990[1]	im Vergleich zu 1980:	+ 430 Mrd. DM

1 geschätzt

Eine entsprechende Rechnung für den Zuwachs des realen Bruttosozialprodukts je Einwohner zeigt, abgesehen vom ersten, ohnehin außerordentlichen Jahrzehnt, ebenfalls eine vergleichsweise stabile Entwicklung:

1960	im Vergleich zu 1950:	+ 7970 DM
1970	im Vergleich zu 1960:	+ 6860 DM
1980	im Vergleich zu 1970:	+ 6770 DM
1990[1]	im Vergleich zu 1980:	+ 6220 DM

1 geschätzt

Kann man also für die Zukunft davon ausgehen, daß das reale Bruttosozialprodukt sich mit den im Mittel der letzten 20 bis 30 Jahre feststellbaren absoluten Zuwächsen weiterentwickelt, was zwar ein weiteres Absinken der Zuwachsraten, aber dennoch eine deutliche Wohlstandssteigerung bedeutete, oder ist auch mit einem weiteren Nachlassen der absoluten Zuwächse zu rechnen? Wird die deutsch/deutsche Entwicklung die Wachstumstrends auf dem Gebiet der Bundesrepublik in den nächsten 10 bis 15 Jahren deutlich ändern? Die Meinungen darüber gehen wenigstens so weit auseinander wie über die Frage, ob das Bruttosozialprodukt überhaupt ein geeigneter Indikator für die Wohlstandsentwicklung sein kann und ob weiteres Wachstum im Sinne noch erweiterter Güterproduktion wünschenswert ist.

2.2.1 Grenzen des Wirtschaftswachstums?

Zweifel an den Möglichkeiten, aber auch am Sinn einer Fortsetzung bisheriger Wachstumsstrategien fußen auf zwei unterschiedlichen Argumentationsebenen. Zum einen bewegt sich die Diskussion vorrangig auf der technokratischen Ebene der durch den Bevölkerungswandel ausgelösten strukturellen Anpassungsschwierigkeiten der Volkswirtschaft, zum anderen auf der sehr viel grundsätzlicheren gesellschaftspolitischen mit der Frage der Vereinbarkeit von Ökologie und Ökonomie.

2.2.1.1 Ökonomie und Demographie

Die Wirtschaftswissenschaften haben den Wechselwirkungen zwischen ökonomischer und demographischer Entwicklung in der Vergangenheit wenig Aufmerksamkeit geschenkt. In der Regel nahmen die Bevölkerungszahlen – von außerordentlichen Ereignissen abgesehen – ziemlich stetig zu, strukturelle demographische Änderungen vollzogen sich nur relativ gemächlich, so daß Fragen konjunktureller Störungen, Einflüsse des technischen Fortschritts, der Rohstoffversorgung und strukturelle Verschiebungen zwischen Branchen eher das wissenschaftliche Interesse auf sich lenkten. Mangels realer Erfahrungen mit Bevölkerungsabnahme und Altersstrukturwandel im In- und Ausland mangelt es einerseits an empirisch gesicherten Analysen, ist aber andererseits die Fülle geäußerter plausibler Vermutungen kaum zu überblicken.

Darüber hinaus ist die demographische Entwicklung nur ein Faktor aus einer Vielzahl von Größen, die wirtschaftliches Wachstum beeinflussen, und – was die Betrachtung nicht einfacher macht – von der Wirtschaft gehen auch Einflüsse auf die Bevölkerungsentwicklung aus. Plastisches Beispiel: Die gleichen Politiker, die den Zustrom von »Wirtschafts-Asylanten« kräftig reduzieren wollen, fordern Mitte 1988 gleichzeitig die Aufhebung des Anwerbestopps für Saisonkräfte im Hotel- und Gaststättengewerbe und für ungarische Krankenschwestern (nachzulesen im Münchner Merkur vom 16. 8. 1989).

Auch wenn die exakte Stärke von Wirkungen des demographischen Wandels auf die Wirtschaftsentwicklung wenigstens zur Zeit nicht bestimmbar ist, so ist doch nicht von der Hand zu weisen, daß sowohl auf der Nachfrageseite wie auf der Angebotsseite negative Einflüsse auf das Wirtschaftswachstum entstehen können.

Wenden wir uns zunächst der *Nachfrageseite* zu. Unmittelbar einsichtig erscheint hier das Argument, daß eine abnehmende Bevölkerung eine abnehmende oder wenigstens langsamer steigende private Nachfrage zur Folge hat als eine zunehmende Bevölkerung. So gibt es denn auch Stimmen, die das Nachlassen des Wirtschaftswachstums in der Bundesrepublik Deutschland auch auf die seit Anfang der 70er Jahre nahezu stagnierende Bevölkerungszahl zurückführen. So einfach dürften die Zusammenhänge jedoch sicher nicht sein. Zum einen führt eine zunehmende Bevölkerung nicht automatisch zu höherem Wirtschaftswachstum, wie sich in den Entwicklungsländern zeigt, zum anderen spielt es eine Rolle, wie sich die Nachfrage oder der Verbrauch je Einwohner entwickelt.

Ganz generell gibt es – fast bei jeder längeren Rezession – die Diskussion darüber, daß in entwickelten Industriestaaten der Pro-Kopf-Verbrauch nicht mehr weiter steigen könne, weil die Bevölkerung eigentlich schon alle Güter habe, die allgemein als nützlich angesehen werden (Sättigungsthese). Das zeigen natürlich auch Statistiken über die Ausstattung privater Haushalte mit langlebigen Gebrauchsgütern für die Bundesrepublik Deutschland; ganz anders sieht es in dieser Hinsicht in der DDR aus. So besaßen 1987 in der Bundesrepublik jeweils über 90 % der Haushalte mindestens ein Farbfernsehgerät, ein Radio, eine Waschmaschine, einen Staubsauger, einen Kühlschrank, ein Telefon. Und war der Anteil bei den 2-Personen-Haushalten von Renten- und Sozialhilfeempfängern mit geringem Einkommen bei einigen Gegenständen niedriger, so teilweise sicher auch, weil kein Bedarf dafür vorhanden war (Fotoapparat, Fahrrad).
Bei zunächst noch ansteigender Anzahl der Haushalte, auch über den Zeitpunkt hinaus, zu dem die Bevölkerungsabnahme einsetzt, wird im übrigen die Nachfrage nach haushaltsspezifischen Gebrauchsgütern ebenso noch zunehmen wie die Nachfrage nach Wohnungen. Gerade auf dem Wohnungsmarkt dürfte zudem die Tendenz nach größeren Wohnungen je Bewohner noch anhalten und damit die Nachfrage für lange Zeit stabilisieren.

Wenigstens bisher ist es der Wirtschaft immer noch geglückt, die Sättigungsthese zu widerlegen und durch das Angebot neuer Produkte Kaufanreize zu schaffen. So hat der reale private Verbrauch je Einwohner von 1950 bis 1980 von Jahrzehnt zu Jahrzehnt absolut zugenommen, allerdings ebenfalls mit abnehmenden Zuwachsraten. Lediglich seit 1980 hat der absolute Zuwachs nachgelassen, was aber sicher nicht Folge einer abnehmenden Verbrauchsneigung oder der Bevölkerungsentwicklung war, sondern auf die schwere, von hoher Arbeitslosigkeit begleitete Wirtschaftskrise zurückzuführen ist.

Interessanter als die globale Betrachtung von Bevölkerungsabnahme und Sättigungsthese erscheint die Frage nach den Wirkungen des Altersstrukturwandels und des damit verbundenen Strukturwandels der Nachfrage nach Gütern des privaten wie des öffentlichen Verbrauchs. Die Anbieter von Gütern für Kinder haben diesen Strukturwandel schon seit einigen Jahren erlebt, bei den Gütern für Jugendliche und junge Erwachsene beginnt er allmählich; die Diskussion über die Zusammenlegung von Schulen und über Lehrerarbeitslosigkeit zeigt die Auswirkungen im staatlichen Bereich.

Derartige branchenstrukturelle Verschiebungen vollziehen sich nun durchaus nicht immer reibungslos, maschinelle Ausrüstung und Gebäude lassen sich nicht beliebig einer anderen Verwendung zuführen, es entstehen insgesamt Wachstumsverluste, die bei stabiler Bevölkerungsstruktur nicht aufgetreten wären.

Bei einem Rückgang der Zahl der Kinder und Jugendlichen (bis unter 20 Jahren) von 2000 bis 2030 in einer Größenordnung von 1½ % jährlich dürfte auch die zu erwartende Steigerung des Pro-Kopf-Verbrauchs kaum zu mehr als zu einer Stagnation des privaten Verbrauchs dieser Altersgruppen führen. Hinsichtlich des öffentlichen Verbrauchs dürften zunehmende Überkapazitäten im Schulwesen einem derzeit hohen ungedeckten Bedarf an Kindergartenplätzen und an Ganztagsbetreuungseinrichtungen für Schüler gegenüberstehen, wobei dieser Bedarf zwar langfristig ebenfalls rückläufig ist, seine Deckung jedoch kompensierend wirken könnte.

Eine deutliche Zunahme von durchschnittlich etwa 1 % jährlich im Zeitraum von 2000 bis 2030 wird lediglich die Zahl der Personen im Alter von 65 und mehr Jahren aufweisen. Deren private Verbrauchsintensität wird wesentlich davon abhängen, in welchem Umfange sie als Rentner und Pensionäre an der allgemeinen Einkommensentwicklung teilhaben, d. h. wie sich die Alterssicherungssysteme entwickeln. Die Bedürfnisse dürften bei einem großen Teil heute noch über die Kaufkraft hinausgehen. Dies dürfte zum einen die Märkte für langlebige Verbrauchsgüter, den Wohnungsmarkt, vor allem aber die Bereiche der Gesundheitsgüter und von Pflegeleistungen betreffen.

Das Beispiel des Gesundheitswesens macht zugleich aber auch ein

Dilemma auf der Nachfrageseite deutlich. Gesund zu sein und zu bleiben ist sicher neben dem Interesse, nicht hungern zu müssen, eines der intensivsten Bedürfnisse des Menschen, das bei nachlassenden physischen Fähigkeiten im Alter noch an Intensität gewinnt. Insofern könnte hier ein gesamtwirtschaftlich sehr bedeutsamer, expansiver Nachfragebereich entwickelt werden, worauf auch der Sachverständigenrat für die Begutachtung der gesamtwirtschaftlichen Lage in seinem Gutachten 1985/86 hingewiesen hat. Nun bedarf es zur Nachfrage nicht nur des Bedürfnisses, sondern auch der Kaufkraft, d. h. der Finanzierung. Gerade bei den älteren Menschen kann diese allerdings ganz überwiegend nicht aus den verfügbaren Haushaltseinkommen aufgebracht werden, sondern setzt zusätzliche Umverteilung, sei es über höhere Renten- oder Krankenversicherungsbeiträge oder über höhere Steuern der Nichtrentner voraus.

Aus dieser höheren Abgabenbelastung, insbesondere in Form höherer Arbeitgeberbeiträge zur Sozialversicherung, wird nun ein weiteres, indirekt demographisch bedingtes Nachfragerisiko konstruiert. Eine gängige These der Wirtschaftsverbände ist, daß wegen des hohen Niveaus der sozialen Sicherung die Arbeitskosten in der Bundesrepublik Deutschland zu hoch seien und die Wettbewerbsfähigkeit der deutschen Wirtschaft auf den Weltmärkten gefährdeten. Diese Argumentation ermangelt insofern der Originalität, als sie bereits bei der Einführung der Sozialversicherung unter Bismarck vorgebracht wurde und es schwerfällt, sie angesichts außerordentlich hoher Exportüberschüsse sehr überzeugend zu finden.

Tatsächlich lag die Bundesrepublik Deutschland 1984 innerhalb der Europäischen Gemeinschaft mit den Arbeitskosten je Stunde im produzierenden Gewerbe an der Spitze, dicht gefolgt von Belgien und den Niederlanden, die 1975 noch die ersten Plätze eingenommen hatten, wie Tabelle 12 (s. S. 66) zeigt.

Betrachtet man die Länder mit den niedrigen Arbeitskosten, so wird rasch deutlich, daß die Arbeitskosten allein kein ausreichender Indikator für die Wettbewerbsfähigkeit sind. Vielmehr kommt es darauf an, was in welcher Qualität und wieviel je Arbeitsstunde produziert wird. Bei hoher und hochwertiger Produktion je Arbeits-

Tabelle 12: Arbeitskosten[1] je Stunde im Produzierenden Gewerbe
(BR Deutschland = 100)

	1975	1984
Belgien	104	94
Dänemark	98	84
Frankreich	80	87
Griechenland	–	41
Großbritannien	52	63
Irland	47	63
Italien	73	75
Luxemburg	98	78
Niederlande	112	96
Portugal	–	17

[1] Aufwendungen der Arbeitgeber für Löhne, Gehälter, Sonderzahlungen, Lohnfortzahlung, Arbeitgeberanteil zur Sozialversicherung u. a.

Quelle: SAEG und eigene Berechnungen

stunde (Arbeitsstundenproduktivität) – wie in der Bundesrepublik Deutschland – können auch höhere Arbeitskosten im internationalen Wettbewerb verkraftet werden. Andernfalls hätte die Bundesrepublik Deutschland 1988 nicht für 120 Mrd. DM mehr exportieren können, als sie importiert hat, andernfalls hätte sie mit 685 Mrd. DM nicht rund ein Drittel ihres Sozialprodukts ausführen können.

Stehen insoweit hohe, auch durch erhebliche Sozialabgaben verursachte Arbeitskosten nicht unbedingt im Gegensatz zur internationalen Wettbewerbsfähigkeit, so lassen sie sich allerdings auch künftig nicht beliebig steigern, wenn der Export nicht gefährdet werden soll.

Umgekehrt kann man natürlich auch fragen, ob bei eher gemäßigter Nachfrageentwicklung im Inland nicht die Auslandsnachfrage deutlich gesteigert werden könnte. Schließlich betrug der Exportanteil am Sozialprodukt, der in diesem Jahrzehnt bei rd. einem Drittel liegt, Anfang der 60er Jahre unter 20 %. Sinn macht eine überproportionale Ausweitung des Exports jedoch nur, wenn auch die Importe – von den Übertragungen sei hier einmal abgesehen – etwa im gleichen Umfang zunehmen. Eine einseitige Exportausweitung führt auf dem Inlandsmarkt zu einer Verringerung des Warenangebots und damit zu Preissteigerungen und auf dem Devisenmarkt zu einer Aufwertung der DM und damit zur Verringerung der Exportchancen. Sie wird binnen- und außenwirtschaftlich besonders unsinnig, wenn versucht wird, den Exportüberschuß bei steigenden DM-Preisen auf den Devisenmärkten durch Druck auf die Arbeitskosten im Inland aufrechtzuerhalten.

Eine solche Situation könnte dann entstehen, wenn – demographisch bedingt – die inländische Nachfrage nach Waren und Dienstleistungen und damit auch nach Importgütern relativ nachläßt. Dies gilt insbesondere dann, wenn sich die Nachfragestruktur tendenziell in Richtung der Dienstleistungen (Erwachsenenbildung, Gesundheitswesen, Pflege) verschiebt, da Dienstleistungen nur »importiert« werden können, indem sie im Ausland erbracht werden.

Fazit: Pauschal und langfristig kann man feststellen, daß von der Bevölkerungsentwicklung keine das Wirtschaftswachstum insgesamt anregenden Nachfrageimpulse ausgehen werden. Entscheidend werden eher Verschiebungen zwischen Sektoren des privaten und öffentlichen Verbrauchs sein, verbunden mit Anpassungsschwierigkeiten, vielfach aber auch einige Zeit vorher erkennbar und damit planvoll steuerbar. Besondere Anpassungsschwierigkeiten sind dort zu erwarten, wo Altersgruppen mit ausgeprägtem altersspezifischem Bedarf (Schulen, Spielwaren, Altenpflege) im Zeitablauf größere Schwankungen aufweisen. Eine bedeutsame Rolle für die quantitative und qualitative Bedeutung der Nachfrage (Einkommensverteilung, privater versus öffentlicher Verbrauch) können auch politische Entscheidungen spielen, die ebenfalls nicht unbeeinflußt von der Bevölkerungsstruktur und den altersspezifischen Interessen getroffen werden dürften. Hierauf wird später vertieft einzugehen sein.

Ergeben sich auch auf der *Angebotseite* das Wirtschaftswachstum begrenzende demographische Effekte? Vier Faktoren, die in einem engen Zusammenhang miteinander stehen, werden hierzu im allgemeinen aufgeführt:

- die langfristig absolut abnehmende Erwerbsbevölkerung,
- die mit steigendem Durchschnittsalter abnehmende Qualifikation der Erwerbstätigen, insbesondere eine Abnahme an Flexibilität, Mobilität und Innovationsfähigkeit,
- eine damit, aber auch mit dem Strukturwandel des Bedarfs (weniger Waren, mehr Dienstleistungen) einhergehende Abnahme der Zuwachsrate der Arbeitsproduktivität,
- eine Verringerung der gesamtwirtschaftlichen Sparquote und damit der Kapitalausstattung und des Wachstumspotentials der Wirtschaft.

Daß unter den gegenwärtig als plausibel erachteten Prämissen über die natürliche Bevölkerungsentwicklung und die Wanderungen langfristig eine Abnahme der *Erwerbstätigenzahl* unvermeidbar ist, wurde bei der Erörterung des Erwerbspersonenpotentials bereits gezeigt. In welchem Umfang eine rückläufige Erwerbstätigenzahl begrenzend auf das Wirtschaftswachstum wirkt, hängt von der Entwicklung der Arbeitsproduktivität ab, d. h. davon, wie die Produktion von Waren und Dienstleistungen je Erwerbstätigen gesteigert werden kann. 1990 beträgt das Bruttoinlandsprodukt, d. h. die im Inland hergestellte Menge an Waren und Dienstleistungen, je Erwerbstätigen mehr als das Vierfache der 1950 hergestellten Menge. Da gleichzeitig die Zahl der jährlichen effektiven Arbeitsstunden je Erwerbstätigen deutlich zurückgegangen ist, war die Produktionssteigerung je Erwerbstätigenstunde in diesem Zeitraum noch erheblich größer, sie betrug rd. 450 %. Allerdings zeigt sich auch bei der Stundenproduktivität eine deutliche Abflachung der Zuwachsraten im Zeitablauf (vgl. Tab. 13); von 6,3 % im Durchschnitt des ersten Jahrzehnts sank sie auf jahresdurchschnittlich 2,2 % seit 1980.

Nun ist die Arbeitsproduktivität keine selbständige Größe, sie hängt teils vom technischen und arbeitsorganisatorischen Fortschritt in den einzelnen Wirtschaftsbereichen, teils vom Strukturwandel zwischen Wirtschaftszweigen mit höherer und niedrigerer Produktivität und zum Teil von der Intensität des Wirtschaftswachstums

Tabelle 13: Produktivitätsentwicklung je Erwerbstätigen und je Erwerbstätigenstunde

	BIP[1] in Mrd. DM	Erwerbs-tätige in Mio.	Erwerbs-tätigen-stunden in Mrd.	Produktivität in DM Erwerbs-tätige	Produktivität in DM Erwerbs-tätigen-stunde
1950[2]	332	21,2	47,359	15702	7,01
1960	729	26,3	56,487	27768	12,90
1970	1133	26,7	51,982	42475	21,79
1980	1479	27,1	47,384[3]	55572	31,21[3]
1990s	1810	28,1	46,637[3]	64440	38,81[3]
Durchschnittl. jährliche Veränderung in % von ... bis ...					
1950–60	8,2	2,2	1,8	5,9	6,3
1960–70	4,5	0,2	−0,8	4,3	5,4
1970–80	2,7	−0,2	−0,9	2,7	3,7
1980–90	2,0	0,4	−0,2	1,5	2,2

[1] Bruttoinlandsprodukt zu Preisen von 1980
[2] Bundesgebiet einschl. Berlin (West), geschätzt
[3] Geschätzt

Quelle: Statistisches Bundesamt und eigene Berechnungen

selbst ab. So weisen Phasen starken Wirtschaftswachstums im allgemeinen höhere Produktivitätsraten auf als Phasen nachlassender oder schwacher Konjunktur. Insofern dürfte gerade die jüngste Periode seit 1980 nicht die technisch höchste Produktivität aufgewiesen haben.

Mittel- und längerfristig wird man von drei Haupteinflüssen auf die Entwicklung der Arbeitsproduktivität ausgehen können:

- von einem durchaus noch beträchtlichen, technologisch bedingten Rationalisierungspotential in der Produktion und im Büro, d. h. von Produktivitätssteigerungen,
- von einer Fortsetzung des Branchenstrukturwandels zu Lasten der

Bereiche mit hoher Produktivität (industrielle Produktion) und zugunsten der Bereiche mit tendenziell niedrigerer Produktivität bzw. mit niedrigen Rationalisierungspotentialen (personenbezogene Dienstleistungen);
- von einem Bedarf an im Durchschnitt noch höher qualifizierten Erwerbspersonen als heute.

Unter den Perspektiven einer im Durchschnitt alternden Bevölkerung, in der auch das Durchschnittsalter der Erwerbsbevölkerung steigt, könnte sich der qualitative Engpaß für das Wirtschaftswachstum eher einstellen als der quantitative. Die Bundesrepublik Deutschland verfügt zwar über eines der besten Berufsausbildungssysteme aller Industriestaaten, dagegen ist die berufliche Fortbildung im Betrieb im internationalen Vergleich nur eher unterentwikkelt. Die deutliche Tendenz der Unternehmen in der jüngeren Zeit, ihre Belegschaften zu verjüngen und Älteren einen vorzeitigen Ruhestand nahezulegen, sowie die derzeitigen Klagen über ein unzureichendes Fachkräfteangebot bei anhaltend hoher Arbeitslosigkeit sprechen dafür, daß viele Unternehmer die Anforderungen, die künftige Arbeitsmarktbedingungen ihnen stellen werden, noch nicht akzeptieren. Zwar werden die Arbeitgeber auch künftig einen Großteil ihres Personalbedarfs mit Absolventen der betrieblichen Berufsausbildung und Hochschulen decken, gleichzeitig werden sie aber vermehrt ihr Personal »pflegen« müssen durch berufliche Weiterqualifizierung und durch eine verbesserte arbeitsmedizinische Prävention gegen Frühinvalidität. Sie werden nicht unbedingt damit rechnen können, vom Arbeitsamt die gesuchte Fachkraft zu erhalten, die sich ohne zusätzliche betriebliche Qualifizierung nahtlos in das technische und organisatorische Gefüge des Betriebes einfügt. Sie werden teilweise branchenweit ihr Arbeitgeberimage aufpolieren müssen, wie das aktuelle Beispiel des Baugewerbes zeigt.

Gleichermaßen gilt allerdings für die Erwerbstätigen, daß sie ihre Einstellung zu Fort- und Weiterbildung werden ändern müssen. Die Beschäftigungsbedingungen für Un- und Angelernte werden sich auch auf angespannten Arbeitsmärkten kaum verbessern, zumal gerade für dieses Arbeitsmarktsegment durch Zuwanderung von Ausländern am ehesten ein Überangebot bestehenbleibt.

Über das mögliche Qualifikationsdefizit hinaus wird die Frage aufgeworfen, ob bei nachlassenden Berufseintritten Jüngerer und bei steigendem Durchschnittsalter der Erwerbstätigen nicht auch positive Einstellungen zu Flexibilität und Innovation gedämpft werden, ja, nicht überhaupt die Forschungsaktivitäten nachlassen. Mangels hinreichender Erfahrungen mit derartigen Bevölkerungsprozessen sind solche Prognosen zwar nicht von vornherein zu widerlegen oder zu bestätigen, aber sie zeigen zumindest mögliche Gefahren auf, denen gegebenenfalls auf unternehmerischer und staatlicher Ebene zu begegnen ist. Dies gilt auch für die These, daß bei einer Altersstruktur, in der jeweils die älteren Jahrgänge stärker besetzt sind als die jüngeren, sich die Aufstiegschancen tendenziell verlangsamen, die »soziale Aufstiegsmobilität« und damit auch die berufliche Motivation abnimmt.

Eine weitere, das Wirtschaftswachstum auf der Angebotsseite begrenzende Entwicklung wird bei der Bereitstellung von Investitionskapital gesehen. Dafür werden drei Argumente angeführt:

- Da die Sparquote bei Älteren im allgemeinen niedriger ist als bei der Bevölkerung im erwerbsfähigen Alter, müsse mit zunehmendem Anteil der Älteren an der Wohnbevölkerung die Sparquote der privaten Haushalte nachlassen.
- Da aufgrund des demographisch bedingten, steigenden Umverteilungsbedarfs auch die Sozialabgaben und Steuern erhöht werden müßten, sei die erwerbstätige Bevölkerung ebenfalls zu einer Einschränkung des Sparens gezwungen. Diese Reaktion trete um so leichter ein, als das hohe soziale Sicherungsniveau keinen unmittelbaren Anlaß zu privatem Vorsorgesparen biete, andererseits aber insbesondere die gesetzlichen Alterssicherungssysteme auch kein Kapital bildeten.
- Wegen der absehbaren Engpässe auf dem Arbeitsmarkt müßten zudem die Rationalisierungsinvestitionen forciert, die Kapitalintensität (Kapitaleinsatz je Erwerbstätigen) also gesteigert werden, was relativ mehr Kapital als in der Vergangenheit erfordere.

Die erste These läßt sich zumindest für die Entwicklung der Sparquote der privaten Haushalte in den letzten rd. 30 Jahren in der Bundesrepublik Deutschland nicht bestätigen. Der Anteil der Ersparnis an den verfügbaren Einkommen, d. h. an den Einkommen nach Abzug von Steuern und Sozialversicherungsbeiträgen, stieg von 9,1 % in 1960 auf 15,1 % in 1975, während gleichzeitig der Bevölkerungsanteil der Älteren zunahm und der der Erwerbsfähigen zurückging. Seit 1975 ist die Sparquote zunächst zurückgegangen, in den letzten Jahren aber wieder auf ein Niveau zwischen 12 und 13 % angestiegen, was ebenfalls in keinem Zusammenhang mit der Bevölkerungsentwicklung steht.

Auch die zweite These, daß Sozialversicherung tendenziell das private Sparen verdrängt, läßt sich weder für die Vergangenheit in der Bundesrepublik Deutschland noch im internationalen Vergleich mit Ländern mit geringerem sozialem Sicherungsniveau bestätigen. So lag z. B. die Sparquote der privaten Haushalte in den USA im Mittel der achtziger Jahre bei 8,8 %, während sie in der Bundesrepublik 12 % betrug. In zahlreichen nationalen und internationalen Untersuchungen konnte kein eindeutiger Zusammenhang festgestellt werden.

Am plausibelsten erscheint noch die dritte These eines weiter überproportional zum Wachstum des Sozialprodukts steigenden Kapitalbedarfs. Tatsächlich ist das durch den Kapitaleinsatz erstellte Produkt, die Wertschöpfung je eingesetzte Kapitaleinheit, seit 1960 zurückgegangen, zwar nicht stetig, per saldo aber deutlich. Heute liegt die Kapitalproduktivität bei etwa zwei Dritteln des Jahres 1960, das heißt, für die Produktion einer bestimmten Menge von Gütern muß heute etwa die Hälfte mehr an Kapital eingesetzt werden als 1960. Betrachtet man den Kapitaleinsatz je Erwerbstätigen, die Kapitalintensität, so zeigt sich die entgegengesetzte Entwicklung. Diese hat seit 1960 auf fast das Vierfache zugenommen, die Arbeitsplätze sind also deutlich teurer geworden. Nun hat sich zwar in den letzten Jahren sowohl die Abnahme der Kapitalproduktivität wie die Zunahme der Kapitalintensität abgeflacht, solche Phasen hat es in der Vergangenheit jedoch auch gegeben. Wie wird also die Zukunft aussehen?

Was die Kapitalintensität betrifft, so wird man deren weiteres Ansteigen, insbesondere in der Phase, in der die Erwerbstätigenzahl rückläufig sein wird, annehmen können. Rein rechnerisch nimmt die Kapitalintensität dann schon bei einem konstanten Kapitalstock zu. Über das Ausmaß des Kapitalbedarfs besagt dies nichts.

Die Entwicklung der Kapitalproduktivität dagegen hängt kaum mit demographischen Faktoren, sondern mehr mit der technologischen Entwicklung zusammen, und vor allem hängt sie von den Einflüssen ab, die bei einer verstärkt ökologischen Ausrichtung der Politik und der Wirtschaft auf Wirtschaftswachstum und Branchenstruktur ausgehen.

Fazit: Die Prüfung demographiebedingter Angebotsengpässe für das Wirtschaftswachstum führt also zu dem Ergebnis, daß Hemmnisse vor allem auf dem Arbeitsmarkt, und zwar in quantitativer wie qualitativer Hinsicht, entstehen könnten. Direkte Wirkungen des Bevölkerungsstrukturwandels auf den Kapitalbedarf und die Kapitalbereitstellung dürften dagegen eher zweitrangig sein. Hier werden andere Faktoren wie technologische Entwicklung, ökologischer Wertewandel und nicht zuletzt auch die außenwirtschaftlichen Verflechtungen eine größere Rolle spielen.

2.2.1.2 Ökonomie und Ökologie

Die Diskussion über die Erhaltung der natürlichen Umwelt, über die Vermeidung von Produkten, Arbeitsbedingungen, Produktionsverfahren und Verbrauchergewohnheiten, die die menschliche Existenz direkt oder indirekt gefährden, hat in den letzten Jahren wieder einen Höhepunkt in den »Wochenendinterviews« namhafter Politiker wie in Grundsatzbeschlüssen der Parteien erreicht. Mit Aussprüchen wie: »Wir stehen vor der größten Herausforderung in der Menschheitsgeschichte« oder ähnlich markigen Worten wird der Eindruck erweckt, die Umweltproblematik hätte sich erst in jüngerer Zeit entwickelt, nun aber, da sie erkannt sei, werde man auch energische Schritte zu ihrer Lösung einschlagen. Zugleich wird darauf hingewiesen, daß man in der Vergangenheit ja durchaus nicht untätig gewesen sei auf dem Gebiet des Umweltschutzes, sondern zahlreiche Gesetze und Verordnungen zur Beschränkung von Schadstoffimmissionen der Industrie oder zur Entgiftung der Autoabgase in Kraft getreten seien. Wie vor 20 Jahren (z. B. auf dem IG-Metall-Kongreß »Aufgabe Zukunft – Qualität des Lebens«, 1972) wird auch heute im Zusammenhang von Wirtschaft und Umwelt noch diskutiert,

- ob wir ein Wachstum des Bruttosozialprodukts tatsächlich mit einer Zunahme des Wohlstandes gleichsetzen können oder hier nicht einem fatalen Irrtum hinsichtlich des richtigen Maßstabes unterliegen,
- ob wir erst noch mehr über ökologische Zusammenhänge wissen müssen, ehe wir grundsätzliche Maßnahmen ergreifen können;
- ob wir den Umweltschutz über gesetzliche Gebote und Verbote steuern müssen oder ob es eine der Marktwirtschaft adäquate Form der Steuerung über den Preis gibt;
- ob wir durch zu viel Umweltschutz, den Gesundheitsschutz am Arbeitsplatz eingeschlossen, nicht die internationale Wettbewerbsfähigkeit der deutschen Wirtschaft gefährden.

Diese Aspekte stehen in einem engen Zusammenhang zueinander. Auf den ersten Blick scheint es ja durchaus plausibel, z. B. im internationalen Vergleich dem Land den höchsten Lebensstandard, den höchsten Wohlstand zuzusprechen, das über das größte Bruttosozialprodukt oder über den höchsten privaten Verbrauch je Einwohner verfügt. Bei weniger oberflächlicher Betrachtung zeigt sich allerdings, daß die volkswirtschaftliche Gesamtrechnung alle produzierten Güter unabhängig von ihrer Nützlichkeit oder Schädlichkeit zusammenfaßt. So wird die Produktion gesundheits- und umweltschädlicher Produkte, die eigentlich einen Wohlfahrtsverlust darstellen, ebenso wohlfahrtssteigernd interpretiert wie die Erstellung von Gütern, die der Beseitigung dieser Umweltschäden dienen.

Es würde hier zu weit führen, die möglichen Maßnahmen von Verboten und Geboten für Produktionsverfahren und Produkte, von Abgaben oder Sondersteuern auf den Verbrauch bestimmter Güter im einzelnen zu diskutieren und auf ihre Praktikabilität, Kontrollfähigkeit und Effektivität hin zu erörtern. Entscheidend an dieser Stelle ist die Frage nach dem Einfluß einer intensiveren Umweltpolitik auf das Wirtschaftswachstum.

Einerseits wird man hierzu feststellen müssen, daß die Produktion von Wegwerfartikeln (z. B. Verpackungsmaterial, Plastiktüten, Flüssigkeitsbehältern) auch bei perfektioniertem Recycling sowohl unter Aspekten des Rohstoff- wie des Energieverbrauchs eingeschränkt werden muß. Gleiches gilt für die Herstellung und den Verbrauch von Düngemitteln, Pestiziden und bestimmten Futterarzneimitteln in der Landwirtschaft. Dies wird teils zu Produktionseinschränkungen, teils zur Produktion qualitativ höherwertiger, wiederholt verwendbarer Artikel führen. Die Einschränkung von Brenn- und Treibstoffverbrauch hängt in ihrer Wirkung auf das Wirtschaftswachstum davon ab, welche alternativen Technologien und technischen Systeme für den Wärmemarkt, die Elektrizitätsgewinnung und das Verkehrswesen entwickelt werden.

Besonders deutlich ist das Dilemma auf dem Wärme- und Energiemarkt. Großtechnisch erprobt und bewährt sind hier entweder die Verbrennung von Kohle und Erdöl oder der Einsatz von Kernenergie. Beides ist unter ökologischen Gesichtspunkten wenig wünschenswert. Da bis auf weiteres die Solarenergie nur einen bescheidenen Beitrag leisten dürfte, kann eine energiepolitische Strategie derzeit nur auf Einsparungen des Verbrauchs in Wirtschaft und privaten Haushalten ausgerichtet werden, ohne allerdings gleichzeitig die Forschung und Entwicklung für alternative Energiequellen zu vernachlässigen. Nun braucht Energieeinsparung nicht unbedingt zu Lasten des Wirtschaftswachstums zu gehen, wenn die Wirksamkeit des Energieeinsatzes gesteigert werden kann und energiesparende Verfahren und Güter sich am Markt durchsetzen.

In den Konsequenzen für Wirtschaftswachstum und Beschäftigung möglicherweise noch bedeutsamer ist die Frage nach der Zukunft des Individualverkehrs. Auch bei hundertprozentiger Ausrüstung aller Kraftfahrzeuge mit Katalysatoren, bei inner- und außerörtlichen Geschwindigkeitsbegrenzungen und bei weiteren Fortschritten zur Reduktion des Benzinverbrauchs bleibt beim gegenwärtigen oder gar bei einem noch steigenden Kraftfahrzeugbestand eine nach Meinung vieler Wissenschaftler nicht tolerierbare Umweltbelastung durch Emission von Kohlendioxyd und Stickoxyden sowie durch Lärm bestehen. Die Alternative, nämlich ein attraktives, benutzerfreundliches Personen- und Güterverkehrssystem, ist durch den Ausbau des Individualverkehrs und durch den Güterkraftverkehr eher in die Defensive geraten. Das Umsteuern der Entwicklung auf Nahverkehrssysteme, auf leistungsfähige schienengebundene Ferntransportsysteme setzt eine Verkehrspolitik voraus, die erheblichen Widerständen bei den Verkehrsteilnehmern begegnen muß und deren Umsetzung mit hohen Investitionen und zunächst auch mit hohen Subventionen des laufenden Betriebes verbunden sein wird.

Neben den für das Wirtschaftswachstum eher zweifelhaften Effekten einer intensiveren Umweltschutzpolitik sind jedoch eine Reihe ökologischer Aufgaben zu lösen, die produktionssteigernd wirken. Dabei handelt es sich zum ersten um die Beseitigung industrieller Altlasten, die sich an den Industriestandorten, aber auch auf Mülldeponien finden, zum zweiten um den weiteren Ausbau industrieller wie kommunaler Abwasserkläranlagen und nicht zuletzt um die Erneuerung zahlreicher kommunaler Kanalisationen, deren Zustand vielfach ernsthafte Gefahren für das Grundwasser bewirkt.

Die Einbeziehung von Zusatzkosten weniger gesundheits- und umweltschädigender Produktionsverfahren in die Produktpreise, steigende Abgaben für Abfallbeseitigung und Abwasserklärung können andererseits Nachfrageverschiebungen zwischen Gütern, aber auch in zeitlicher Hinsicht nach sich ziehen, deren gesamtwirtschaftliche Effekte nur schwer abschätzbar sind. Dies gilt sowohl für den Binnenmarkt wie für den Außenhandel. Die langwierigen Entscheidungsprozesse innerhalb der Europäischen Gemeinschaften zur Einführung des geregelten Katalysators bei Personenkraftwagen, die zögerlichen Prozeduren bei der Vereinbarung gemeinsamer Mindeststandards für den Gesundheitsschutz am Arbeitsplatz beflügeln zwar nicht gerade ökologische Hoffnungen, erhöhen auch keineswegs die unternehmerischen Möglichkeiten, Produkte und Produktionsverfahren planvoll und konsequent an ökologische Notwendigkeiten anzupassen, dämpfen aber den Anpassungsprozeß und damit verbundene strukturelle Brüche.

Fazit: Da die Umsetzung von Umweltschutzpolitik – nicht zuletzt unter der Perspektive des gemeinsamen europäischen Binnenmarktes – auch künftig eher ein noch zögerlicher Vorgang sein wird, werden sich die ökonomischen Anpassungsprozesse ebenfalls mit geringer Dynamik vollziehen. Positive Wachstumsimpulse werden dabei vor allem auf dem Binnenmarkt wie im Außenhandel von Produkten der Umwelttechnik ausgehen, retardierende Einflüsse demgegenüber von Regelungen, die Verbrauchssenkungen zum Ziel haben. Wird die Planbarkeit staatlicher Umweltschutzpolitik für die Unternehmer verbessert, dann dürfte eine stärkere ökologische Orientierung die Entwicklung der Gesamtwirtschaft kaum nachhaltig negativ beeinflussen, die Branchenstrukturen und die Verwendungsstrukturen dagegen deutlich ändern.

2.2.2 Technischer Wandel und Arbeitslandschaft

Ich weiß nicht, wer den Ausdruck »Arbeitslandschaft« geprägt hat; ich habe ihn erstmals 1985 mit der Untersuchung des Instituts für Arbeitsmarkt- und Berufsforschung der Bundesanstalt für Arbeit (IAB) »Die Zukunft der Arbeitslandschaft« zur Kenntnis genommen. Das IAB versuchte damals erstmals – inzwischen liegt eine aktualisierte, zeitlich weiterreichende Untersuchung vor –, den Bedarf an Arbeitskräften nach Wirtschaftsbereichen und nach Tätigkeitsbereichen, wie z. B. »Maschinenbedienung in der Produktion« oder »Lehren und Betreuen« bis zum Jahre 2000 einzuschätzen. Nun ist dies sicher nur ein Aspekt dieser vielgestaltigen »Landschaft«. Schon die Reduktion der »Arbeit« auf die Erwerbsarbeit, d. h. auf eine Tätigkeit, die durch Lohn, Gehalt oder Gewinn vergütet wird, läßt Aspekte, die für die soziale Lage der Bevölkerung und für die Sozialpolitik von Bedeutung sind, außer acht. So spielt die unentgeltliche Haus- und Erziehungsarbeit von Hausfrauen ebenso eine wichtige Rolle wie ehrenamtliche Tätigkeiten, Selbsthilfegruppen und Nachbarschaftshilfe. Weite Bereiche der Betreuung und Erziehung von Kindern, der häuslichen Versorgung von leicht bis schwer Pflegebedürftigen, der psychischen und sozialen Rehabilitation von Problemgruppen finden im Rahmen der »Nichterwerbs-Arbeit« statt, werden statistisch nicht erfaßt und damit in ihrer mengenmäßigen Bedeutung auch kaum zur Kenntnis genommen.

Arbeitslandschaft zeichnet sich aber über die Struktur von Tätigkeiten und Qualifikationsanforderungen hinaus auch durch Arbeitszeiten und Arbeitsbedingungen aus, dadurch, ob die Tätigkeiten eher monoton oder abwechslungsreich sind, ob sie einseitige Belastungen beinhalten und ob sie in einer mehr oder weniger gesundheitsschädigenden Arbeitsumwelt stattfinden.

Über die Entwicklungsperspektiven dieser sehr verschiedenen Aspekte der Arbeitslandschaft informieren heutige wissenschaftliche Untersuchungen allenfalls punktuell, wobei ohnehin der technische Wandel nur ein Faktor ist, der neben binnen- wie weltwirtschaftlichen Effekten, neben politischen Maßnahmen und der demographischen Entwicklung auf die Arbeitslandschaft einwirkt.

Aus heutiger Sicht ist es kaum vorstellbar, daß vor etwa 100 Jahren noch über 40 % der Erwerbstätigen in der Land-, Forstwirtschaft und Fischerei tätig waren, dagegen noch nicht einmal ein Viertel im tertiären Sektor, also in Handel, Verkehr, sonstigen Dienstleistungen und beim Staat. Heute beschäftigt dieser Sektor fast 55 % der Erwerbstätigen, die Land- und Forstwirtschaft ist auf gut 4 % abgesunken; im produzierenden Gewerbe, d. h. in Industrie und Handwerk, wurden 1988 41 % beschäftigt, nachdem es 1970 noch 48 % gewesen waren.

Ein derartiger Wandel in der Struktur der Wirtschaftsbereiche hat einen tiefgreifenden Wandel der Erwerbstätigkeit nach sozialem Status und nach Tätigkeitsbereichen zur Folge. Zwangsläufig geht mit einem anteilsmäßigen Rückgang der Landwirtschaft die Zahl der Selbständigen und der mithelfenden Familienangehörigen zurück. Der Aufbau der Industrie hatte zunächst eine erhebliche Zunahme der Zahl der Arbeiter und Arbeiterinnen zur Folge. Diese Entwicklung mit einer Konzentration der Erwerbsbevölkerung in industriellen Ballungsgebieten, mit Wohnungsmangel, drohender Verelendung im Krankheitsfall, bei Arbeitsunfällen und im Alter löste letztlich vor 100 Jahren die Einrichtung der Sozialversicherung aus. 1955 machte der Anteil der Arbeiter an allen Erwerbstätigen in der Bundesrepublik noch über 50 % aus, ihren absoluten Höhepunkt erreichte ihre Zahl 1963 mit 13,05 Mio. Personen. Die Zahl der Angestellten lag damals gerade etwa bei der Hälfte.

Seitdem ist die Zahl der Arbeiter in Schwankungen bis heute um rd. 3 Mio. zurückgegangen, die der Angestellten hat sich fast um 4 Mio. erhöht. Nach der Volks- und Berufszählung 1987 lag der Anteil der Arbeiter an den Erwerbstätigen bei 39,6 %, der der Angestellten bei 41 %. Die Zahl der Selbständigen und mithelfenden Familienangehörigen hat sich von 1950 bis 1987 mehr als halbiert, nach der Volkszählung gab es 1987 noch 2,3 Mio. Selbständige und lediglich 480000 mithelfende Familienangehörige.

In Verbindung mit der Frage der technologischen Entwicklung, aber auch mit der der sozialen Sicherung ist dieser Strukturwandel, der nicht etwa abgeschlossen ist, sondern sich beständig vollzieht, unter mehreren Aspekten von Interesse.

Maßgeblich für den absoluten und relativen Rückgang der Anzahl der Arbeiter ist, daß deren vorrangiger Tätigkeitsbereich, nämlich das Herstellen von Waren, am stärksten der Rationalisierung und Automatisierung unterworfen war. Dieser Entwicklungsprozeß vollzog sich nicht nur durch arbeitsorganisatorische Maßnahmen, sondern insbesondere durch neue Techniken, durch computerunterstützte Steuerung und Regelung von Maschinen und Prozeßabläufen.

Wenn dieser Rationalisierungsprozeß auch im Produktionsbereich schneller und umfassender ablief als im Verwaltungs- und Dienstleistungsbereich, so waren diese Bereiche dennoch keinesfalls ausgenommen. Allerdings gibt es Dienstleistungsbereiche, in denen sich Personen nur begrenzt durch Maschinen ersetzen lassen, wie z. B. bei ärztlichen und pflegerischen Tätigkeiten, oder in denen Arbeitskräfte noch bedeutend billiger sind als Maschinen, wie z. B. im Bereich der Gebäudereinigung.

Weder in der Produktion noch in Verwaltung, Handel, Verkehr und Dienstleistungsbereich kann davon ausgegangen werden, daß nach dem heutigen Stand der Technik die Rationalisierungsreserven erschöpft sind.

Wie wir aus der Vergangenheit wissen, bedeutet Rationalisierung nicht unbedingt Abbau der Erwerbstätigkeit: 1989 hatten wir mit fast 28 Mio. Erwerbstätigen den höchsten Stand seit Bestehen der Bundesrepublik Deutschland. Aber sie bedeutet Umstrukturierung der Wirtschaftsbereiche, der Beschäftigung nach Stellung im Beruf,

Tabelle 14: Tätigkeitsgruppen

	Anteile an Erwerbstätigen in %	
1. Expandierende Bereiche:	1985	2010
Betreuen, Beraten, Lehren, Publizieren u. ä.	11,9	18,0
Organisation, Management	5,8	9,4
Forschen, Entwickeln	5,1	7,2
Maschinen einrichten/warten	8,2	10,8
2. Stark rückläufige Bereiche	1985	2010
Gewinnen und Herstellen von Gütern	20,5	12,6
Bürotätigkeiten	16,5	12,4
Reparieren	6,2	5,0

Quelle: Prognos AG u. a. 1989

nach Tätigkeitsbereichen und damit nach beruflichen Qualifikationen.

Geht man von den Projektionen von IAB (Institut für Arbeitsmarkt- und Berufsforschung) und Prognos (1989) aus, dann verändern sich im Zeitraum zwischen 1985 und 2010 die Anteile der in Tabelle 14 ausgewiesenen Tätigkeitsgruppen deutlich.

Setzt man diese Tätigkeitsbereiche in eine Struktur der beruflichen Qualifikationsanforderungen um, dann wird deutlich, daß der Bedarf an höheren Qualifikationen deutlich steigt, während einfache Tätigkeiten, für die nur geringe berufliche Kenntnisse erforderlich sind, weiter zurückgehen werden (vgl. Tabelle 15, S. 82).

Diese maßgeblich technologisch bedingten, strukturellen Änderungen der Arbeitslandschaft haben für die Systeme der sozialen Sicherung zahlreiche und recht verschiedene Auswirkungen.

Ein schon seit Jahren aktuelles und nach wie vor ungelöstes Problem ist der Widerspruch zwischen der organisatorischen Gliederung

Tabelle 15: Qualifikationsstrukturen

	Anteile an Erwerbstätigen in %	
	1985	2010
Einfache Tätigkeiten (Hilfstätigkeiten in Produktion, Reinigung, Bewirtung, Lagerhaltung, Transport, einfache Bürotätigkeiten, Verkaufshilfen u. ä.)	27	18
Mittelqualifizierte Tätigkeiten (Fachtätigkeiten in Produktion, Maschineneinrichten, Reparaturen, Fachverkäufer, Sachbearbeiter, Assistenztätigkeit in Forschung und Entwicklung)	45	43
Höherqualifizierte Tätigkeiten (Führungsaufgaben, Organisation und Management, qualifizierte Forschung und Entwicklung, Betreuung, Beratung, Lehre)	28	39

Quelle: Prognos AG u. a. 1989

der Renten- und Krankenversicherung nach Arbeitern und Angestellten einerseits und dem Wandel im zahlenmäßigen Verhältnis sowie nicht zuletzt in der immer weniger gegebenen Unterscheidungsmöglichkeit der beiden Gruppen. Zwar ist z. B. das materielle Recht der gesetzlichen Rentenversicherung für Arbeiter und Angestellte identisch, organisatorisch werden die Arbeiter aber in 18 Landesversicherungsanstalten, die Angestellten in einer Bundesversicherungsanstalt versichert. Ähnliche organisatorische Schwierigkeiten gibt es in der gesetzlichen Krankenversicherung, in der Angestellte durch das bundesweite Angebot von Angestelltenersatzkassen faktisch eine größere Wahlfreiheit zwischen Kassenarten haben als Arbeiter, ein Problem, das durch unterschiedliche Zuständigkeiten für die verschiedenen Kassenarten noch vertieft wird.

Diese Trennung nach Arbeitern und Angestellten in Teilen des

Arbeits- und Sozialrechts ist um so fragwürdiger, als das traditionelle Trennungsmerkmal von Hand- und Kopfarbeit längst jegliche praktische Bedeutung verloren hat. Die Handarbeit eines Facharbeiters, der einen komplizierten Fertigungsprozeß am Steuerpult regelt, ist völlig bedeutungslos; im umgekehrten Falle gilt für zahlreiche Angestelltentätigkeiten, wie Verkäufer/innen, Telefonisten/innen hinsichtlich der Kopfarbeit das gleiche. Der künftige technologisch bedingte Wandlungsprozeß wird den Überschneidungsbereich qualifizierterer Tätigkeiten, die traditionell teils von Arbeitern, teils von Angestellten wahrgenommen wurden, weiter ausweiten. Die Einführung eines einheitlichen Arbeitnehmerbegriffs im Arbeits- und Sozialrecht wird damit immer unausweichlicher.

Die voraussichtliche Änderung in der Struktur der Tätigkeiten zusammen mit dem demographisch bedingten Ansteigen des Durchschnittsalters der erwerbstätigen Bevölkerung wird auch nicht ohne Auswirkungen auf das berufliche Bildungssystem sein können. Das schon heute bestehende Problem, daß Arbeitslose mit geringen beruflichen Kenntnissen besonders lang arbeitslos bleiben oder nach jeweils kurzen Beschäftigungsphasen besonders häufig arbeitslos werden, wird sich unter diesen Entwicklungsperspektiven noch verstärken. Dies gilt um so mehr, wenn versucht wird, Engpässe auf dem Arbeitsmarkt als Folge des Rückgangs der inländischen Bevölkerung durch Zuwanderung von in der Regel ebenfalls nicht hinreichend qualifizierten, aber jüngeren Arbeitnehmern aus dem Ausland zu decken.

Nicht nur das staatliche Bildungswesen, die Bildungsmaßnahmen der Bundesanstalt für Arbeit eingeschlossen, wird sich darauf einstellen müssen, daß mehr Personen eine fundierte, berufsorientierte Ausbildung erhalten und daß in zunehmendem Maße auch im fortgeschrittenen Erwerbsalter Maßnahmen zur Anhebung, Erweiterung oder Änderung beruflicher Qualifikationen erforderlich sein werden. Eine teure, moderne technische Anlage wird in aller Regel angemessen gewartet, um vorzeitigen Verschleiß und die damit verbundenen Kosten der Ersatzbeschaffung zu vermeiden. Bei Arbeitnehmern ist dies nicht unbedingt die Regel. Argumentiert man schon nicht mit moralischen Überlegungen, so könnte es künftig für

Arbeitgeber doch aus betriebswirtschaftlichen Gründen vorteilhaft sein, durch erweiterte Fortbildungsangebote, durch verstärkte arbeitsmedizinische Vorsorge, Arbeitsplatzgestaltung und individuelle Arbeitsplatzplanung eine vorzeitige Entwertung des »Humankapitals« möglichst einzuschränken. Dies gilt gerade auch in Zeiten höherer Arbeitslosigkeit; ob das Verhalten vieler Arbeitgeber in den letzten Jahren, ältere Arbeitnehmer auf vielfältige Art aus dem Unternehmen und damit faktisch aus dem Arbeitsmarkt »hinauszumotivieren«, eine auch nur für das Unternehmen kluge Strategie war, kann im nachhinein (!) in vielen Fällen bezweifelt werden.

2.2.3 Brauchen wir weniger Sozialpolitik, weil es uns immer besser geht?

Angesichts des hohen Anteils des Sozialbudgets am Bruttosozialprodukt, der hohen Personalnebenkosten in der Bundesrepublik im internationalen Vergleich sowie vor dem Hintergrund herannahender demographischer Belastungen des sozialen Sicherungssystems wurde in den letzten Jahren immer häufiger die Frage gestellt, ob man nicht an den Ausgaben für Sozialleistungen sparen könne. Schließlich sei unser Wohlstand deutlich gestiegen, Armut spiele nur in Ausnahmefällen eine Rolle, immer mehr Personen verfügten über Hausbesitz und Geldvermögen. Sie müßten also nicht per Gesetz zur Vorsorge, z. B. für den Krankheitsfall oder für das Alter, gezwungen werden, sondern könnten selbstverantwortlich Vorsorge betreiben. Zudem entstehe immer mehr vererbbares Vermögen, so daß die nächste Generation im Notfall sehr viel eher auf Eigenmittel zurückgreifen könne, als dies bei der Kriegs- und Nachkriegsgeneration der Fall gewesen sei.

In der Tat ist die Nettolohn- und -gehaltssumme je beschäftigten Arbeitnehmer allein von 1960 bis 1988 auf das Fünffache gestiegen und hat sich preisbereinigt in diesem Zeitraum immerhin verdoppelt. Das – für Verbrauch und Sparen – verfügbare Einkommen der privaten Haushalte betrug 1988 über 1,3 Billionen DM, d. h. durchschnittlich je Haushalt etwa 50000 DM im Jahr. Das Geldvermögen wuchs von knapp 160 Mrd. DM in 1960 auf fast 2,4 Billionen DM in 1988, also auf das 15fache. Hinzu kommt das beträchtlich gestiegene Immobilienvermögen der privaten Haushalte.

Trifft also die Feststellung zu, daß wir uns einen Abbau des Sozialstaats leisten können, weil wir schon so reich sind? Das ist ganz sicher aus mehreren Gründen nicht der Fall:

1. Der eine oder andere Leser wird bereits festgestellt haben, daß er weder in einem Haushalt mit einem verfügbaren Einkommen von 50000 DM jährlich noch mit einem Geldvermögen von rd. 90000 DM lebt. Die Durchschnittsbeträge verdecken, daß eine breite Spanne in der Verteilung von Einkommen und Vermögen besteht.
2. Rund ein Viertel der verfügbaren Einkommen der privaten Haushalte sind soziale Geldleistungen, d. h. Renten, Pensionen, Arbeitslosengeld, Kinder- und Wohngeld. Würden sie gekürzt, dann ginge es den Haushalten, die maßgeblich von derartigen Einnahmen leben, schlechter.
3. Würde man nur die Besserverdienenden oder die »Reichen« aus der sozialen Sicherung herausnehmen – was heute bereits teilweise der Fall ist –, dann müßten in den beitragsfinanzierten Systemen (Renten-, Kranken- und Arbeitslosenversicherung) die Empfänger kleinerer und mittlerer Einkommen noch höhere Beiträge für die soziale Sicherung aufwenden, die Bessergestellten würden dagegen entlastet.

Differenzierte Angaben über die Einkommensverhältnisse der privaten Haushalte liegen aus der Einkommens- und Verbrauchsstichprobe 1983 vor, die in den absoluten Werten zwar nicht mehr aktuell ist, deren Informationen über Verteilungsstrukturen aber die heutigen Verhältnisse noch gut widerspiegeln dürften. Zu beachten ist, daß Haushalte mit monatlichem Nettoeinkommen von 25000 DM und mehr nicht erfaßt sind, ebenso fehlen »Anstaltshaushalte«, das sind z. B. Altenheime, Pflegeeinrichtungen oder Kasernen.

Während 1983 jeweils die Hälfte aller erfaßten privaten Haushalte ein monatliches Nettoeinkommen von mehr bzw. weniger als 2943 DM (Zentralwert) hatte, lag dieser Wert für Gewerbetreibende und

Selbständige 85 % höher, für Haushalte, deren Bezugsperson arbeitslos war, dagegen 46 % niedriger. Über weniger als 800 DM Haushaltsnettoeinkommen verfügten 2,4 % aller privaten Haushalte, aber 10 % der Arbeitslosen- und 4 % der Rentnerhaushalte (vgl. Tabelle 16, S. 86).

Fast ausschließlich handelte es sich dabei um Einpersonenhaushalte, vor allem um alleinlebende Frauen; vielfach sind dies Rentnerinnen mit unzulänglichen Renten. Demgegenüber waren Ehepaare in diesen Gruppen faktisch nicht vertreten, was sich schon allein daraus erklärt, daß die Sozialhilfe-Schwelle für ein Ehepaar auch 1983 schon über 800 DM monatlich lag.

Wenn 1983 rund 80 % der Rentnerhaushalte über mehr als 1200 DM verfügten, so lag dies eben an den gesetzlichen Sozialleistungen, die im Durchschnitt etwa mit 70 % zum Nettoeinkommen aller Rentnerhaushalte beigetragen haben. Eine Senkung des Rentenniveaus – aus den eingangs erwähnten Gründen – müßte angesichts dieser Einkommensverteilung unmittelbar zu einer Erweiterung des Personenkreises der Sozialhilfeempfänger oder beim Kreis derjenigen, deren Renten schon heute um Sozialhilfe ergänzt werden muß, zu einer Anhebung der Sozialhilfeleistungen führen.

Der hohe Anteil der Sozialleistungen an den Alterseinkommen gibt zugleich einen ersten Hinweis auf die Vermögenslage der Rentnerhaushalte; offensichtlich spielen Vermögenseinkommen wie Zinsen aus Sparguthaben und Rentenpapieren oder Dividenden aus Aktienbesitz für die meisten Rentnerhaushalte eine eher nachrangige Rolle. Informationen über das Nettogeldvermögen und dessen Verteilung sind ebenfalls für 1983 aus der Einkommens- und Verbrauchsstichprobe bekannt, wobei das Nettogeldvermögen in dieser Abgrenzung Sparbücher, Bausparguthaben, Wertpapiere abzüglich Kreditverpflichtungen umfaßt, nicht dagegen Ansprüche auf Lebensversicherungen. Gerade bei der Gliederung nach der sozialen Stellung der Bezugsperson – außer bei Einpersonenhaushalten in der Regel der Mann – ist nochmals der Hinweis erforderlich, daß Haushalte mit monatlichem Nettoeinkommen von 25 000 DM und mehr nicht enthalten sind, wodurch das Vermögen besonders bei Gewerbetreibenden und freiberuflich Tätigen deutlich unterzeichnet wird.

Tabelle 16: Monatliches Haushaltseinkommen der privaten Haushalte 1983

Soziale Stellung/ Alter der Bezugsperson	Private Haus-halte	Haushaltsnettoeinkommen von … bis unter … DM						Zentral-wert[1]	Öffentl. Trans-ferzah-lung[2]
		Insge-samt	–800	800 –1200	1200 –2000	2000 –4000	4000 –25000		
	1000	DM	Anteile der Haushalte in %					DM	DM
Insgesamt	23469	3354	2,4	7,4	19,3	40,7	30,2	2943	828
Erwerbsperson	14131	4079	0,6	1,8	10,1	44,0	43,3	3709	303
Landwirt	381	4378	0,3	0,8	5,7	38,7	54,5	4176	482
Gewerbetreibender[3]	1377	6177	0,3	0,5	4,5	25,7	69,0	5458	381
Arbeitnehmer	12373	3836	0,6	2,0	10,9	46,3	40,3	3580	289
Beamter	1553	4571	0,1	0,4	3,8	36,8	58,9	4370	202
Angestellter	5142	4202	0,2	1,2	11,1	38,7	48,9	3944	224
Arbeiter	5146	3441	0,3	1,3	10,4	58,8	29,2	3298	298
Arbeitsloser	532	1968	10,1	20,5	34,4	27,1	7,9	1595	1069
Nichterwerbsperson	9338	2258	5,1	15,9	33,0	35,6	10,4	1890	1622
Rentner[4]	6423	2096	3,9	16,2	36,9	36,2	6,7	1830	1547
Alter 65 u. mehr	6393	2269	4,2	15,9	35,1	34,6	10,2	1860	1705

[1] Der Zentralwert gibt die Grenze an, unter- bzw. oberhalb der jeweils die Hälfte der Haushalte liegen
[2] Die öffentlichen Transferzahlungen sind Bruttoeinkommen, von denen teilweise Steuern und Sozialversicherungsbeiträge abzuführen sind
[3] Einschließlich freiberuflich Tätige
[4] Mit überwiegendem Einkommen aus Renten der gesetzlichen Rentenversicherung

Quelle: Statistisches Bundesamt; EVS 1983 und Berechnungen des BMA

Betrachten wir zunächst die Verteilung des Nettogeldvermögens (ohne Termingelder, Berlindarlehen u. ä.), dann zeigt sich, daß 50 % aller privaten Haushalte per saldo Schulden haben oder nur sehr geringe Guthaben bis unter 10000 DM. Dieses Nettogeldvermögen wäre aber die Verfügungsmasse, die im Notfall – bei unzureichender sozialer Sicherung – einzusetzen wäre. Immerhin 52 % der Arbeiter- und 44 % der Angestellten-Haushalte wären mangels Masse dazu faktisch nicht in der Lage, ganz zu schweigen von den Arbeitslosen-Haushalten, die zu 75 % allenfalls sehr geringe Vermögen, häufig aber Schulden haben.

Aber auch Geldvermögen in der Größenordnung von 10000 bis 50000 DM, die in 40 % aller Haushalte 1983 anzutreffen waren, sind bei größeren oder länger anhaltenden Risiken kaum ausreichend. Die Vorstellung, daß das Geldvermögen eine wesentliche Ergänzung der Alterssicherung sein könnte, ist angesichts von 53 % Vermögenslosen unter den Haushalten mit einer Bezugsperson im Alter von 65 und mehr Jahren und lediglich 11 % mit einem Geldvermögen von 50000 DM und mehr eher absurd. Selbst bei 50000 DM Vermögen ergibt sich bei einer Verzinsung zu 6 % lediglich ein zusätzliches monatliches Einkommen von 250 DM. Zwar sind seit dieser Erhebung einige Jahre vergangen, in denen sich diese Beträge erhöht haben dürften, aber ein tiefgreifender Wandel ist besonders für Arbeitnehmer und Rentner angesichts der sehr moderaten Einkommensentwicklung sicher nicht eingetreten; bei Arbeitslosen-Haushalten könnte die zunehmende Langzeitarbeitslosigkeit sogar zu einer Verschlechterung geführt haben (vgl. Tabelle 17, S. 88).

Nun könnte man versucht sein, darauf zu spekulieren, daß eine zunehmende Eigenvorsorge über private Lebensversicherungsverträge künftig deutlich Abhilfe schafft. Immerhin bestehen in 67 % aller Haushalte Lebensversicherungen, in Arbeiter-Haushalten sogar in über 80 %. Die Versicherungssummen liegen aber ganz überwiegend unter 50000 DM. Vielfach handelt es sich um Sterbegeldversicherungen und sonstige Versicherungen mit sehr kleinen Versicherungssummen. Lediglich die Gewerbetreibenden und Freiberufler ragen einsam hervor; schon die durchschnittliche Versicherungssumme dieser Haushaltsgruppe liegt über 100000 DM. Selbst

Tabelle 17: Nettogeldvermögen der privaten Haushalte 1983

Haushalte nach sozialer Stellung der Bezugsperson	Nettogeld-vermögen[1] in DM	darunter in % mit Netto-schulden oder bis 10000 DM	10000 bis u. 50000 DM	50000 u. mehr DM	Nettogeld-vermögen[2]
Insgesamt	19941	50	40	10	21453
Landwirt	28130	36	48	16	31549
Gewerbetreibender	36200	37	41	22	44229
Arbeitnehmer	18728	46	45	9	19930
Arbeiter	14829	52	42	6	15524
Angestellter	20641	44	45	11	22300
Beamter	25115	35	51	14	26443
Nichterwerbstätiger	18812	57	34	9	19717
Arbeitsloser	7407	75	22	(3)	8040
Nicht E'person	19530	56	35	9	20452
Im Alter 65 u. m.	22122	53	36	11	23401

[1] Ohne Termingelder, Berlindarlehen u. ä.
[2] Einschließlich Termingelder, Berlindarlehen u. ä.

Quelle: Statistisches Bundesamt und Berechnungen des Bundesministeriums für Arbeit und Sozialordnung wenn man berücksichtigt, daß der tatsächliche Auszahlungsbetrag der Lebensversicherungen bei Eintritt der vereinbarten Altersgrenze oder des Todes des Versicherten in der Regel erheblich über den Versicherungssummen liegt, deutet auch dieses Bild nicht darauf hin, daß die Lebensversicherung in absehbarer Zeit für einen größeren Teil der Bevölkerung zu einem nennenswerten Ersatz für gesetzliche Renten oder Beamtenpensionen werden könnte. Unbestreitbar wird sie später allerdings in etwa 20 % der Arbeitnehmer-Haushalte eine wesentliche Ergänzung der gesetzlichen Alterssicherungseinkommen darstellen (vgl. Tabelle 18, S. 90).

Auch die Betrachtung des Haus- und Grundbesitzes der privaten Haushalte führt letztlich nur zu der Erkenntnis, die ja nicht sonderlich originell ist, daß die Gruppen mit den niedrigen Haushaltseinkommen tendenziell diejenigen sind, die auch über kein nennenswertes Geldvermögen und über keinen Haus- und Grundbesitz verfügen. Wer also – und wir werden darauf später noch zurückkommen – z. B. ein Alterssicherungskonzept auf dem Grundgedanken aufbaut, man könnte einen Teil der sozialen Sicherung abbauen, weil das Privatvermögen so stark gestiegen ist, der muß zugleich auch einen Weg für eine andere Verteilung dieses Vermögens vorschlagen. Wenn die Armut bei Rentnern abgenommen hat, dann in allererster Linie durch den Ausbau der gesetzlichen Alterssicherung und nicht durch den Anstieg von Einkommen aus Vermögen oder durch Minderaufwendungen für Miete wegen eines verbreiteten Haus- und Grundbesitzes. Diejenigen, die bereits während ihres Erwerbslebens aus Gründen des Arbeitsplatzrisikos, wegen geringer qualifizierter Erwerbstätigkeit oder wegen familienbedingter Unterbrechung der Erwerbsbiographie am Ende der Einkommensskala lagen, haben in aller Regel auch weder Vermögen ererbt noch waren sie in der Lage, Vermögen zu bilden; sie liegen daher auch im Alter in der Nähe der Sozialhilfeschwelle. Dies ist zudem einerseits die Konsequenz der Rentenbemessung nach dem früheren versicherten Arbeitseinkommen, zum anderen die Folge des Umstandes, daß gerade in Branchen mit unterdurchschnittlichen Löhnen oder bei Unterbrechungen der Erwerbsbiographie häufig kein Anspruch auf betriebliche Altersversorgung besteht.

Tabelle 18: Lebensversicherungen[1] der privaten Haushalte

Haushalte nach sozialer Stellung der Bezugsperson	Durchschnittl. Lebensvers. Summe in DM	Eine Lebensversicherung mit einer Summe von . . . DM hatten				
		keine	unter 10000 DM	10000 b. u. 50000	50000 b. u. 100000	100000 u. m. DM
		in %				
Insgesamt	26000	33	23	28	9	6
Landwirt	41000	23	10	37	20	10
Gewerbetreibender	107000	16	5	21	20	38
Arbeitnehmer	33000	22	15	42	14	7
Arbeiter	28000	19	17	47	13	4
Angestellter	38000	25	12	38	15	9
Beamter	32000	23	14	42	15	6
Nichterwerbstätiger	6000	49	36	13	2	1
Arbeitsloser	17000	42	(21)	(27)	(7)	(3)
Nicht E'person	6000	49	37	11	2	–
Im Alter 65 u. m.	4000	51	41	7	(1)	–

[1] Einschließlich Sterbegeld-, Ausbildungs- und Aussteuerversicherungsverträgen

Quelle: Statistisches Bundesamt und Berechnungen des Bundesministeriums für Arbeit und Sozialordnung

Andererseits gibt es natürlich eine zunehmende Zahl von Arbeitnehmern mit gehobenem Haushaltseinkommen, mit Geldvermögen und/oder Haus- und Grundbesitz. Könnte man für diesen Personenkreis möglicherweise auf die Versicherungspflicht in der Sozialversicherung verzichten oder deren gesetzlichen Schutz einschränken? Ich halte das aus mehreren Gründen für problematisch:

- In sozialen Sicherungseinrichtungen, in denen eine Einkommensumverteilung stattfindet, ist freiwillige Versicherung ein Fremdkörper, denn der einzelne wird sich nur dann für den Beitritt entscheiden, wenn er nicht damit rechnen muß, zugunsten von Empfängern geringerer Einkommen mit eventuell höheren Risiken einen Beitragsanteil abführen zu müssen.
- In sozialen Sicherungssystemen, in denen üblicherweise die laufenden Leistungen durch die laufenden Beiträge gedeckt werden, führt das Ausscheiden von Beitragszahlern gerade der oberen Einkommensklassen oder eine Beitragsermäßigung wegen eines reduzierten Schutzes in aller Regel für die anderen Beitragszahler, d. h. hier für die mit den niedrigeren Einkommen, zu Beitragssatzsteigerungen.
- Risiken wie Arbeitslosigkeit oder Ersatz von Erwerbseinkommen bei Invalidität und im Alter verlangen einen sehr umfassenden Versicherungsschutz, der häufig unterschätzt wird und dann zu einer unzureichenden privaten Vorsorge führt, wobei zusätzlich anzumerken ist, daß Arbeitslosigkeit von privaten Versicherungsgesellschaften ohnehin nicht versichert werden kann.

Sowohl unter Gesichtspunkten einer gerechten Einkommensverteilung als auch aus Gründen einer soliden sozialen Sicherung erscheinen Vorzugsbehandlungen zumindest für Arbeitnehmer mit höherem Einkommen unangemessen.

2.3 Auf dem Wege zur staatlichen Vereinigung mit der DDR

Als die ersten Skizzen für dieses Buch entstanden, war der 9. November 1989 noch weit, so weit, daß der Gedanke gar nicht aufkam, das Verhältnis der Bundesrepublik Deutschland zur Deutschen Demokratischen Republik könnte irgendeine Rolle spielen. Die Dynamik der Prozesse seit dem Herbst 1989 hat Politiker und Wissenschaftler in Ost und West gleichermaßen überrascht.

Zunächst die Übersiedlerwelle, dann der Abbruch der Mauer mit einem Besucherstrom von mehreren Millionen Menschen innerhalb weniger Wochen, die ersten freien Wahlen in der DDR im März 1990, dann der Staatsvertrag über die Einführung der »sozialen Marktwirtschaft« und der DM in der DDR und der Vereinbarung über eine möglichst rasche staatliche Vereinigung der beiden Gebiete.

Die Einführung der »sozialen Marktwirtschaft« in der DDR und das Ziel der staatlichen Vereinigung bedeutet nicht zuletzt, daß in der DDR eine gleichartige Arbeitsrechts- und Sozialordnung wie in der Bundesrepublik Deutschland eingeführt wird. Die ersten Schritte hierzu sind mit dem Abschluß des Staatsvertrags bereits erfolgt, weitere werden im Rahmen einer Übergangszeit erfolgen müssen. Auf zahlreichen Gebieten wird dies in der DDR zu einer Verbesserung der sozialen Verhältnisse beitragen, dies gilt beispielsweise im Rentenrecht, nach dem es in der DDR bisher nicht nur außerordentlich niedrige, sondern auch nicht regelmäßig dynamisierte Renten gab. Mit einer Verbesserung des Finanzierungsverfahrens wird auch im Bereich des Gesundheitswesens und der Krankenversicherung künftig eine deutliche qualitative Anhebung der Ausstattung der medizinischen Einrichtungen möglich sein.

Gleichzeitig wird der Wechsel der Wirtschaftsordnung jedoch nicht nur Vorteile bringen. Erstmals weist die DDR offene Arbeitslosigkeit aus, die bisher über Arbeitspflicht für die erwerbsfähige Bevölkerung und über die Verpflichtung der Betriebe zum Angebot von Arbeitsplätzen verdeckt war. Der rasche Aufbau einer Arbeitslosenversicherung und von Arbeitsförderungs- und Weiterbildungsmaßnahmen war erforderlich.

In der Rentenversicherung waren mit Mindestrenten, Mindestbeträgen und einer großzügigeren Anrechnung von Kindererziehungszeiten die Aspekte des sozialen Ausgleichs deutlich stärker, die arbeitseinkommenbezogene Differenzierung der Renten dagegen sehr viel schwächer entwickelt als in der Bundesrepublik. Zwar lag die

Mindestrente mit 330 Mark monatlich für unsere Verhältnisse außerordentlich niedrig, aber zusammen mit starker Subventionierung des lebensnotwendigen Bedarfs (Nahrungsmittel, Verkehrsleistungen, Energie und Miete) sicherte sie ein – wenn auch niedriges – Existenzminimum ab, so daß Sozialfürsorge im Alter in der Regel vermieden wurde, was künftig nicht mehr der Fall sein wird.

Die Organisation des staatlichen und betrieblichen Gesundheitswesens mit nur einer verschwindend geringen Zahl niedergelassener Ärzte wies völlig andere Strukturen als in der Bundesrepublik auf.

2.3.1 Auswirkungen einer staatlichen Vereinigung auf das soziale Netz in der Bundesrepublik

Muß die vorstehende Analyse über die Entwicklung der Bevölkerung, der Erwerbstätigkeit, des Wirtschaftswachstums und deren Effekte auf die Sozialpolitik nun angesichts der neuen deutschen Situation völlig umgeschrieben werden? Entlastet die Staatenvereinigung die Spannung des sozialen Netzes in der heutigen und künftig erweiterten Bundesrepublik oder wird die Zerreißprobe gar noch härter?

Für die Beantwortung dieser Frage wird man die künftige Entwicklung in zwei Phasen unterteilen müssen:

- Die *erste Phase* wird – über den Zeitpunkt der staatlichen Vereinigung hinausreichend – gekennzeichnet sein von einem sehr fundamentalen Wandel der Wirtschaftsstruktur in der DDR, von erheblichen Turbulenzen am Arbeitsmarkt, von der Umstrukturierung des Arbeits- und Sozialrechts und in deren Folge möglicherweise von tiefgreifenden Änderungen im sozialen Status einzelner Bevölkerungsgruppen. Die Bevölkerung in der DDR muß sich auf neue Ordnungsprinzipien einstellen, die sie nicht durchgängig als Verbesserung empfinden wird, insbesondere wenn wirtschaftlicher Aufschwung und Einkommensverbesserung für Arbeitnehmer, Rentner und kinderreiche Familien nicht Hand in Hand gehen.

  Für die Bundesrepublik wird diese erste Phase einerseits von positiven wirtschaftlichen Impulsen, andererseits von finanziellen Belastungen geprägt sein. Neben den privatwirtschaftlich bereitzustellenden Investitionsmitteln werden auch die Gebietskörperschaften der Bundesrepublik, bzw. der Steuerzahler, Finanzmittel für den raschen Abbau des Infrastruktur- und Sozialgefälles zur DDR aufbringen müssen. Wird das Sozialgefälle im Übergang nicht gedämpft, sondern in Verbindung mit dem Subventionsabbau und einer vorzeitigen Liberalisierung des Wohnungsmarktes sogar noch verstärkt, werden sich in der DDR ungelöste Verteilungsprobleme über Berufspendler und innerdeutsche Wanderungen von Arbeitslosen, Rentnern und Sozialhilfeempfängern auf das Bundesgebiet verlagern.

– Die *zweite Phase* wird erreicht, wenn das Produktivitätsgefälle zum Gebiet der heutigen DDR weitgehend abgebaut sein wird, das Lohn- und Sozialleistungsniveau in beiden Regionen sich angeglichen hat und auf Übergangsregelungen verzichtet werden kann.
  In dieser Phase kann man davon ausgehen, daß die in der vorstehenden Analyse für Wirtschaftsentwicklung, Ökologie, Arbeitsmarkt und Bevölkerung für das heutige Bundesgebiet angedeuteten Tendenzen – wenn auch auf einem durch den Beitritt der DDR angehobenen absoluten Niveau – weitgehend unverändert bestehenbleiben.

Die Risiken und Chancen liegen damit konzentriert in der ersten Phase des Angleichungsprozesses. Sowohl für das Bundesgebiet wie für die DDR entstehen dann erhebliche sozialpolitische Probleme, wenn unter Gesichtspunkten einer massiven Wirtschaftsförderung in der DDR die verteilungspolitischen Aspekte einer angemessenen Kaufkraftsteigerung für Arbeitnehmer und Rentner ins Hintertreffen geraten, wenn die kurzfristig unvermeidlich ansteigende Unterbeschäftigung nicht mit allen Mitteln unternehmerischer Personaldisposition, der Arbeitsförderung und Weiterbildung und sozialpolitischer Flankierung über Vorruhestand oder ähnliche Instrumente in vertretbaren Grenzen gehalten wird. Wohlgemerkt, es ist hier nicht nur von Löhnen, Renten und Arbeitslosigkeit auf dem Gebiet der DDR die Rede; den Hinweis auf die niedrigeren Löhne und Arbeitskosten in der DDR werden die Gewerkschaften in der Bundesrepublik bei der nächsten Tarifverhandlung erhalten, in der Arbeitszeitdiskussion ist er bereits erfolgt; die Finanzminister des Bundes und der Länder werden bei Tarifverhandlungen wie bei Sozialgesetzen die finanzielle Anspannung durch den Zuschußbedarf an die DDR anführen. Die Gefahr ist abzusehen, daß die Arbeitnehmer in der Bundesrepublik das zweite, die DDR-Arbeitnehmer das erste »Wirtschaftswunder« finanzieren, am Vermögenszuwachs aber nicht beteiligt werden.

Die Chancen der deutschen Entwicklung für die Sozialpolitik liegen zum einen darin, daß die Verteilungspolitik ausgewogen erfolgt, daß die Arbeitnehmer in der DDR angemessen am Wirtschaftswachstum und an der entstehenden Vermögensbildung beteiligt werden und daß bei der staatlichen Vereinigung nicht blindlings jede »historisch bedingte« Ungereimtheit aus der Bundesrepublik auf das Gebiet der DDR übertragen wird. Es wäre nicht nur eine Geste gegenüber den Menschen in der DDR, sondern ein Fortschritt für die deutsche Sozialpolitik insgesamt, wenn diese historisch einmalige Gelegenheit genutzt würde, auch einigen Ballast unseres Arbeits- und Sozialrechts abzuwerfen. Dazu gehörten aus meiner Sicht die Trennung der Arbeitnehmer in Arbeiter und Angestellte, die Neubestimmung des »Beamten«, die mit der Trennung der Arbeitnehmer verbundenen Organisationsstrukturen in der Renten- und Krankenversicherung. Darüber hinaus könnte diese Übergangsphase aber auch Anlaß sein, einige grundsätzliche Positionen hinsichtlich der Vereinbarkeit von Kindererziehung und Erwerbstätigkeit, der eigenständigen Alterssicherung von Frauen, der Stellung der Arbeitsmedizin und der Organisation des Gesundheitswesens zu überprüfen und dabei Erfahrungen aus beiden Teilen heranzuziehen.

2.4 Soziale Sicherung im europäischen Binnenmarkt

Mit der Einheitlichen Europäischen Akte, die nach der Ratifizierung durch die Mitgliedstaaten der Europäischen Gemeinschaft seit dem 1. Juli 1987 in Kraft ist, wird die Schaffung eines gemeinsamen Binnenmarktes dieser Länder bis zum 31. 12. 1992 zum Ziel gesetzt.

Nun ist einerseits die Zielmarke 1992 nicht mehr weit entfernt, andererseits ist »Binnenmarkt« ja wohl eher ein wirtschaftliches Thema – wieso also hat uns der europäische Binnenmarkt im Zusammenhang mit der längerfristigen sozialpolitischen Entwicklung zu interessieren? Drei mögliche Gründe lassen sich anführen:

1. Der europäische Binnenmarkt könnte die wirtschaftlichen Perspektiven der Bundesrepublik deutlich zum Besseren oder zum Schlechteren wenden, womit die Entwicklung der sozialen Lage der Bundesbürger und damit die Sozialpolitik wesentlich berührt wäre.
2. Die europäische Integration könnte zu einer wesentlich intensiveren Wanderung von Einwohnern und Erwerbstätigen zwischen den EG-Staaten führen, womit sich demographische Probleme anders stellten als bei einer eher nationalen Betrachtung für die Bundesrepublik.
3. Die Freizügigkeit der Arbeitnehmer und der freie Waren- und Dienstleistungsverkehr zwischen den EG-Staaten werden tatsächlich oder vorgeblich außer durch unterschiedliche nationale Steuersysteme auch durch unterschiedliche arbeits- und sozialrechtliche Schutzvorschriften, Abgaben und Leistungen beeinträchtigt. Ein wirklich freier Binnenmarkt setzte damit eine Harmonisierung der verschiedensten Politikbereiche, nicht zuletzt auch der Sozialpolitik, voraus.

Zu den ersten beiden Punkten seien im folgenden nur einige wenige Anmerkungen gemacht, während auf den dritten Punkt anschließend etwas ausführlicher eingegangen werden soll. Die wirtschaftlichen Effekte der Herstellung eines europäischen Binnenmarktes werden für die Mitgliedstaaten der EG insgesamt als positiv eingeschätzt. Die EG-Kommission hat dazu eine wissenschaftliche Untersuchung, den »Cecchini-Bericht«, vorgelegt, in dem versucht wird, die zusätzlichen Wachstumseffekte eines Binnenmarktes als Folge einheitlicher Normen und Sicherheitsvorschriften für Produkte und Arbeitsplätze sowie steuerrechtlicher Regelungen und damit eines intensiveren Wettbewerbs zu schätzen. Der Bericht veranschlagt für die EG insgesamt einen zusätzlichen mittelfristigen Wachstumsimpuls von jahresdurchschnittlich knapp 1 bis 1½ %, je nachdem, ob dieser Prozeß sich ohne zusätzliche wirtschaftspolitische Flankierung oder einschließlich flankierender Maßnahmen (öffentliche Investitionen, Senkung direkter Steuern) vollziehen wird. Daraus abgeleitet, wird mit einem Beschäftigungseffekt von insgesamt 2 bzw. 5 Millionen Arbeitsplätzen in diesem mittelfristigen Zeitraum gerechnet, was einer relativen Zunahme von 1,5 bzw. 4 % entspricht.

Abgesehen davon, daß die Schätzung auf zahllosen unbekannten Faktoren aufbauen muß und nicht klar ist, wie sich dieser Gesamteffekt auf die einzelnen Mitgliedstaaten verteilt, ist er auch keineswegs so riesig, daß er die Wachstumstrends in der Bundesrepublik Deutschland grundsätzlich ändern könnte. Immerhin ist es plausibel, daß sich aus der Herstellung des europäischen Binnenmarktes für die Bundesrepublik Deutschland keine grundsätzlich negativen Wirkungen ergeben werden; dafür ist die außenwirtschaftliche Position der Bundesrepublik gerade auch auf den europäischen Märkten schon bisher zu gut fundiert. Andererseits können auf Teilmärkten, insbesondere wenn sie bislang einer weitgehenden staatlichen Aufsicht unterliegen (z. B. Versicherungen), bei intensiverem Wettbewerb mit dem Ausland durchaus zeitweise Anpassungsschwierigkeiten entstehen.

Daß allein durch die Schaffung des europäischen Binnenmarktes zusätzliche Wanderungsbewegungen von Erwerbstätigen und deren Angehörigen ausgelöst werden und damit eine fundamentale Änderung unserer demographischen Entwicklung eintritt, ist ebenfalls wenig plausibel. Schon bisher war die Freizügigkeit von Arbeitnehmern zwischen den EG-Staaten gesetzlich geregelt; sie hatte einen starken Einfluß auf die Außenwanderungen der Bundesrepublik, allerdings sowohl bei den Zu- wie bei den Abwanderungen. Sehr viel mehr als von den Formalitäten des Binnenmarktes wird die Wanderungsrichtung und -intensität daher auch künftig von der regionalen

Differenzierung des Wohlstandes und der Erwerbschancen abhängen. Ob künftig möglicherweise nationale und EG-Initiativen auf dem Gebiet der Sozialpolitik zusätzliche Wanderungsanreize setzen werden, darauf wird im folgenden einzugehen sein.

2.4.1 Die Vielgestaltigkeit der Mitgliedstaaten

Bevor man sich den nationalen Eigenheiten sozialpolitischer Grundsätze, den Sicherungsstandards und den unterschiedlichen institutionellen und organisatorischen Regelungen zuwendet, ist es angebracht, wenigstens einen kurzen Blick auf die Unterschiede der 12 Mitgliedstaaten hinsichtlich Bevölkerung und Wirtschaftskraft zu werfen.

Die Spannweite der Bevölkerungszahlen reicht 1987 von 370000 in Luxemburg bis 61 Millionen in der Bundesrepublik Deutschland. Die sechs kleineren Mitgliedstaaten, Portugal, Griechenland, Belgien, Dänemark, Irland und Luxemburg, haben zusammen eine Bevölkerung (39,2 Mio.), die knapp zwei Drittel der Bevölkerung der Bundesrepublik Deutschland und etwa 12 % der Bevölkerung in der gesamten EG von rd. 323 Mio. Personen (1987) ausmacht. Etwa in den gleichen Relationen bewegt sich die Größenordnung der Erwerbstätigkeit. Die vier größten Mitgliedstaaten, die Bundesrepublik, Italien, Großbritannien und Frankreich, vereinigen über 70 % der Bevölkerung und der zivilen Erwerbstätigen auf sich (vgl. Tabelle 19, S. 100/101).

Diese vier größten Mitgliedstaaten produzierten 1987 80 % des gesamten Bruttoinlandsprodukts der EG, während auf die sechs kleineren Staaten gerade etwa 8,5 % entfielen (umgerechnet auf der Basis von ECU). Nun besagt diese Rangfolge zwar etwas über die absolute Wirtschaftskraft der einzelnen Länder, nicht dagegen über deren relative Wirtschaftskraft, gemessen an ihrer Bevölkerung oder an der Produktivität (BIP je Erwerbstätigen). Nach diesen Kriterien liegen die kleinen Länder Luxemburg und Dänemark in der Spitzengruppe, während das Vereinigte Königreich in die untere Hälfte zurückfällt. Gemessen in der europäischen Währungseinheit ECU betrug 1987 das Bruttoinlandsprodukt je Einwohner in Portugal noch nicht einmal ein Fünftel dessen in Dänemark.

2.4.1.1 Exkurs über internationale Vergleiche in Währungseinheiten

Da auch im folgenden der internationale Vergleich von monetären Größen eine Rolle spielt, bei einigen Fragen der Sozialpolitik in der EG sogar eine sehr zentrale, ist es vielleicht hilfreich, auf einige damit verbundene Probleme kurz einzugehen. Überlegt der Bundesbürger Mayer, der nicht arm ist, sich aber auch nicht alles leisten kann, ob er im Urlaub nach Dänemark oder nach Griechenland fahren soll, dann wird er versuchen, in Erfahrung zu bringen, was er im einen oder anderen Land für 100 DM erhält. Geht er zu seiner Bank, dann erfährt er, daß er für 100 DM etwa 400 Dänenkronen oder 8000 Drachmen erhält; das sind die Devisenkurse, und diese liegen auch im Prinzip der Europäischen Währungseinheit (ECU) zugrunde. Mit dieser Information allein ist Herrn Mayer allerdings noch nicht geholfen, er müßte auch wissen, was er für 400 Dänenkronen in Dänemark bzw. für 8000 Drachmen in Griechenland erhält. Kostet in Dänemark z. B. eine Übernachtung, für die er in der Bundesrepublik Deutschland 100 DM zahlte, 600 Dänenkronen, in Griechenland dagegen nur 6000 Drachmen, dann sind seine 100 DM in Dänemark in dieser Verwendung nur 66 DM, in Griechenland dagegen 133 DM wert oder, anders ausgedrückt: in Griechenland könnte er für das gleiche Geld doppelt so häufig übernachten wie in Dänemark. Eine ähnliche Überlegung gilt nun auch, wenn man – wie oben – das Bruttoinlandsprodukt je Einwohner oder Durchschnittslöhne vergleicht; die Umrechnung zu Devisenkursen oder zu ECU sagt noch nichts darüber aus, ob der Wohlstandsunterschied – wie im Beispiel Portugal/Dänemark 1 : 5,5 – entsprechend hoch ist. Um hier eine ungefähre Vorstellung zu erhalten, werden internationale Preisvergleiche für jeweils national typische Verbrauchsgewohnheiten (»Warenkörbe«) erstellt und daraus sogenannte »Kaufkraftparitäten« ermittelt. Diese KKP sind zwar alles in allem ein ziemlich theoretisches Konstrukt, eignen sich jedoch besser als Devisenkurse,

Tabelle 19: Strukturdaten zur Europäischen Gemeinschaft 1987

Mitgliedstaaten[1]	Bevölkerung	Zivile Erwerbstätige	Bruttoinlandsprodukt in jeweiligen Preisen	Bruttoinlandsprodukt je Einwohner in ECU	Bruttoinlandsprodukt je zivil. E'tätigen in ECU	Bruttoinlandsprodukt je Einwohner in KKS[2]
	in 1000		Mrd. ECU	Europa 12 = 100		
Belgien	9870	3621	120,4	106,1	110,4	100,7
Dänemark	5127	2663	87,9	149,1	109,6	113,7
Bundesrepublik Deutschland	61077[3]	25440[4]	969,5	138,1	126,6	113,5
Griechenland	9990	3597	41,1	35,8	37,9	54,3
Spanien	38832	11383	251,3	56,3	73,3	74,0
Frankreich	55630	20976	764,1	119,5	121,0	109,2
Irland	3543	1067	25,5	62,6	79,4	64,2
Italien	57345	20584	659,2	100,0	106,4	104,4
Luxemburg	372	169	5,2	121,6	102,2	125,4
Niederlande	14665	5251	184,9	109,7	116,9	104,5
Portugal	10250	4169	31,9s	27,1	25,4	53,7

Mitgliedstaaten[1]	Bevölkerung	Zivile Erwerbstätige	Bruttoinlandsprodukt			
			in jeweiligen Preisen	je Einwohner in ECU	je zivil. E'tätigen in ECU	je Einwohner in KKS[2]
	in 1000		Mrd. ECU	Europa 12 = 100		
Vereinigtes Königreich	56930	24669	580,1	88,6	78,1	105,3
Europa 12	323631	123589	3721,2	100,0 (11498)	100,0 (30109)	100,0 (14605)
nachrichtlich USA	243773	112440	3903,5	139,3	115,3	156,2
nachrichtlich Japan	122091	59110	2060,6s	146,8	115,8	112,1

1 In der Reihenfolge ihrer nationalen Bezeichnungen
2 Kaufkraftstandards der EG
3 Volkszählung 1987
4 VZ '87 nicht berücksichtigt

Quellen: Bevölkerung: Stat. Jahrbuch 1989; sonstige Daten: Eurostat, Statistische Grundzahlen der Gemeinschaft, 26. Ausgabe 1989; eigene Berechnungen wenn es um Wohlstandsvergleiche zwischen Ländern geht. Dagegen müssen die Devisenkurse immer dann herangezogen werden, wenn Fragen des Außenhandels, der internationalen Wettbewerbsfähigkeit eine Rolle spielen. Eine typische Zwitterrolle spielen hier z. B. Löhne, die einerseits Einkommen und Kaufkraft der Arbeitnehmer darstellen, andererseits aber als Arbeitskosten in die Preise eingehen und damit wettbewerbsrelevant auch im Außenhandel sind; im ersten Falle sind daher KKP zur Umrechnung angebracht, im zweiten Falle Devisenkurse.

Kommen wir zurück auf den Vergleich des Bruttoinlandsprodukts je Einwohner, der Portugal bei der Umrechnung auf Devisenkursbasis mit einem Fünftel des Niveaus von Dänemark ausgewiesen hat. Bei der Umrechnung auf der Basis von Kaufkraftparitäten ergibt sich eine deutliche Annäherung; im Vergleich dieser beiden Länder liegt Portugal nur noch knapp bei der Hälfte dieser – mit aller Vorsicht als Wohlstandsindikator verwendbaren – Größe für Dänemark. Sehr vereinfacht ausgedrückt, heißt das, daß es neben den großen Unterschieden in der Wirtschaftskraft auch ganz erhebliche Unterschiede in den Preisniveaus für den privaten Verbrauch – neben unterschiedlichen Verbrauchsgewohnheiten – gibt, die die Wohlstandsunterschiede zwischen den Mitgliedstaaten reduzieren; gleichwohl sind die Unterschiede beträchtlich: Am unteren Ende mit einem Niveau von 50 bis 75 % des EG-Durchschnitts liegen Portugal, Griechenland, Irland und Spanien; mit deutlichem Abstand an der Spitze liegt Luxemburg (25 % über EG-Durchschnitt); Dänemark und die BR Deutschland liegen etwa gleichauf an zweiter Stelle. Ebenso wie es in der Bundesrepublik deutliche regionale Abweichungen vom Bundesdurchschnitt gibt, bestehen auch in den anderen Mitgliedstaaten erhebliche regionale Unterschiede, so daß die Spanne zwischen der untersten und der obersten Region in Europa noch sehr viel breiter ist, als dies der Ländervergleich zeigt.

Maßgeblich für die Wohlstandsunterschiede sind die Unterschiede in der wirtschaftlichen Entwicklung der Mitgliedstaaten, die sich aus dem Indikator für die gesamtwirtschaftliche Produktivität, dem Bruttoinlandsprodukt je zivilen Erwerbstätigen, erkennen lassen. Gemessen in ECU, »produziert« ein ziviler Erwerbstätiger in Portugal nur ein Fünftel des Bruttoinlandsprodukts, das sein deutscher Kollege schafft. Das liegt nun keinesfalls daran, daß wir Deutschen die fleißigsten, die Portugiesen oder die Griechen die faulsten Erwerbstätigen sind. Entscheidend sind vielmehr zwei Faktoren, nämlich

- die Struktur nach Wirtschaftsbereichen und
- der Rationalisierungsgrad innerhalb der Wirtschaftsbereiche.

So waren z. B. in Portugal 1987 22 % der Erwerbstätigen in der Land-, Forstwirtschaft und Fischerei beschäftigt, in der Bundesrepublik dagegen nur 5 %. Den höchsten Beschäftigtenanteil in diesem Bereich hatte Griechenland mit 27 %, den niedrigsten das Vereinigte Königreich mit 2,4 %. Demgegenüber hatte die Bundesrepublik mit 40,5 % den höchsten Beschäftigtenanteil im industriellen Sektor, während in Griechenland nur 28 % in der Industrie tätig waren. Allerdings ist ein hoher Anteil Erwerbstätiger in der Industrie bzw. im verarbeitenden Gewerbe nicht mehr unbedingt gleichbedeutend mit hoher Wirtschaftsleistung. So betrug in den beiden Ländern, die nach der Bundesrepublik 1987 die höchste Produktivität aufwiesen, der Anteil der industriell Beschäftigten in Frankreich nur 31 %, in den Niederlanden sogar nur 27 %. Deutlich höher als in der Bundesrepublik waren in diesen beiden Ländern, wie im übrigen in der Mehrzahl der Mitgliedstaaten, die Aktivitäten im Dienstleistungsbereich.

Trotz der zunehmenden und inzwischen in vielen Ländern überwiegenden Bedeutung des Dienstleistungssektors für den Verlauf der wirtschaftlichen Entwicklung werden detaillierte Informationen über Arbeitsentgelte und Arbeitskosten fast ausschließlich für den Bereich der Industrie bzw. des verarbeitenden Gewerbes erhoben und aufbereitet.

Die Arbeitskosten je Stunde umfassen Bruttolohn und -gehalt, die Arbeitgeberbeiträge zur sozialen Sicherung und sonstige Leistungen des Arbeitgebers an den Arbeitnehmer, wie z. B. Zuschüsse zur betrieblichen Altersversorgung, Essenszuschüsse und Aufwendungen für Ausbildung. Als Indikator für die Produktionskosten, gemessen in ECU, weisen sie die aus den bisherigen Vergleichen schon gewohnte breite Streuung auf. Die Bundesrepublik Deutschland lag

1984 mit einem Stundensatz von 14,14 ECU (vgl. Tabelle 20, S. 106/107) an der Spitze, dicht gefolgt von den Niederlanden und Belgien. Portugal und Griechenland nehmen mit 2,29 bzw. 3,97 ECU das Ende der Skala ein.

In der üblichen Diskussion über die Beeinträchtigung der internationalen Wettbewerbsfähigkeit durch hohe Löhne und Sozialleistungen müßte das bedeuten, daß die zuletzt genannten Länder im Außenhandel eine extreme Spitzenposition innehaben. Tatsächlich spiegeln die Arbeitskostenunterschiede aber die Produktivitätsunterschiede zwischen den Mitgliedstaaten wider. Vergleicht man nämlich, welche Arbeitskosten zur Erstellung von 100 ECU Bruttoinlandsprodukt erforderlich sind, so muß Griechenland 76,4 ECU an Arbeitskosten aufwenden, Portugal 65 ECU, die Bundesrepublik und die Niederlande dagegen nur 61 ECU. Obwohl also in der Bundesrepublik je Arbeitsstunde der sechsfache Betrag für Arbeitskosten im Vergleich zu Portugal aufgebracht werden muß, ist die Bundesrepublik in dieser Hinsicht wegen ihrer hohen Produktivität international konkurrenzfähiger.

Gleichzeitig weist dieser Vergleich der Arbeitskosten auf die Ursachen einiger sozialpolitischer Probleme zwischen den Mitgliedstaaten hin, auf die noch einzugehen sein wird. Einkommensniveaus und daraus abgeleitete soziale Sicherungsniveaus in einer Spannbreite vom 5- bis 6fachen können beim Leistungstransfer zwischen diesen Ländern zu Ungereimtheiten, aber auch zu unbeabsichtigten Wanderungsanreizen oder Wanderungsbarrieren führen. Ein Portugiese mit einer Rente auf der Grundlage langjähriger Erwerbstätigkeit in der Bundesrepublik erzielt bei Rückkehr in sein Heimatland ein Einkommensniveau, das weit über dem seiner Landsleute liegt. Andererseits könnte im umgekehrten Falle ein Deutscher mit einer portugiesischen Rente in der Bundesrepublik nicht einmal das Existenzminimum erreichen.

Die Betrachtung der Zusammensetzung der Arbeitskosten aus Lohnbestandteilen (für geleistete Arbeit, Prämien und nicht gearbeitete Tage wegen Urlaub oder Krankheit) und aus »indirekten Arbeitskosten«, insbesondere Arbeitgeberbeiträgen zum sozialen Sicherungssystem, gibt erste Hinweise auf unterschiedliche Finanzierungsformen der Sozialpolitik. In den Ländern mit hohen Anteilen der Kosten für soziale Sicherung erfolgt die Finanzierung im allgemeinen in Systemen, in denen Arbeitgeber und Versicherte – nicht immer paritätisch – Beiträge zahlen. In den Ländern mit sehr niedrigen Arbeitskosten für die soziale Sicherung spielt dagegen die Finanzierung über Zuschüsse des Staates oder staatliche Leistungssysteme die dominierende Rolle. Sehr deutlich zeigt sich dies am Beispiel Dänemark, aber auch das Vereinigte Königreich, Irland und Luxemburg sind dieser Kategorie zuzurechnen.

Fazit: Die Unterschiede zwischen den Mitgliedstaaten hinsichtlich wirtschaftlicher Leistung, Produktivität, Wohlstandsniveau sind außerordentlich groß; die Spannbreite würde noch deutlich zunehmen, stellte man den Vergleich auf regionaler Ebene an. Für die Schaffung des europäischen Binnenmarktes beinhalten derartige Niveauunterschiede eine Fülle von Problemen. Sie erfordern politische Maßnahmen zum Schutze und zur Förderung der heute zurückliegenden Volkswirtschaften und nicht zuletzt damit Konzessionen bei der Durchsetzung gemeinsamer Politiken, z. B. im ökologischen Bereich, aber auch auf dem Felde des Gesundheitsschutzes am Arbeitsplatz. Vielfältiger und komplizierter noch wäre die Situation, wollte man auf der heutigen Ausgangsbasis ein Europa mit gleichen sozialen Sicherungsstandards zu realisieren versuchen. Die Entscheidung der EG-Kommission im Dezember 1989, der Türkei eine vorläufige Rücknahme ihres Aufnahmeantrags in die EG nahezulegen, beruht letztlich auf dieser Einsicht, daß die Umsetzung gemeinsamer Politiken um so schwieriger wird, je größer die wirtschaftlichen und sozialen Unterschiede zwischen den Mitgliedstaaten sind.

2.4.2 Vielfalt der »Philosophien« sozialer Sicherung

Die Europäische Wirtschaftsgemeinschaft (EWG) besteht seit über 30 Jahren. Am 1. 1. 1958 trat der Vertrag zur Gründung der Europäischen Wirtschaftsgemeinschaft (EWG-Vertrag) für die damaligen sechs Mitgliedstaaten: Belgien, Bundesrepublik Deutschland, Frankreich, Italien, Luxemburg und die Niederlande, in Kraft. Anfang der

Tabelle 20: Arbeitsentgelte, Arbeitskosten, Lohnstückkosten

Mitgliedstaaten[1]	Arbeitskosten je Stunde 1984 Arbeiter und Angestellte in der Industrie[2]		Struktur der Arbeitskosten 1984 Arbeiter u. Angestellte in der Industrie[3] in %			Arbeitskosten in % des BIP 1987 (ECU)
	KKS	ECU	Direkte Kosten[4]	Indirekte Kosten[5] Insges.	Indirekte Kosten[5] davon soz. Sicherung	
Belgien	16,04	13,09	75,2	24,8	23,7	68,0
Dänemark	9,26	11,90	92,5	7,5	5,7	64,1
Bundesrepublik Deutschland	14,52	14,14	76,7	23,3	21,0	61,1
Griechenland	8,21	3,97	81,0	19,0	18,0	76,4
Spanien	–	–	–	–	–	63,1
Frankreich	13,40	12,17	68,7	31,3	27,7	62,8
Irland	10,67[6]	8,79[6]	84,1[6]	15,9[6]	12,9[6]	70,1
Italien	13,24	10,39	73,6	26,4	23,3	67,0
Luxemburg	13,24	10,96	83,8	16,2	14,8	68,9
Niederlande	14,47	13,59	73,1	26,9	24,1	61,1

Mitgliedstaaten[1]	Arbeitskosten je Stunde 1984 Arbeiter und Angestellte in der Industrie[2]		Struktur der Arbeitskosten 1984 Arbeiter u. Angestellte in der Industrie[3] in %			Arbeitskosten in % des BIP 1987
	KKS	ECU	Direkte Kosten[4]	Indirekte Kosten[5]		(ECU)
				Insges.	davon soz. Sicherung	
Portugal	4,7	2,29	75,1	24,9	18,0	65,0
Vereinigtes Königreich	10,12	8,84	83,1	16,9	14,4	62,5

1 In der Reihenfolge ihrer nationalen Bezeichnungen
2 Verarbeitendes Gewerbe ohne Energie in Betrieben mit mehr als 9 Beschäftigten
3 Verarbeitendes Gewerbe in Betrieben mit mehr als 49 Beschäftigten
4 Direktlohn, Prämien, Gratifikationen und Entlohnung für nicht gearbeitete Tage
5 Soziale Sicherheit, Kosten der Berufsausbildung und sonstige Ausgaben
6 Ohne Baugewerbe

Quelle: Eurostat

70er Jahre traten Dänemark, Irland und das Vereinigte Königreich, und in jüngster Zeit Griechenland, Spanien und Portugal, dem Vertrag bei. Vorrangiges Ziel war – wie der Name sagt – die Wirtschaftsgemeinschaft, d. h. vor allem die Herstellung eines freizügigen Waren- und Dienstleistungsverkehrs durch den Abbau von zwischenstaatlichen Wettbewerbsbeschränkungen. Zwar enthielt der EWG-Vertrag von Anfang an »Sozialvorschriften«, sie waren und sind bis heute allerdings sehr allgemein gehalten; es sind eher programmatische Sätze als unmittelbar umsetzbares Recht. Die entscheidenden Grundsätze sind in den Artikeln 117 und 118 festgelegt:

Art. 117 (Abstimmung der Sozialordnungen)
Die Mitgliedstaaten sind sich über die Notwendigkeit einig, auf eine Verbesserung der Lebens- und Arbeitsbedingungen der Arbeitskräfte hinzuwirken und dadurch auf dem Wege des Fortschritts ihre Angleichung zu ermöglichen.

Sie sind der Auffassung, daß sich eine solche Entwicklung sowohl aus dem eine Abstimmung der Sozialordnungen begünstigenden Wirken des Gemeinsamen Marktes als auch aus den in diesem Vertrag vorgesehenen Verfahren sowie aus der Angleichung ihrer Rechts- und Verwaltungsvorschriften ergeben wird.

Art. 118 (Zusammenarbeit in sozialen Fragen)
Unbeschadet der sonstigen Bestimmungen dieses Vertrags hat die Kommission entsprechend seinen allgemeinen Zielen die Aufgabe, eine enge Zusammenarbeit zwischen den Mitgliedstaaten in sozialen Fragen zu fördern, insbesondere auf dem Gebiet

- der Beschäftigung,
- des Arbeitsrechts und der Arbeitsbedingungen,
- der beruflichen Ausbildung und Fortbildung,
- der sozialen Sicherheit,
- der Verhütung von Berufsunfällen und Berufskrankheiten,
- des Gesundheitsschutzes bei der Arbeit,
- des Koalitionsrechts und der Kollektivverhandlungen zwischen Arbeitgebern und Arbeitnehmern.

Zu diesem Zweck wird die Kommission in enger Verbindung mit den

Mitgliedstaaten durch Untersuchungen, Stellungnahmen und die Vorbereitung von Beratungen tätig, gleichviel ob es sich um innerstaatliche oder um internationalen Organisationen gestellte Probleme handelt.

Vor Abgabe der in diesem Artikel vorgesehenen Stellungnahmen hört die Kommission den Wirtschafts- und Sozialausschuß.

Diese Artikel und die Tatsache, daß sie bis heute weitgehend unverändert geblieben sind, machen deutlich, daß bereits die Gründungsstaaten möglichst wenige Befugnisse im Bereich sozialrechtlicher Regelung an die Organe der Gemeinschaft abgeben wollten. Am weitestgehenden wurde die Zusammenarbeit der Mitgliedstaaten auf sozialpolitischem Gebiet nicht aus originär sozialpolitischen Gründen, sondern durch die Vorschriften bewirkt, die Freizügigkeit von Arbeitnehmern auch hinsichtlich arbeits- und sozialrechtlicher Wanderungshemmnisse (Art. 48ff. EWG-Vertrag) herzustellen.

Für die Zurückhaltung der Mitgliedstaaten gegenüber einer gemeinsamen Sozialpolitik oder wenigstens gegenüber einer Angleichung auf einigen Feldern der sozialen Sicherung gab und gibt es sowohl ökonomische als auch gesellschaftspolitische Gründe. Angesichts der Vielfalt der Systeme, der Unterschiede in den Schwerpunkten der Sozialpolitik wäre schon bei den Gründungsstaaten eine Harmonisierung jeweils auf dem höchsten Niveau eines Mitgliedstaates finanziell nicht tragbar gewesen. Ein System aus französischer Familienpolitik mit niederländischer Sicherung bei Invalidität und dynamisierter Altersrente deutschen Musters hätte die Volkswirtschaften der Gründerstaaten überfordert und wäre erst recht heute angesichts des Beitritts von Spanien, Griechenland und Portugal illusionär.

Eine Harmonisierung auf einem eher mittleren Niveau hätte andererseits zu teilweise erheblichen Abstrichen in einzelnen nationalen Sicherungssystemen, zu Änderungen von deren sozialpolitischen Prioritäten führen müssen, wäre aber für die jüngsten und wirtschaftlich zugleich am wenigsten entwickelten Staaten immer noch zu teuer.

Ulrich Weinstock, Generaldirektor im Generalsekretariat des

Rates der Europäischen Gemeinschaft, weist darauf hin, daß gerade etwa zeitgleich mit der ersten Erweiterung der EG der wirtschaftliche Nachkriegsaufschwung als Folge der ersten Erdölpreis-Krise 1973 abbrach und »das seit langem unbekannte Phänomen europäischer Massenarbeitslosigkeit« einsetzte. »Nationaler Egoismus schoß ins Kraut, und der geringe Handlungszwang in der Gemeinschaft wurde leicht abgestreift. Jeder Staat versuchte, sich dem überraschenden Wandel im Alleingang zu entziehen.«

In dieser Zeit wachsender staatlicher Defizite, der Bekämpfung, mehr noch aber der Verwaltung der Arbeitslosigkeit waren die Interessen der Einzelstaaten sehr viel stärker darauf gerichtet, ihre jeweiligen Sozialfinanzen einzugrenzen, als eine gemeinsame europäische Sozialpolitik zu entwerfen. In der Bundesrepublik stand die Eindämmung der Ausgabenentwicklung der gesetzlichen Krankenversicherung im Vordergrund, in Italien wurde versucht, die Gesundheitssicherung durch den Wechsel von einem Krankenversicherungssystem zu einem staatlichen Versorgungssystem zu kurieren. Für die staatliche Gesundheitsversorgung in Großbritannien wurde durch Haushaltsrestriktionen der Ausgabenrahmen verengt.

Mit der ebenfalls in einigen Ländern im Laufe der 70er Jahre einsetzenden Diskussion über die Auswirkungen der demographischen Entwicklung auf die Alterssicherung wurde einerseits in den meisten Staaten die Auseinandersetzung darüber intensiver, in welchem Umfang der Staat die Altersversorgung seiner Bürger sicherstellen solle, ob diese nicht angesichts des gewachsenen Wohlstandes in erheblichem Umfang zu privater Vorsorge in der Lage seien; andererseits erleichterten einige Staaten, wie z. B. die Bundesrepublik und Frankreich, wenigstens zeitweise das vorzeitige Ausscheiden aus dem Erwerbsleben, um den Arbeitsmarkt zu entlasten – eine Politik, die mehr oder weniger zu Lasten der gesetzlichen Alterssicherungssysteme ging. Aber nicht nur das Leistungsniveau der Alterssicherung, sondern auch deren Finanzierung wurden zunehmend erörtert. Soll die Alterssicherung verstärkt auf Kapitaldeckung umgestellt werden oder wären »Maschinenbeiträge« der ideale Weg?

Wenn man daher die europäische sozialpolitische Szene betrachtet, so sind nicht nur die bestehenden Unterschiede in den Schwerpunkten der Leistungssysteme, in der Art der Leistungsgewährung und der Finanzierung von Bedeutung, sondern auch die diskutierten, geplanten oder bereits eingeleiteten Strategien für die Zukunft. Daß derartige Planungen in Portugal anders aussehen müssen als in der Bundesrepublik, erklärt sich sowohl aus den ökonomischen Niveauunterschieden wie aus den Bedingungen der Einkommens- und Vermögensverteilung. Daß in Ländern, in denen das soziale Sicherungssystem kaum vor Armut schützt, Überlegungen darüber, ob hohe Sozialleistungen die Mobilität und Flexibilität der Arbeitnehmer hemmen, wenig aktuell sind, leuchtet ein. Bei Arbeitslosenquoten, die in einzelnen Regionen der Europäischen Gemeinschaft 20 % übersteigen, wären Reflexionen über mehr Eigenvorsorge und Eigenverantwortung blanker Hohn; hier sind Projekte regionaler Beschäftigungspolitik sehr viel entscheidender als Spekulationen über künftig anzustrebende Sicherungsniveaus im Alter.

Über diese zwischenstaatlichen Divergenzen bezüglich vorrangig zu verfolgender sozialpolitischer Grundlinien hinaus bieten allerdings schon die bestehenden institutionellen Unterschiede hinreichende Reibungsflächen für die Formulierung einer gemeinsamen Sozialpolitik. Auf einige dieser strukturellen Unterschiede soll im folgenden eingegangen werden (vgl. Tabelle 21, S. 112).

Gemessen am Bruttoinlandsprodukt, also an der jeweiligen nationalen Wirtschaftskraft, geben die wirtschaftlich stärksten Länder tendenziell auch am meisten für *Sozialleistungen* (in der Terminologie des Europäischen Statistischen Amtes: »Sozialschutzleistungen«) aus, die wirtschaftlich schwächsten Länder am wenigsten. So betrugen die Sozialleistungen in Portugal (1982) 15,7 % des Bruttoinlandsprodukts, in den Niederlanden (1985) dagegen mit 31,2 % fast das Doppelte. Im Endeffekt bedeutet dies, daß die Unterschiede in den Sozialleistungsniveaus noch größer sind als in den wirtschaftlichen Verhältnissen, daß der soziale Sicherungsstandard in den ärmeren Ländern noch unterproportional zu den allgemeinen Einkommensverhältnissen ist.

Der größte Teil der Sozialleistungen entfällt in allen Mitgliedstaaten auf die Leistungskategorien »Gesundheit« (einschließlich Invaliditätsrenten, Sicherung im Pflegefall, medizinische Rehabilitation)

Tabelle 21: Sozialschutzleistungen (SSL)[1] in den EG-Mitgliedstaaten

Mitgliedstaaten[2]	SSL insg.	Gesundheit	Alter, Hinterbliebene	Mutterschaft, Familie	Beschäftigung, Arbeitslosigkeit	Wohnung und sonstiges	Gesundheit	Alter, Hinterbliebene	Mutterschaft	Beschäftigung	Wohnung und sonstiges
	in % des BIP						Anteile in % der SSL				
Belgien (84)	29,4	9,4	11,2	3,1	3,8	0,4	32,0	38,3	10,4	13,9	1,4
Dänemark (85)	27,5	8,2	10,1	2,9	4,2	1,5	29,8	36,8	10,5	15,2	5,3
Bundesrpublik Deutschland (85)	28,1	11,1	11,5	1,8	1,8	0,9	39,4	41,0	6,4	6,4	3,3
Spanien (85)	17,5	5,9	7,8	0,4	2,8	0,1	33,5	44,5	2,3	16,1	0,3
Frankreich (83)	28,5	9,0	11,0	3,1	2,8	1,1	31,6	38,6	10,7	9,8	3,8
Irland (85)	23,9	8,3	7,2	2,8	3,3	1,4	34,6	29,9	11,7	13,8	5,7
Italien (85)	23,4	9,7	9,8	1,4	0,6	–	41,3	42,0	6,0	3,0	–
Luxemburg (85)	24,7	10,4	10,6	2,2	0,3	0,2	42,0	42,8	8,8	1,3	0,7
Niederlande (85)	31,2	13,3	9,1	2,9	3,6	1,0	42,7	29,1	9,3	11,6	3,1
Portugal (82)	15,7	6,3	5,5	1,2	0,4	0,9	40,1	35,3	7,5	2,3	5,9
Vereinigtes Königreich (84)	24,1	7,1	10,0	2,8	2,3	1,2	29,2	41,4	11,4	9,5	4,9

[1] Einschl. Verwaltungskosten und andere laufende Ausgaben
[2] In der Reihenfolge ihrer nationalen Bezeichnung; jeweils letzter Berichtsstand. Für Griechenland liegen keine Angaben vor.

und »Alter und Hinterbliebene«. Am niedrigsten war der Anteil dieser beiden Leistungsgruppen in Irland mit 65 %, am höchsten mit fast 85 % in Luxemburg.

Unter den wirtschaftlich besser entwickelten Mitgliedstaaten geben Dänemark und das Vereinigte Königreich – beide mit staatlichem Versorgungssystem – gemessen am Bruttoinlandsprodukt relativ am wenigsten für den Bereich *Gesundheit* aus, während die Niederlande vor allem wohl wegen ihrer guten Sicherung von Pflegebedürftigen mit großem Abstand an der Spitze liegen. Die Vielfalt der Organisationsformen und funktionalen Abgrenzungen reicht von den oben erwähnten nationalen, steuerfinanzierten Gesundheitsdiensten über beitragsfinanzierte, staatliche Versorgungseinrichtungen bis zu beitragsfinanzierten Krankenkassen, wie z. B. in Frankreich und der Bundesrepublik. Anders als in der Bundesrepublik, in der das Invaliditätsrisiko von der Rentenversicherung gedeckt wird, ist es in anderen Mitgliedstaaten der Krankenversicherung (Belgien, Frankreich) oder einer speziellen Einrichtung (Niederlande) zugeordnet. Es würde hier zu weit führen, auch nur oberflächlich auf diese Unterschiede näher einzugehen; nur sei hier angemerkt, daß schon die simple Verwendung eines Begriffes wie »Krankenversicherung« im EG-Rahmen nicht möglich ist und deshalb statistische Darstellungen oft Birnen mit Äpfeln vergleichen.

Auch im Bereich der *Alterssicherung* besteht innerhalb der Europäischen Gemeinschaft eine reiche Formenvielfalt, sowohl was die Altersgrenzen und die Leistungen als auch was die Finanzierung betrifft. Dänemark liegt mit einer Altersgrenze von 67 für Männer und Frauen an der Spitze, Italien mit 60 für Männer und 55 für Frauen am unteren Rand. Immerhin in der Hälfte der Mitgliedstaaten bestehen – noch – unterschiedliche Altersgrenzen für Männer und Frauen. Die Berechnungsgrundlagen für die Altersrenten variieren von Land zu Land, teils werden einheitliche Festbeträge an alle Einwohner, differenziert nach alleinstehend/verheiratet gezahlt (Niederlande), teils Grundrenten in Kombination mit Zusatzrenten, teils allein beitrags- bzw. arbeitsentgeltabhängige Leistungen. Wie im Falle der Gesundheitsversorgung wird auch die Alterssicherung teils vollständig aus Beiträgen (Frankreich, Niederlande, Portugal), teils – hinsichtlich der Grundrente – voll aus Steuermitteln (Dänemark), teils überwiegend aus Beiträgen ergänzt um staatliche Zuschüsse (z. B. Belgien, Bundesrepublik Deutschland, Griechenland), finanziert. Vielfach werden diese staatlichen oder Sozialversicherungsleistungen ergänzt durch betriebliche Altersversorgungseinrichtungen, womit die Undurchschaubarkeit tendenziell noch vergrößert wird.

Die Spannweite der gesetzlichen Aufwendungen für Alter und Hinterbliebene – gemessen am Bruttoinlandsprodukt – ist ebenfalls außerordentlich hoch, wobei einer Spitzengruppe von sieben Ländern mit Anteilen von 10 bis 11,5 % insbesondere Portugal (5,5 %), Irland (7,2 %) und Spanien (7,8 %) gegenüberstehen.

Die relative Bedeutung der restlichen drei Leistungskategorien »Mutterschaft/Familie«, »Beschäftigung/Arbeitslosigkeit« und »Wohnung und sonstiges« ist deutlich niedriger als bei Gesundheit und Alter, die Spannbreite zwischen den Mitgliedstaaten aber noch größer. Während die leistungskräftigsten Länder für *Mutterschaft/Familie* rd. 3 % des Bruttoinlandsprodukts aufwenden, lag Spanien mit 0,4 % mit Abstand am Schluß der Skala. Auch die Bundesrepublik war mit lediglich 1,8 % den leistungsschwächeren Mitgliedstaaten zuzurechnen. Dabei ist gerade hier anzumerken, daß unter den »Sozialschutzleistungen« nur die direkt an Einzelpersonen gerichteten Leistungen erfaßt werden, nicht dagegen z. B. Aufwendungen für eine kinder- oder familienfreundliche Infrastruktur.

Bei den Leistungen wegen *Beschäftigung/Arbeitslosigkeit* zeigt der Vergleich mit den harmonisierten Arbeitslosenquoten, daß die Höhe der Arbeitslosigkeit keinesfalls eindeutig für den Umfang der Aufwendungen maßgeblich ist. Das höchste Ausgabenniveau bei mittlerer Arbeitslosigkeit wies 1985 Dänemark auf, während Spanien mit einem Landesdurchschnitt der Arbeitslosigkeit von knapp 22 % bei den Aufwendungen auf dem Niveau Frankreichs lag, dort allerdings bei einer Arbeitslosenquote von 10,3 %. Besonders auffällig erscheint das Mißverhältnis zwischen Arbeitslosigkeit und Aufwendungen für dieses soziale Risiko in Portugal und Italien (vgl. Tabelle 22, S. 115).

Abschließend soll hier noch ein Blick auf die *Finanzierungsstruk-*

Tabelle 22: Arbeitslosigkeit und Sozialschutzleistungen

	Arbeitslosen-quote 1985 in %	SSL für Beschäftigung/ Arbeitslosigkeit in % des BIP	(Jahr)
Belgien	11,7	3,8	(1984)
Dänemark	7,6	4,2	(1985)
Bundesrepublik Deutschland	7,3	1,8	(1985)
Griechenland	8,7	–	–
Spanien	21,9	2,8	(1985)
Frankreich	10,3	2,8	(1983)
Irland	18,5	3,3	(1985)
Italien	9,4	0,6	(1985)
Luxemburg	3,0	0,3	(1985)
Niederlande	10,5	3,6	(1985)
Portugal	8,5	0,4	(1982)
Vereinigtes Königreich	11,5	2,3	(1984)

Quelle: Eurostat

tur der Sozialschutzleistungen geworfen werden. Zwei Vergleichsebenen sind hier von besonderem Interesse:

- die Aufteilung der Finanzierung zwischen Sozialbeiträgen und staatlichen Zuwendungen;
- die Aufteilung der Sozialbeiträge zwischen Arbeitgebern und versicherten (geschützten) Personen.

Auf der ersten Vergleichsebene fallen Dänemark, Irland und das Vereinigte Königreich mit sehr niedrigen Beitragsanteilen und mit relativ hohen staatlichen Zuschüssen auf. Es sind dies die Staaten, die insbesondere auch die Funktionen »Gesundheit« und »Alter/Hinterbliebene« ganz oder überwiegend im Wege staatlicher Versorgungssysteme sichern. Außergewöhnlich niedrig liegen die staatlichen Zuschüsse in den Niederlanden, die gleichzeitig aber über relativ hohe »andere Einnahmen« verfügen.

Die Aufteilung der Sozialbeiträge zwischen Arbeitgebern und Versicherten bedarf hinsichtlich der »unterstellten Arbeitgeberbeiträge« einer Erläuterung. Als »unterstellte Beiträge« werden im Prinzip Aufwendungen der Arbeitgeber für Sozialschutzleistungen behandelt, die der Arbeitgeber direkt und nicht über eine soziale Sicherungsinstitution dem Leistungsempfänger zuwendet; in der Bundesrepublik also beispielsweise Beamtenpensionen. Auch wenn man nur die *tatsächlichen Arbeitgeber- und Arbeitnehmerbeiträge* betrachtet, fällt die Aufteilung in keinem Land paritätisch aus. Während in Dänemark, in der Bundesrepublik Deutschland, in Irland, Luxemburg, den Niederlanden und im Vereinigten Königreich die Anteile relativ nahe beieinander liegen, werden in den restlichen Ländern die Arbeitgeber deutlich stärker belastet als die Arbeitnehmer (vgl. Tabelle 23, S. 117).

Aus der Kombination der beiden Finanzierungsprinzipien: Sozialbeiträge und Staatszuschüsse einerseits und Aufteilung der Sozialbeiträge auf Arbeitgeber und Sonstige andererseits, ergeben sich außerordentlich unterschiedliche *Belastungen der Arbeitgeber* durch die sozialen Sicherungssysteme. So lag der Finanzierungsanteil der Arbeitgeber in Dänemark bei gut 10 % (tatsächliche und unterstellte), in Spanien, Frankreich, Italien und Portugal dagegen bei deutlich über 50 %. Da die Sozialbeiträge der Arbeitgeber in aller Regel an die Löhne und Gehälter gebunden sind, beeinflussen diese Unterschiede der Finanzierungssysteme unmittelbar auch die Arbeitskosten. Zwar gehen die sogenannten »Personalkosten« über die Sozialbeiträge der Arbeitgeber hinaus, diese stellen jedoch einen wesentlichen Teil dar. In Ländern mit hohem steuerfinanziertem Anteil, wie z. B. in Dänemark, können Überlegungen zu einer gewissen Steuerharmonisierung im Rahmen des gemeinsamen Binnenmarktes zu mittelbaren Rückwirkungen auf die Finanzierung des sozialen Sicherungssystems führen und damit auch Änderungen in der Rangfolge der Arbeitskosten auslösen.

Tabelle 23: Finanzierung der Sozialschutzleistungen der EG-Mitgliedstaaten nach Einnahmenart (Anteile in %)

Land/Jahr[1]	Sozialbeiträge						Staatl. Zuwendungen	Andere Einnahmen	Laufende Einnahmen
	Arbeitgeber		Geschützte Personen			Insges.			
	Tatsächliche	Unterstellte	Arbeitnehmer	Selbständige	Andere				
Belgien (84)	31,51	9,85	15,30	3,68	0,74	61,08	33,80	5,12	100,00
Dänemark (85)	5,25	5,09	4,22	0,02	0,00	14,58	77,39	8,03	100,00
Bundesrepublik Deutschland (85)	26,18	15,00	21,94	1,19	7,28	71,60	24,96	3,45	100,00
Spanien (85)	47,58	5,62	10,13	6,20	3,90	73,43	26,02	0,55	100,00
Frankreich (83)	43,40	9,39	18,46	5,15	–	76,39	20,46	3,15	100,00
Irland (85)	13,44	7,46	12,86	0,15	0,00	33,90	65,23	0,87	100,00
Italien (85)	34,07	18,39	9,23	4,63	–	66,32	31,54	2,14	100,00
Luxemburg (85)	25,01	8,56	22,00	2,89	0,65	59,12	34,10	6,78	100,00
Niederlande (85)	28,04	4,13	26,66	2,20	7,50	68,53	15,63	15,85	100,00
Portugal (82)	46,48	7,56	17,74	1,14	0,08	73,01	25,03	1,97	100,00
Vereinigtes Königreich (84)	21,68	9,12	15,78	0,72	0,32	47,63	42,63	9,75	100,00

[1] Für Griechenland liegen keine Angaben vor.

Quelle: Eurostat. Schnellberichte, Bevölkerung u. soziale Bedingungen Nr. 2/1989, S. 20

2.4.3 Gemeinsamkeiten der Optionen und Unterschiede der Problemlagen

Es ist offensichtlich, daß angesichts der Ungleichheiten zwischen den Mitgliedstaaten der EG bezüglich der Wirtschaftskraft, der Beschäftigung und Arbeitslosigkeit sowie der Einkommensverhältnisse die Unterschiede in den Problemlagen die Gemeinsamkeiten in politischen Optionen überwiegen. Dies dürfte in besonderer Weise für gemeinsame sozialpolitische und ökologische Initiativen gelten, die, soweit sie der Anhebung des materiellen und immateriellen Wohlstandes der Bürger dienen, von der Wirtschaft im allgemeinen – zu Recht oder zu Unrecht – eher als wachstumshemmend eingeschätzt werden.

Eine grundsätzliche gemeinsame Option der EG-Länder könnte darin bestehen, daß für einen gemeinsamen Binnenmarkt, für eine stärkere Integration der Mitgliedstaaten der EG der Abbau der wirtschaftlichen Unterschiede zwischen Staaten und den Regionen als wichtigste Bedingung anerkannt wird. Das bedeutete andererseits, daß die wirtschaftlich am weitesten entwickelten Länder in weitaus stärkerem Maße als in der Vergangenheit die »ärmeren« Länder fördern, deren Wirtschaftswachstum zu Lasten des eigenen forcieren und damit quasi eine übernationale Beschäftigungs-, Sozial- und Verteilungspolitik betreiben. Mit den Strukturfonds verfügt die EG zwar über ein Instrumentarium, um besonderen strukturellen, regionalen und sozialen Problemen zu begegnen, aber zum einen ist deren finanzielle Ausstattung – gemessen an den Problemen – auch nach jüngst erfolgter Aufstockung eher dürftig, zum anderen versuchen alle Mitgliedstaaten – auch die »reicheren« –, wenigstens einen Teil der Fondsmittel ins eigene Land zu ziehen.

Allein die Errichtung eines gemeinsamen Binnenmarktes wird keinesfalls dazu ausreichen, das Wirtschaftsgefälle zwischen den Staaten oder gar zwischen den Regionen in absehbarer Zeit auf ein erträgliches Maß abzubauen. Einseitiger Transfer von Finanzmitteln von den »reicheren« zu den »ärmeren« Ländern hilft allerdings auch nur dann, wenn die transferierten Mittel tatsächlich im Sinne einer die regionalen Wirtschaftsstrukturen entwickelnden Politik investiv verwendet werden, was zugleich bedeutet, daß sie zusätzlich und nicht anstatt der nationalen Finanzmittel einzusetzen sind.

Ein derartiger wirtschaftlicher Aufholprozeß der ärmeren EG-Staaten ermöglichte auch eine allmähliche Aufstockung ihrer sozialen Sicherungssysteme und damit einen schrittweisen Abbau des sozialen Gefälles innerhalb der EG. Dies ist ein langer Weg, selbst wenn er von allen Staaten konsequent und im Rahmen der Möglichkeiten der EG-Verträge gut abgestimmt verfolgt wird. Er verspricht aber nicht nur den ärmeren Ländern Vorteile, sondern auch die wirtschaftlich hoch entwickelten Mitgliedstaaten können langfristig nur vom größeren EG-Markt, seinen Wachstumspotentialen und seiner hohen Wettbewerbsfähigkeit auf den Weltmärkten profitieren. Diese eher langfristig angelegte Strategie bedeutet zugleich aber, daß auf absehbare Zeit das ökonomische und soziale Gefälle bestehenbleibt, womit die in jüngerer Zeit immer häufiger werdenden sozialpolitischen Probleme im Zusammenhang mit Wanderarbeitnehmern anhalten werden.

Um die vom EWG-Vertrag geforderte Freizügigkeit der Arbeitnehmer (Art. 48) zu erreichen, müssen die Arbeitnehmer der Mitgliedstaaten unabhängig von ihrer Staatsangehörigkeit »in bezug auf Beschäftigung, Entlohnung und sonstige Arbeitsbedingungen« gleich behandelt werden. Auch durch Regelungen auf dem Gebiet der sozialen Sicherung mit diskriminierender Wirkung für ausländische Arbeitskräfte darf die Freizügigkeit nicht behindert werden. Diese der Absicht nach sinnvollen Grundsätze führen allerdings angesichts der vielfältigen rechtlichen Unterschiede in den Mitgliedstaaten vielfach zu Auslegungsschwierigkeiten, über die letztlich der Europäische Gerichtshof (EUGH) entscheidet. Einige dieser Entscheidungen und aktuelle Überlegungen des EUGH und der Kommission geben zur Besorgnis Anlaß, daß einzelstaatliche Sozialpolitik überhaupt noch ohne sehr weitreichende Konsequenzen im Rahmen der EG verfolgt werden kann.

Das in der Bundesrepublik bekannteste Beispiel ist der »Fall Salzano«. Herr Salzano arbeitet in der Bundesrepublik, seine Frau und Kinder leben in Italien. Salzano beantragte deutsches Kindergeld, das höher als das italienische ist. Der EUGH sprach ihm das deutsche

Kindergeld aus Gründen der Gleichbehandlung zu, obwohl seine Frau für die Kinder in Italien leistungsberechtigt wäre und das Kindergeld eigentlich zum Lebensunterhalt der Kinder am Wohnort beitragen soll. Das Kind, dessen Vater in der Bundesrepublik arbeitet, stellt sich damit in Italien deutlich besser als alle italienischen Kinder, deren Eltern in Italien arbeiten. Diesen Aspekt der »Gleichbehandlung« hat der EUGH anscheinend nicht berücksichtigt. Sehr viel bedenklicher wird die Entscheidung allerdings, wenn man den Fall auf Portugal überträgt. Nach Auskunft von Peter Clever, Abteilungsleiter für internationale Fragen der Sozialpolitik im Bundesministerium für Arbeit und Sozialordnung, beträgt der Jahresnettolohn eines ungelernten Bauarbeiters in Portugal 3400 DM, das deutsche Kindergeld für drei Kinder dagegen 4400 DM im Jahr.

Ein anderer Fall, der besonders die Niederlande betrifft, ist ein langjährig in der Bundesrepublik Deutschland versicherter Arbeitnehmer, der in den Niederlanden eine Tätigkeit aufnimmt und dort erwerbsunfähig wird. In den Niederlanden wird unabhängig von der Dauer der Erwerbstätigkeit eine Grundrente wegen Invalidität fällig, zusätzlich erhält der Arbeitnehmer entsprechend seiner Versicherungszeit in der Bundesrepublik eine Erwerbsunfähigkeitsrente aus der gesetzlichen Rentenversicherung. Nach dieser Entscheidung des EUGH darf eine Anrechnung des einen Anspruchs auf den anderen nicht erfolgen, deshalb stellt sich dieser Arbeitnehmer auf jeden Fall besser als ein vergleichbarer Arbeitnehmer, der bis zum Eintritt der Erwerbsunfähigkeit nur in einem der beiden Länder gearbeitet hat. Hier kann von Gleichbehandlung eigentlich keine Rede mehr sein.

Ein neues Feld, auf dem sich Abstimmungsprobleme mit der Verwirklichung des europäischen Binnenmarktes ergeben können und sich bereits andeuten, ist die Sicherung im Fall der Arbeitslosigkeit. Arbeitslosengeld wird in der Bundesrepublik u. a. gewährt, wenn der Arbeitnehmer für die Vermittlung auf dem Arbeitsmarkt zur Verfügung steht. Unter »Arbeitsmarkt« wird dabei in der Regel der regionale Bereich des Wohnorts in der Bundesrepublik und maximal das gesamte Bundesgebiet verstanden. Zieht also ein Italiener oder Portugiese, nachdem er aufgrund einer Beschäftigung in der Bundesrepublik Ansprüche auf Arbeitslosengeld erworben hat, nach Italien oder Portugal zurück, steht er dem deutschen Arbeitsmarkt nicht mehr zur Verfügung, sein Anspruch auf Arbeitslosengeld ruht oder erlischt. Definiert man allerdings das Gebiet des europäischen Binnenmarktes als relevanten Arbeitsmarkt – so Überlegungen in Brüssel –, dann müßte das Arbeitslosengeld der Bundesanstalt für Arbeit auch nach Bari (Italien) oder nach Faro (Portugal) gezahlt werden. Geht man von einem monatlichen Arbeitslosengeld von 1000 DM, jährlich also 12000 DM, aus, dann wäre dies – ausgezahlt in Portugal – mehr als das Doppelte des Jahresverdienstes eines dort tätigen Industriearbeiters. Von der Nürnberger Bundesanstalt für Arbeit wäre die Vermittlung des in Portugal wohnenden Arbeitslosengeldempfängers in Arbeit weder zu erreichen noch zu kontrollieren. Aber auch für Portugal wäre eine solche Situation innenpolitisch nicht befriedigend, denn sie wäre für die Erwerbstätigkeit in diesem Land wohl kaum stimulierend. Im Zusammenhang mit diesen Überlegungen ist der nicht sehr glückliche Ausdruck des »Sozialtourismus« geprägt worden, der das Risiko benennt, daß Wanderungen von Arbeitnehmern nicht aus Gründen der Erwerbstätigkeit erfolgen, sondern wegen unterschiedlicher Sozialleistungsniveaus in den verschiedenen Ländern. Ganz sicher sind Politik und Rechtsprechung, die derartige Wanderungsanreize setzen, die – wie im Falle Salzano – die Familientrennung fördern, die aber auch die Ungleichbehandlung eher räumlich verlagern als beseitigen, weder geeignet, den Gedanken einer gemeinsamen europäischen Sozialpolitik zu fördern, noch das Vertrauen der Bevölkerung in die europäischen Institutionen zu stärken.

Dies gilt um so mehr, wenn der Gestaltungsrahmen nationaler Sozialpolitik wegen der zu befürchtenden finanziellen Folgen europäischer Rechtsprechung über Gebühr eingeschränkt wird. Dies könnte z. B. auf die Rentenansprüche aufgrund von Kindererziehungszeiten zutreffen, die in den letzten Jahren in der Bundesrepublik eingeführt worden sind und künftig durch die Rentenreform 1992 noch erweitert werden. Anspruch auf diese Rentenansprüche haben Personen, die während der Phase der Kindererziehung ihren Wohnsitz und Aufenthalt in der Bundesrepublik Deutschland hatten. Die deutsche Mutter, die ihr Kind in den ersten Jahren in Paris aufzieht, hat demnach ebensowenig einen Anspruch auf Kindererziehungszeiten wie die Italienerin, die mit ihrem Kind in Rom lebt. Brüssel hält diese Begrenzung auf das Gebiet der Bundesrepublik (Territorialprinzip) für eine Diskriminierung der Mütter in den anderen Ländern und hat ein Vertragsverletzungsverfahren eingeleitet. Lehnte der EUGH letztlich die Beibehaltung des Territorialprinzips ab, dann müßte die Rentenversicherung wohl an alle Mütter Europas Renten wegen Kindererziehung leisten – ein finanziell untragbares Unterfangen. Als Konsequenz bliebe nur, die Kindererziehungszeiten, zumindest in der gegenwärtigen Form, wieder abzuschaffen.

Auf ein andersartiges Problem bei noch längerfristig anhaltendem sozialem Gefälle machen insbesondere die Gewerkschaften aufmerksam, nämlich auf die Gefahr einer allmählichen Aushöhlung fortschrittlicher Sozialgesetzgebung eines Mitgliedstaates durch Betriebs- und Unternehmensverlagerungen in Mitgliedstaaten mit geringeren Sicherungsstandards. Zwar hat der EWG-Vertrag durch Art. 118a über Mindestvorschriften zur Verbesserung der Arbeitsumwelt durch die Einheitliche Europäische Akte eine Aufwertung erfahren, zumal nunmehr auf diesem Gebiet Richtlinien mit qualifizierter Mehrheit – und nicht mehr einstimmig – erlassen werden können, womit grundsätzlich verhindert werden kann, daß der unwilligste Mitgliedstaat die Gesamtrichtung bestimmt. Dieser Artikel betrifft allerdings nur die »Arbeitsumwelt«, also insbesondere Gesundheitsschutznormen am Arbeitsplatz. Weitergehende Arbeitnehmerrechte, wie z. B. Streikrecht und Mitbestimmung, werden damit möglicherweise nicht erfaßt. Daher fordert nicht nur der Deutsche Gewerkschaftsbund, sondern auch der Europäische Gewerkschaftsbund, »ein Mindestmaß an sozialstaatlicher Einheitlichkeit in den zwölf Mitgliedstaaten der EG herzustellen und den einzelnen Bürgern einen einklagbaren Rechtsanspruch auf ein Minimum sozialer Grundrechte zu garantieren«. Die Kommission hat zwar den Gedanken eines Grundrechtskatalogs mit dem Entwurf einer »Gemeinschaftscharta sozialer Grundrechte« aufgegriffen, die von den Staats- und Regierungschefs Ende 1989 mit einer gemeinsamen Erklärung verabschiedet werden sollte. Trotz erheblicher Modifikationen des

Entwurfs, trotz der weitgehend den Mitgliedstaaten vorbehaltenen Entscheidungskompetenz kam es nicht zu einem gemeinsamen Votum; das Vereinigte Königreich stimmte auch dem Minimalkonsens nicht zu, sondern gab vielmehr seiner grundsätzlichen Opposition gegen gemeinsame sozialpolitische Aktivitäten deutlich Ausdruck. Nicht die »ärmeren« Staaten, deren Zurückhaltung eher verständlich gewesen wäre, erwiesen sich also als der Bremsschuh, sondern die britische Regierung, die anscheinend fürchtet, in ihrer nationalen Arbeitnehmerschutz- und Gewerkschaftspolitik von sozialen Mindestnormen der EG unter Druck gesetzt zu werden. Oder will sich die britische Regierung mit dieser Strategie den Weg offenhalten, über eine restriktivere Sozialpolitik ihre internationale Wettbewerbsfähigkeit zu verbessern und damit auf Kosten der Sozialleistungsempfänger verstärkt von der Liberalisierung des Waren- und Dienstleistungsverkehrs auf dem europäischen Binnenmarkt zu profitieren? Eine solche Einstellung widerspräche nicht nur Art. 117 EWG-Vertrag, sie behinderte auch den Aufholprozeß der »ärmeren« Länder und unterminierte damit den Grundgedanken der EG.

Ohnehin stellt sich in diesem Zusammenhang die Frage, ob die Sozialpolitik oder arbeits- und gesundheitsschutzrechtliche Regelungen wirksame Instrumente zur Beeinflussung der internationalen Wettbewerbsfähigkeit sind. Sozial gesicherte Arbeitnehmer mit hoher beruflicher Qualifikation, durch Mitwirkung und Mitbestimmung motivierte Mitarbeiter sowie ein fachlich hochqualifiziertes und innovationsfreudiges Management scheinen dafür die besseren Chancen zu bieten.

Fazit: Auch wenn man der Feststellung zustimmen muß, daß die Mitgliedstaaten der EG seit den Anfängen des EWG-Vertrages sich nicht gerade progressiv auf dem sozialpolitischen Feld engagiert haben, dürften die jüngsten Versuche, europäisches Sozialrecht durch den EUGH zu setzen, eher Widerstände gegen europäische Sozialpolitik hervorrufen, als dieser einen Weg bahnen.

Die mit der Einheitlichen Europäischen Akte angekündigte »soziale Dimension« des Binnenmarktes zeichnet sich zwar noch keineswegs konkret ab, auch haben die Verhandlungen zwischen den Mitgliedstaaten über eine »Gemeinschaftscharta der sozialen

Grundrechte« selbst nach vielfachen Revisionen und Abstrichen von konkreten Formulierungen keinen befriedigenden Abschluß gefunden, dennoch wurde nach langer Pause in den letzten Jahren wieder über die sozialpolitischen Aspekte Europas vertieft diskutiert.

Daß keinem Mitgliedstaat die Überlegung fremd ist, nationale Interessen jeweils in den Vordergrund zu stellen, ist verständlich. Erträglich ist dies allerdings nur dann, wenn im Wege des politischen Kompromisses Lösungen gefunden werden können und keine Blokkade eintritt. Insofern muß der Weg der Mehrheitsentscheidung weiter beschritten werden, auch wenn damit nicht auszuschließen ist, daß z. B. die Bundesrepublik Deutschland in der einen oder anderen Frage nicht zum Zuge kommt.

Auch auf sehr lange Sicht wird die Formulierung sozialer Grundrechte in der EG sicher nicht zu einheitlichen Sozialstandards und sozialen Sicherungssystemen führen, und dies ist auch keineswegs erforderlich. Wohl aber sind einerseits eine Verringerung des sozialen Gefälles, andererseits weitergehende Regelungen für Bürger, die Ansprüche gegenüber mehreren nationalen sozialen Systemen erworben haben, unerläßlich. Eine verstärkte Politik der Kommission oder Rechtsprechung des EUGH, die darauf abzielt, den Sozialleistungsexport aus den »reicheren Ländern« in die »ärmeren« zu forcieren, müßte die nationalen Sicherungssysteme überfordern und daher zu Leistungseinschränkungen führen, womit erhebliche zusätzliche Widerstände gegen die Europäische Gemeinschaft, und zwar nicht allein auf dem Felde der Sozialpolitik, geweckt würden.

3 Schwerpunktprobleme und Lösungsoptionen

Die Darstellung einiger Entwicklungsbedingungen von Gesellschaft und Wirtschaft hat gezeigt, daß die Sicherung der Bevölkerung vor sozialen Risiken und bei bestimmten Tatbeständen in den vor uns liegenden Jahrzehnten sicher nicht einfacher wird. Wie in der Vergangenheit wird es auch künftig heftige Auseinandersetzungen darüber geben, ob wir uns die eine oder andere Sozialleistung »leisten« können, ob der Ausbau oder auch nur die Erhaltung einzelner Sozialleistungen nicht denjenigen, die sie zu finanzieren haben, unzumutbare Lasten aufbürdet. Ob und welche Lösungen gefunden werden, das hängt sehr viel weniger von den in der Öffentlichkeit immer wieder als »objektive Belastungsgrenzen« bezeichneten jeweiligen Beitrags- und Steuersätzen ab als vielmehr vom Gestaltungswillen der Regierung und des Parlaments, die ihrerseits in einer Demokratie auf Einsicht und Kooperationsbereitschaft, kurz auf einen gewissen gesellschaftspolitischen Konsens der sie tragenden Bevölkerungsgruppen angewiesen sind. Die technischen Lösungsmöglichkeiten reichen sicher sehr viel weiter als die politisch durchsetzbaren, sei es weil ethische Vorbehalte bestehen, sei es weil sich Gruppeninteressen einseitig durchsetzen können, sei es weil sozialpolitische Interessen mit anderen berechtigten Anliegen um Anteile am Sozialprodukt oder an den öffentlichen Haushalten konkurrieren.

Die eigentliche Frage ist nicht »Reißt das soziale Netz?« oder »Ist die Alterssicherung noch finanzierbar?«, denn natürlich kann eine so wohlhabende Gesellschaft wie die unsrige immer ein ausreichendes »soziales Netz« finanzieren. Die entscheidende Frage ist vielmehr, ob diejenigen, die sich durch die Finanzierung sozialer Sicherung belastet fühlen, bereit sind, mit denjenigen zu einem angemessenen Kompromiß hinsichtlich Leistungsniveau und Leistungsspektrum zu kommen, die zur selben Zeit zu den Empfängern von Leistungen gehören, das heißt, welche Ausgestaltung des Systems sowohl von den Finanziers als auch von den Leistungsempfängern akzeptiert wird.

Ein derartiger Interessenausgleich setzt ein funktionsfähiges demokratisches System ebenso voraus wie die ausgewogene Vertretung von Gruppeninteressen. Man kann über die Aufgaben von Interessengruppen in der Demokratie trefflich streiten, die mißbräuchliche Ausnutzung ihrer Einflußmacht auf politische Parteien und einzelne Politiker heftig kritisieren, aber letztlich können in den politischen Prozeß der Meinungsbildung und Entscheidungsvorbereitung gemeinsame Interessen einzelner Bevölkerungsgruppen nur wirksam eingebracht werden, wenn diese Gruppen als Organisationen, wie z. B. als Verbände oder Vereine, auftreten. Die Ministerien und der Deutsche Bundestag können bei der Vorbereitung von Gesetzen zwar eine gewisse Zahl von betroffenen Interessengruppen anhören, nicht aber eine Vielzahl von Einzelpersonen. Derartige Hearings sind zudem für Ministerien und Bundestag schon allein deshalb wichtig, weil in einer komplexen Gesellschaft vielfach die Wirkungen gesetzlicher Regelungen von Fachbeamten und Abgeordneten nicht mehr hinreichend beurteilt werden können.

Bis heute ist das System der sozialen Sicherung in der Bundesrepublik Deutschland maßgeblich vom Prinzip der Sicherung der Erwerbstätigen und, davon abgeleitet, ihrer Familienangehörigen während und nach der Erwerbsphase geprägt. Die an die Erwerbstätigkeit gebundene Versicherungspflicht für die Krankenversicherung, die Invaliditäts- und Alterssicherung dominiert gegenüber der freiwilligen Versicherungsmöglichkeit. Dieses Grundprinzip, das sowohl für die Sozialversicherung wie für die Altersversorgung und Beihilfen der Beamten gilt, hat wohl in der Vergangenheit dazu geführt, daß das Feld der Interessengruppen im Bereich der Sozialpolitik ganz maßgeblich von Gewerkschaften und Arbeitgeberverbänden besetzt worden ist. Sicherlich spielten daneben eine Vielzahl anderer Gruppierungen, wie Kirchen, Kriegsopfer- und Behindertenverbände oder speziell im Bereich der Gesundheits- und Krankenversicherungspolitik Ärzte-, Krankenhaus- und Apothekerverbände auch eine Rolle, allerdings jeweils mit einem sehr viel eingeschränkteren Interessenspektrum.

Die künftige Sozialpolitik, die Ausgestaltung der Systeme der sozialen Sicherung, wird sehr stark davon abhängen, ob die Struktur der in die Politik eingebrachten Interessen sowie der sie vertretenden Gruppen weitgehend gleichbleibt, oder ob es gesellschaftliche Kräfte und neue gesellschaftspolitische Tendenzen gibt, die auf einen Wandel dieser Strukturen hinwirken. Auch hier wäre die Prognose schon schwer genug, wenn wir uns – wie in der Vergangenheit – weitgehend auf die Binnenverhältnisse innerhalb der Bundesrepublik Deutschland beschränken könnten und nicht auch noch Entwicklungen im Verhältnis zur DDR und die Prozesse innerhalb der Europäischen Gemeinschaft mit ins Blickfeld rückten. Eher beispielhaft sei hier auf einige Bereiche hingewiesen, die auf einen Wandel im Geflecht von Interessenschwerpunkten und Interessengruppen hindeuten.

Als erstes wäre hier das stärkere Engagement von Frauen in der Politik und die damit verbundene intensivere Verfolgung von gesellschaftlichen Interessen von Frauen zu nennen. Zwar ist das Thema der Rollenverteilung von Mann und Frau in Familie, Beruf und Politik keineswegs neu; Frauen haben in der 40jährigen Geschichte der Bundesrepublik durchaus einige rechtliche Fortschritte hinsichtlich Gleichberechtigung und Gleichbehandlung am Arbeitsplatz erzielt. Doch faktisch wird ihnen ziemlich regelmäßig die Familien- und Haushaltsrolle zugewiesen, die Rolle der Erwerbstätigen teils zusätzlich zugemutet, teils ergänzend »gestattet«. Ergebnis ist bis heute die Benachteiligung von Müttern sowohl hinsichtlich einer beruflichen Karriere als auch in gesellschaftlichen Organisationen, wie Parteien, Gewerkschaften, Interessenverbänden, deren Aktivitäten sich vielfach in der an Erwerbstätigkeit orientierten Freizeit abspielen. Die Erkenntnis, daß sie ihre Interessen nur dann wirksam durchsetzen können, wenn sie in allen gesellschaftlichen und wirtschaftlichen Bereichen auch auf der Führungsebene vertreten sind, hat sich erst in den letzten Jahren stärker durchgesetzt. Wenn auch das Thema »Bessere Vereinbarkeit von Familie und Beruf«, das in jüngerer Zeit vor allem wegen des erwarteten demographisch bedingten Engpasses auf dem Arbeitsmarkt an Bedeutung gewonnen hat, vorerst noch betont frauenorientiert diskutiert wird, so sind doch längerfristig Konsequenzen auch für Männer nicht auszuschließen. Für die Sozialpolitik können daraus eine ganze Reihe von Schwerpunktverlagerungen, nicht zuletzt unter dem Gesichtspunkt der Abschwächung der Erwerbsorientiertheit der sozialen Sicherung, folgen, wie z. B.

- ein erweiterter Familienlastenausgleich, der insbesondere in Mehrkinderfamilien eine zeitweise Reduzierung der Erwerbstätigkeit ohne allzu große Einkommenseinbuße ermöglicht;
- eine verbesserte Infrastruktur der Kinderbetreuung, deren heutige Unzulänglichkeiten von Aus- und Übersiedlern mit Erstaunen zur Kenntnis genommen werden und die besonders für alleinerziehende Elternteile häufig existenzgefährdend sind;
- eine stärkere Berücksichtigung von Kindererziehungszeiten, aber auch von familienbedingter Teilzeitarbeit im Arbeits- und Sozialrecht, insbesondere zum Abbau von familienbedingten Nachteilen in der Alterssicherung;
- die eigenständige soziale Sicherung der Frauen.

Ein zweiter Bereich sind die Gewerkschaften, die sich mit einer ganzen Reihe von Schwierigkeiten konfrontiert sehen, was durchaus zu einer Schwächung ihrer sozialpolitischen Gestaltungskraft führen könnte. Die traditionelle Stärke insbesondere der im Deutschen Gewerkschaftsbund (DGB) zusammengeschlossenen Gewerkschaften ging von den Facharbeitern aus. Die Organisationsbereitschaft von Angestellten war schon immer geringer, ihre Interessen waren weniger homogen und standen scheinbar auch vielfach im Gegensatz zu denen der Arbeiter. Die Angestellten strebten und streben einen von den Arbeitern abgehobenen Status an, weshalb sie sich auch frühzeitig teilweise in einer eigenen Gewerkschaft, der DAG, organisierten. Mit der starken Zunahme der Angestellten und der tendenziellen Abnahme der Zahl der Arbeiter entstanden insbesondere im DGB frühzeitig Organisationsprobleme, die – zusammen mit der separaten Vertretung der Angestellteninteressen in der DAG – die Formulierung einheitlicher Arbeitnehmerinteressen immer wieder erschwerten. Da sich der Trend zu einem steigenden Angestelltenanteil weiter fortsetzt, die Interessen an individueller Arbeitszeit- und Arbeitsvertragsgestaltung vielfältiger werden, mit neuen Technologien auch neue Formen der Heimarbeit (dezentrale Bildschirmarbeit) für Arbeitgeber und Teile der Arbeitnehmer attraktiv werden und darüber hinaus von vielen Seiten verstärkt ein Weltbild gepflegt und propagiert wird, das stärker auf die Leistungsfähigkeit des einzelnen setzt als auf solidarisches Handeln, geraten die Gewerkschaften unter Druck. Selbstverständlich trägt dazu auch die anhaltend hohe Arbeitslosigkeit bei. Neben diesen gesellschaftlichen Entwicklungstendenzen innerhalb der Bundesrepublik sind auch externe negative Einflüsse festzustellen. So bleibt einerseits abzuwarten, welche Haltung Aus- und Übersiedler einnehmen werden, die sicher nicht mit den besten gewerkschaftlichen Erfahrungen in die Bundesrepublik kommen. Schwerwiegender noch könnte die Entwicklung zum europäischen Binnenmarkt sein, in dessen Mitgliedstaaten die Gewerkschaften eine sehr unterschiedliche Rolle spielen, sehr verschieden organisiert sind und in denen auch die Einstellungen der Regierungen zu Gewerkschaften, zu deren politischen Aktivitäten und Aufgabengebieten sehr uneinheitlich ausfallen. Dies dürfte gewerkschaftliche Arbeit im Rahmen der Europäischen Gemeinschaft nicht gerade erleichtern und Regierungen wie Unternehmen und deren Verbänden die Möglichkeit eröffnen, nationale Gewerkschaften gegeneinander auszuspielen. Das ist einer der Gründe, warum gerade der DGB so großen Wert auf rechtlich verbindliche, einklagbare europäische Grundrechte legt.

Für die soziale Sicherung der Arbeitnehmer und damit für den Großteil der Bevölkerung könnte sich eine merkliche Schwächung der Verhandlungsposition der Gewerkschaften, auch wenn sie nicht wie in Großbritannien noch durch eine gewerkschaftsfeindliche Regierungspolitik gefördert wird, äußerst abträglich auswirken. Obwohl in Tarifauseinandersetzungen die Gewerkschaften in der Bundesrepublik von den Arbeitgeberverbänden und vereinzelt auch von der Regierung als maßlos und unvernünftig in ihren Forderungen herausgestellt werden, so läßt sich bei sachlicher Betrachtung doch feststellen, daß sie ganz entscheidend zu dem beigetragen haben, was wir als »soziale Marktwirtschaft« bezeichnen und heute auf die DDR übertragen wollen. Mitwirkung und Mitbestimmung am Arbeitsplatz und im Unternehmen, paritätische Selbstverwaltung der

Sozialversicherungen durch Arbeitnehmer und Arbeitgeber, Tarifautonomie, Beteiligung der Tarifpartner in der konzertierten Aktion im Gesundheitswesen, Beratung der Regierung und der Parlamente im Gesetzgebungsverfahren: all dies sind wesentliche Elemente des Sozialstaats, der nicht allein auf freie Marktwirtschaft, sondern auch auf eine gerechte Verteilung der Wirtschaftsergebnisse programmiert ist und daher funktionsfähige Gewerkschaften voraussetzt.

Als dritte Gruppe sei hier auf die Älteren hingewiesen, deren Anteil in der Gesellschaft und damit auch in der Wirtschaft künftig deutlich zunehmen wird und die bisher eigene Interessenvertretungen kaum entwickelt haben. Dies könnte sich allerdings durchaus ändern, wenn im Rahmen künftiger Sozialpolitik primär die Älteren in unserer Gesellschaft durch Abbau von Alterseinkommen, anhaltend unzureichende Pflegesituation und Einschränkungen im Bereich der Krankenversicherung belastet werden. Eine sehr dominante Vertretung von Interessen der Älteren könnte das bisherige Spektrum der Interessengruppen und das bestehende labile Gleichgewicht zwischen Gewerkschaften und Arbeitgebervertretungen einerseits, zwischen jüngeren beruflich Aktiven und älteren Inaktiven andererseits beträchtlich stören und gerade im Bereich der sozialen Sicherung die derzeitige breite Akzeptanz der Systeme gefährden. Es ist deshalb auch unter sozialpolitischen Gesichtspunkten von Bedeutung, ob die in großem Umfang verfolgte Strategie, die Älteren in die bestehenden Organisationen stärker und aktiver einzubinden und damit einen gewissen Interessenausgleich bereits innerhalb der jeweiligen Organisation zu erreichen, die Bildung größerer Alten-»Gewerkschaften« oder Alten-Parteien verhindern kann.

Ein vierter Bereich, von dem grundsätzliche Änderungen der politischen Situation in den vor uns liegenden Jahren ausgehen werden, und zwar in einer erheblich größeren Dimension als bei den vorgenannten Komplexen, ist die innerdeutsche Frage. Während bei der Aufrechterhaltung der Zweistaatlichkeit zwar auch gewisse sozialrechtliche Korrekturen erforderlich gewesen wären, die aber eher technischen als materiellen Charakter gehabt hätten, läßt sich eine Vereinigung mit gemeinsamen staatlichen Organen und einheitlichem Recht, selbst wenn eine Übergangszeit von 10 bis 15 Jahren vorgesehen worden wäre, sicher nicht ohne zeitweise materielle Opfer der Bevölkerung in der Bundesrepublik erreichen. Ein Finanztransfer zum Abbau des sozialen Gefälles, parallel zum Aufbau einer leistungsfähigen Wirtschafts- und Infrastruktur, ist deshalb unausweichlich. In der Folge soll dieser Aspekt künftiger Sozialpolitik jedoch weitgehend ausgeblendet bleiben.

Vier Politikbereiche, in denen demographische, ökonomische und soziale Aspekte besonders eng miteinander verknüpft sind, werden im folgenden näher betrachtet:
- die Bevölkerungspolitik,
- die Arbeitsmarktpolitik,
- die Politik der Gesundheitssicherung und Krankenversicherung,
- die Politik zur Einkommenssicherung im Alter.

Die Kritik an einer bestimmten Politik kann niemals in der Weise objektiv sein, daß jeder auf Grund der Betrachtung der faktischen Verhältnisse zu den gleichen Schlußfolgerungen kommt. In politische Aussagen gehen notwendigerweise ethische Vorstellungen ein: Bewertungen über die erforderliche Freiheit des einzelnen in der Gesellschaft, Entscheidungen darüber, welche Einschränkungen der individuellen Freiheiten zugunsten sozialer Gerechtigkeit erforderlich sind, und Urteile darüber, welche Interessen bei einer Vielfalt von Anliegen zuerst, welche nachrangig zu befriedigen sind. Diese Bewertungen können bei verschiedenen Menschen sehr unterschiedlich ausfallen, selbst wenn sie sich darum bemühen, auch die Anliegen ihrer Mitmenschen angemessen zu berücksichtigen. Ich will versuchen, derartige Interessenkonflikte deutlich zu machen und dort, wo ich mich zu bestimmten politischen Grundlinien und Maßnahmen bekenne, die Interessenabwägung zu klären.

3.1 Sollen wir die Bevölkerungsentwicklung politisch beeinflussen?

Fast alle Analysen über die Zukunft der Sozialpolitik in der Bundesrepublik Deutschland, aber auch viele Untersuchungen im Ausland stellen das Problem der rückläufigen Geburtenentwicklung und den daraus resultierenden Wandel im Altersaufbau der jeweiligen Gesellschaft in den Vordergrund. Was liegt da als Lösung näher, als unmittelbar durch politische Maßnahmen auf die Geburtenentwicklung einzuwirken, um damit dem Dilemma ursächlich zu begegnen? Ersatzweise oder ergänzend könnte man vielleicht auch an eine gezielte Einwanderungspolitik denken, haben doch gerade einige Veröffentlichungen mehr oder weniger überzeugend nachzuweisen versucht, welchen positiven Effekt die Zuwanderung von Aus- und Übersiedlern hat. Wo liegen die ethischen Grenzen? Führen die möglichen Instrumente überhaupt zum gewünschten Resultat oder müssen wir, anstatt die Bevölkerungsentwicklung zu gestalten, unsere ökonomischen und gesellschaftlichen Bedingungen der Bevölkerungsentwicklung anpassen?

3.1.1 Bevölkerungspolitik versus Familienpolitik

Eine staatliche Politik, die die Anhebung der Geburtenhäufigkeit zum Ziel hat (pronatalistisch), wird in der Bundesrepublik vor dem Hintergrund der Erfahrungen im Nationalsozialismus entweder aus ethischen Gründen kategorisch abgelehnt oder wenigstens – von wenigen Ausnahmen abgesehen – nicht offen befürwortet. Die Vorstellung, daß der Deutsche Bundestag darüber befindet, wie viele Kinder eine Frau gebären soll und mit welchen Sanktionen sie oder das Ehepaar im Falle der Untererfüllung des Plansolls belegt werden sollen, wie dies Schmidt-Kaler vorschlug, der in den 70er Jahren als Bevölkerungspolitiker von sich reden zu machen suchte, ist schlicht grauenhaft.

Zugegebenermaßen hatte Schmidt-Kaler damals nur ökonomische Steuerungsinstrumente im Auge – vielleicht wäre er heute jedoch angesichts gentechnischer Möglichkeiten etwas vorsichtiger. Immerhin könnte man ja in naher Zukunft die Babyproduktion gentechnisch dadurch rationalisieren, daß man den Anteil der Zwillingsgeburten deutlich steigert; eine qualitative Verbesserung des Menschen hat die Gentechnologie ja ohnehin schon ins Auge gefaßt.

Abgesehen von der unerreichten politischen Konsequenz von Schmidt-Kaler, der die Geburtenhäufigkeit variabel, mal anregend, mal dämpfend je nach der angestrebten Entwicklung der Gesamtbevölkerung steuern wollte, vertrauen doch eine ganze Reihe von Politikern und Politikberatern darauf, daß über finanzielle Anreize eine merkliche und dauerhafte Zunahme der Geburtenzahlen erreichbar ist. Ehe wir uns mit dieser Frage, ob das generative Verhalten tatsächlich so einfach zu beeinflussen ist, auseinandersetzen, sei hier kurz – nicht zuletzt zur Klärung ethischer Aspekte – auf den Unterschied zwischen einer pronatalistischen Bevölkerungspolitik und einer sozial gerechten Familienpolitik eingegangen.

Vielfach sprechen gerade diejenigen von »Familienpolitik«, die eigentlich die Geburten- und Bevölkerungspolitik im Auge haben. Eine sozial gerechte Familienpolitik hat aber nicht die Steigerung der Geburtenzahlen zum Ziel, sie soll vielmehr dafür sorgen, daß die gesellschaftlichen Entwicklungsbedingungen für Eltern und Kinder auch in kinderreichen Familien nicht schlechter sind als für Ledige oder kinderlose Ehepaare. Familienpolitik soll sicherstellen, daß ein Kinderwunsch nicht aus materiellen Gründen zurückgestellt oder verdrängt wird, soll aber auch die Entscheidung über die Zahl der Kinder den potentiellen Eltern überlassen und nicht – wie die Bevölkerungspolitik – eine Norm für die »gesellschaftlich erwünschte« Kinderzahl aufstellen. »Familien«politik in diesem Sinne bezieht sich auch keinesfalls nur auf die »Normalfamilie«, d. h. auf das Ehepaar mit Kindern, sondern schließt Alleinerziehende als eine der Gruppen mit den ernstesten Problemen in unserer Gesellschaft mit ein.

Daß eine befriedigende familienpolitische Situation in der Bundesrepublik keinesfalls gegeben ist, daß trotz vielfältiger steuer- und sozialrechtlicher Regelungen kinderreiche Familien und Alleinerziehende gegenüber kinderlosen Ehepaaren tendenziell benachteiligt sind, ist kaum bestreitbar. Angesichts der bestehenden Unzulänglichkeiten wäre auch bei einem Ausbau der Familienpolitik – sozusagen als Nebeneffekt – mit einem gewissen Anstieg der Geburtenrate zu rechnen. Sehr zufällig wäre allerdings als Folge einer ausgebauten Familienpolitik eine Geburtenhäufigkeit, die gerade zur Stabilisierung der Bevölkerungszahl ausreichte – ein Ziel, das häufig von Bevölkerungspolitikern im In- und Ausland genannt wird.

Die einzige Möglichkeit, sich über die Wirksamkeit bevölkerungspolitischer Maßnahmen zu unterrichten, bietet ein Blick ins Ausland, wo teilweise ausdrücklich die Erhöhung der Geburtenzahl, im allgemeinen im Verbund mit familienpolitischen Absichten, als Ziel der Politik formuliert wird.

Allerdings ist der Nachweis der Effektivität einzelner bevölkerungspolitisch motivierter Maßnahmen äußerst schwer zu führen, da teils kurzfristige Wirkung von längerfristiger Wirkungslosigkeit abgelöst wird, da häufig nur ein zeitliches Vorziehen von Geburten erfolgt, und da in der gleichen Periode häufig mehrere politische Maßnahmen gleichgerichtet oder teils gegengerichtet erfolgen und ökonomische Faktoren (z. B. Arbeitslosigkeit) ebenfalls die Geburtenentwicklung beeinflussen können.

Im westlichen Ausland ist sicher Frankreich der Staat, der am nachdrücklichsten eine bewußte Kombination von Bevölkerungs- und Familienpolitik betrieben hat, der das Kindergeld gezielt für Familien mit mehr als zwei Kindern einsetzt, der im Steuerrecht das Familiensplitting einsetzt mit der Wirkung einer Minderung der Steuerprogression mit zunehmender Kinderzahl, der mit Kindererziehungszeiten im Rentenrecht, mit Wohnungshilfen und mit Kinderkrippen, Kindergärten und Ganztagsschulen den Eltern wesentliche Hilfen und Leistungen zur Verfügung stellt.

Dennoch ist die Nettoreproduktionsrate in Frankreich seit der zweiten Hälfte der 60er Jahre etwa im gleichen Umfang gesunken wie in der Bundesrepublik, allerdings ausgehend von einem höheren Niveau. Sie liegt deshalb auch nach dem »Absturz« noch über der Geburtenrate der Bundesrepublik, aber unter dem Niveau, das zur Aufrechterhaltung der Bevölkerungszahl ausreichte.

Charlotte Höhn und Hermann Schubnell haben diesen Vergleich neben einer Reihe von Untersuchungen anderer westlicher und östlicher europäischer Industrieländer vorgelegt. Von besonderem Interesse ist hierunter auch ein Vergleich zwischen der Entwicklung in der Bundesrepublik und in der DDR. Von der zweiten Hälfte der 50er Jahre bis in die erste Hälfte der 70er Jahre wiesen beide deutschen Staaten im Aufwärts bis zur Mitte der 60er Jahre und im Abwärts danach eine fast identische Entwicklung der Geburtenziffern auf, trotz unterschiedlicher wirtschaftlicher und sozialer Entwicklung sowie ganz erheblicher Unterschiede in der Erwerbsbeteiligung von Frauen. Ab 1972 setzte in der DDR eine forcierte Bevölkerungs- und Familienpolitik ein, die in der Folgezeit mit mehreren Maßnahmepaketen ergänzt wurde. Bei aller Vorsicht wird man den 1975 einsetzenden Geburtenanstieg wesentlich diesen Maßnahmen zurechnen können. Allerdings sollte man auch nicht den gesamtgesellschaftlichen Zusammenhang außer acht lassen, in dem Maßnahmen wie die zeitweise bezahlte Beurlaubung von Müttern oder Vorrechte von Familien mit Kindern bei der Wohnungsvergabe wirken. Immerhin verzeichnete die DDR bis 1980 einen deutlichen Anstieg der Nettoreproduktionsrate auf 93 % (Bundesrepublik: 68 %), allerdings mit einem Wiederabsinken in den Jahren bis 1983 (83 %) und Stabilisierung auf dieses Niveau, das 1987 damit rund 20 Prozentpunkte über dem der Bundesrepublik lag.

Das Fazit, zu dem Höhn und Schubnell insgesamt hinsichtlich der Wirkung von bevölkerungs- und familienpolitischen Maßnahmen auf die Geburtenentwicklung kommen, ist,

- daß sich Wirkungen von Einzelmaßnahmen in der Regel aus methodischen Gründen nicht nachweisen lassen,
- daß vieles dafür spricht, daß bei Einsatz eines Bündels von Maßnahmen, das laufend den jeweiligen regionalen und gruppenspezifischen Bedürfnissen angepaßt wird, sich ein insgesamt etwas höheres Geburtenniveau und eine Verlangsamung des Trends des international feststellbaren Geburtenrückgangs erreichen läßt, allerdings in keinem der westlichen Länder eine Stabilisierung des Niveaus auf oder oberhalb der Grenze der Bestandserhaltung gelungen ist,
- daß ein derartiges Maßnahmenbündel äußerst kostspielig ist und sich wegen sehr unterschiedlicher wirtschaftlicher, sozialer und nicht zuletzt kultureller Bedingungen keinesfalls einfach ausländische Erfahrungen übertragen lassen.

Für mich ergeben sich daraus zwei Schlußfolgerungen hinsichtlich der Politik in der Bundesrepublik Deutschland:

- *Erstens* sollten wir aus ethischen Gründen weiterhin darauf verzichten, eine geburtenfördernde Bevölkerungspolitik zu formulieren, zumal ohnehin unklar ist, welches dazu die geeigneten Maßnahmen sind. Das bedeutet zugleich, daß wir uns auf einen langfristigen Bevölkerungsrückgang – Wanderungen hier zunächst ausgenommen – einstellen und die verschiedensten Politikbereiche hierauf ausrichten müssen.

– *Zweitens* ist die Verteilung von Einkommen und Entfaltungschancen zwischen kinderreichen und kinderlosen Ehepaaren bzw. Alleinstehenden keinesfalls schon befriedigend; für Familienpolitik besteht also durchaus noch ein erheblicher Gestaltungsrahmen. Der wachsende Wunsch gut ausgebildeter Frauen, Erwerbstätigkeit nicht nur etappenweise und mit Nachteilen in Beruf und Alterssicherung auszuüben, kann bei den heutigen unzureichenden Kinderbetreuungsmöglichkeiten vielfach nicht erfüllt werden, was demographisch eine Reduktion der Kinderzahl und eine Anhebung des Gebäralters zur Folge hat. Die hohe finanzielle und organisatorische Belastung durch Kinder dürfte gerade bei jüngeren Ehepaaren, deren berufliche Zukunft noch unsicher ist und die daher räumlich mobil bleiben wollen, hemmend auf die Realisierung von Kinderwünschen wirken. Hier sind auch Arbeitgeber – und zwar ausdrücklich private wie öffentliche – auf mehr Familienfreundlichkeit anzusprechen. Die gerade aus familienpolitischen Überlegungen hervorgegangene arbeitsrechtliche Diskreditierung des »Doppelverdieners« bei der Abwägung sozialer Schutzbedürftigkeit muß in diesem Zusammenhang sicher ebenfalls überdacht werden.
Auch der Familien- oder besser Kinderlastenausgleich könnte, ohne den Staat mit allzugroßen Mehrausgaben zu belasten, über eine Modifikation des Ehegattensplitting im Steuerrecht sicher noch familienfreundlicher ausgestaltet werden. Im Rentenrecht sind mit der Einführung von Kindererziehungszeiten Ansätze dazu entwickelt worden, Nachteile aus einer familienbedingten Erwerbsunterbrechung auf die Alterssicherung zu vermindern; auch hier sind weitergehende Überlegungen erforderlich. Da die Familienpolitik ausdrücklich nicht zum Gegenstand dieses Buches zählt, will ich es bei diesen Anmerkungen bewenden lassen. Auch bei der Umsetzung einer derartigen Familienpolitik hätten

wir sicher nicht mit einem spektakulären Wiederanstieg der Geburtenhäufigkeit zu rechnen, aber dies eben sollte auch nicht ihr Ziel sein.

3.1.2 Einwanderungspolitik als demographische Lösung?

Die Zuwanderung von 720000 meist jugendlichen Aus- und Übersiedlern im Jahre 1989 wurde von einigen Wissenschaftlern und Kommentatoren als eine wesentliche Entlastung unserer demographischen Probleme begrüßt. Es wurden zusätzliche Wachstumseffekte als Folge von Wohnungsbau, Kauf von Einrichtungsgegenständen und Deckung des sonstigen Nachholbedarfs erwartet sowie erhebliche Finanzierungsvorteile für Kranken- und Rentenversicherung, bei vergleichsweise geringen Mehraufwendungen der Arbeitslosenversicherung, behauptet.

Ist die Zuwanderung also die Lösung für unsere Bevölkerungsprobleme und gegebenenfalls für welche? Sehen wir in der langfristigen Abnahme der Bevölkerungszahl das entscheidende Problem, dann wäre dem mit einer allerdings erst im nächsten Jahrhundert einsetzenden unspezifischen Zuwanderungspolitik abzuhelfen. Eine Verbesserung der Altersstruktur würde damit allerdings nicht notwendigerweise und keinesfalls langfristig erreicht. Dies gilt im übrigen für die Zuwanderung der Aus- und Übersiedler selbst dann, wenn man nicht unterstellt, daß den relativ jungen Zuwanderern in einem gewissen zeitlichen Abstand, d. h., wenn sie sich beruflich und wohnungsmäßig arrangiert haben, auch deren Eltern und ältere Verwandte folgen.

Soll mit der Zuwanderung eine langfristig anhaltende Verbesserung der Altersstruktur erreicht werden, dann müßten die Zuwanderer sich durch eine ganz besonders hohe Kinderfreudigkeit auszeichnen und für sich und ihre Kinder garantieren, sich auch durch die hiesigen kulturellen und gesellschaftlichen Verhältnisse von der Geburtenhäufigkeit nicht abbringen zu lassen. Selbst in wirtschaftlich wenig entwickelten Gegenden dieser Erde dürfte ein derartiger Volksstamm kaum zu entdecken sein. Auch wenn in den letzten Jahren gewisse Zweifel darüber entstanden sind, wie schnell sich eine Anpassung des generativen Verhaltens von Zuwanderern an das der einheimischen Bevölkerung vollzieht, wird man von einem solchen Anpassungsprozeß ausgehen müssen. Vor allem ist dies dann anzunehmen, wenn es sich nicht – wie bei den bisherigen Arbeitnehmerwanderungen – nur um einen vorübergehenden Aufenthalt in der Bundesrepublik, sondern tatsächlich um Einwanderung mit dem Ziel auch der gesellschaftlichen Integration handelte.

Eine italienische oder türkische Familie, die wenigstens bei der Einreise und in den ersten Jahren des Aufenthalts plant, nach einer Phase der Erwerbstätigkeit wieder in ihr Heimatland zurückzukehren, wird ihre heimatlichen Verhaltensweisen sicher viel weitergehend aufrechterhalten als eine ausländische Familie, die zur dauerhaften Einwanderung entschlossen ist.

Ein drittes Ziel einer Wanderungspolitik könnte die Vermeidung von Arbeitskräftemangel sein. Im Unterschied zu den Verhältnissen in den 60er Jahren, in denen »Wanderungspolitik« durch Anwerbung ausländischer Arbeitskräfte zur Behebung eines vorübergehenden Arbeitsmarktengpasses und keinesfalls mit dem Ziel der endgültigen Einwanderung betrieben wurde, müßten angesichts des langfristig dauerhaft zurückgehenden Erwerbspersonenpotentials immer mehr ausländische Arbeitskräfte angeworben werden. Rein theoretisch bewirkt dieses Konzept z. B. für die Alterssicherung nicht nur eine Entlastung bis zu dem Zeitpunkt, in dem diese ausländischen Arbeitskräfte eine Rente erhalten, sondern auch darüber hinaus, weil jeweils wieder mehr Beitragszahler zur Verfügung stehen.

Nun muß man sich allerdings fragen, woher diese Zuwanderer kommen sollen. Im westeuropäischen Raum dürfte sich zwar die Wechselwanderung verstärken, aber wohl kaum eine massive einseitige Wanderung in die Bundesrepublik einstellen, insbesondere dann nicht, wenn im Rahmen des europäischen Binnenmarktes eine höhere wirtschaftliche und soziale Angleichung gelingt. Mit den sich öffnenden osteuropäischen Staaten haben wir noch keine Erfahrungen, aber daß – Demokratisierung und wirtschaftliche Sanierung unterstellt – sich von dort ein dauerhafter Zuwanderungsstrom, den wir wohlgemerkt erst im nächsten Jahrhundert brauchen könnten, ergießt, ist wenig wahrscheinlich.

Als mögliche Herkunftsgebiete bleiben damit überwiegend die noch auf Jahrzehnte wirtschaftlich unterentwickelten Länder der Dritten Welt. Die Zuwanderung aber gerade aus diesen Gebieten zu fördern machte weder aus ökonomischen noch aus Gründen der Sozialfinanzen großen Sinn. Angesichts der künftigen qualitativen Anforderungen an Arbeitskräfte wären Zuwanderer aus diesen Gebieten allenfalls langfristig ins Erwerbsleben zu integrieren. Aus Gründen ihrer kulturellen Verschiedenartigkeit würden sich aber – insbesondere angesichts der in solchen Überlegungen erwogenen hohen Anzahlen – auch ganz erhebliche gesellschaftliche Integrationsprobleme ergeben. Offensichtlich kann es nun aber nicht Sinn einer bevölkerungspolitisch orientierten Zuwanderungspolitik sein, nur um die Bevölkerungszahl zu stabilisieren oder die Altersstruktur etwas ausgeglichener zu gestalten, zusätzliche Probleme in Form von großen Gruppen schwer vermittelbarer Arbeitsloser und gesellschaftlicher Randgruppen zu schaffen.

Dieses Votum gegen eine allgemeine Einwanderungspolitik bedeutet nun keineswegs, daß nicht für spezielle Arbeitsmarktsektoren eine befristete Aufhebung des Anwerbestopps, eine zeitweise Anwerbepolitik sinnvoll sein kann. Auch wird man – wie in den Modellrechnungen zur Bevölkerungsentwicklung gesehen – auf lange Sicht durchaus damit rechnen können, daß der Saldo zwischen Zuwanderung und Rückwanderung von Ausländern positiv bleibt, ohne daß damit das Defizit aus der natürlichen Bevölkerungsentwicklung ausgeglichen würde.

3.2 Arbeitsmarktpolitik gegen Arbeitslosigkeit und gegen Überbeschäftigung?

Bei den Überlegungen zur Entwicklung des Erwerbspersonenpotentials und des wirtschaftlichen Wachstums sind wir einer konkreten Antwort auf die Frage »Geht uns die Arbeit oder gehen uns die Arbeitenden aus?« ausgewichen. Sie läßt sich auch gar nicht so einfach beantworten, wie dies vielfach in der öffentlichen Diskussion – unter unterschiedlichen politischen Interessengesichtspunkten – geschieht, weil eine Vielzahl sachlicher Entwicklungsbedingungen ergänzt, überlagert und verändert werden kann durch unterschiedliche politische Maßnahmen. Arbeitsmarktpolitik wird auf sehr unterschiedliche Entwicklungstendenzen und auf im Zeitablauf wechselnde Problemschwerpunkte ausgerichtet sein müssen. Auch handelt es sich bei dieser »Arbeitsmarktpolitik« keineswegs ausschließlich um die arbeitsmarktpolitischen Instrumente der Bundesanstalt für Arbeit oder lediglich um staatliche Politik. Vielmehr müssen Tarifpolitik von Gewerkschaften und Arbeitgeberverbänden sowie betriebliche Personalpolitik mit den staatlichen Bereichen u. a. der Sozial-, Finanz-, Steuer-, Bildungspolitik zusammenwirken, damit befriedigende Problemlösungen erzielt werden können.

Vier Zielbereiche arbeitsmarktpolitischen Handelns sollen im folgenden vor allem unter dem Gesichtspunkt angesprochen werden, zu einer strukturellen Entlastung des sozialen Netzes dadurch beizutragen, daß Arbeitslosigkeit möglichst minimiert und das Erwerbspersonenpotential möglichst ausgelastet wird:
- Berufliche Qualifikation,
- Beteiligung am Erwerbsleben,
- Umfang, Lage und Verteilung der Arbeitszeit,
- »neue« Formen der Arbeit.

3.2.1 Bessere berufliche Qualifikation auch in höherem Alter

Vier Tatbestände bestimmen das Aufgabengebiet künftiger Berufsbildungs- und -qualifikationspolitik:

a) Wir verfügen in der Bundesrepublik mit der beruflichen Ausbildung in Berufsschule und Betrieb sowie mit den Hochschulen über ein sehr gutes Primärausbildungssystem.

b) Aus demographischen Gründen werden künftig immer weniger Personen dieses Primärsystem durchlaufen, die Arbeitgeber werden immer weniger auf Absolventen dieser Erstausbildung zurückgreifen können.

c) Die Anforderungen an beruflicher Qualifikation ändern sich im

Zeitablauf mit der Nutzung neuer Techniken und neuer Formen der Organisation von Arbeitsabläufen. Die Kenntnisse aus der Erstausbildung veralten, werden nicht mehr gebraucht, müssen durch andere Kenntnisse ersetzt und ergänzt werden.

d) Eine hohe und aktuelle berufliche Qualifikation wird auch künftig der beste Garant gegen Arbeitslosigkeit sein. Arbeitskräftemangel aus demographischen Gründen wird zuerst bei qualifizierten Arbeitnehmern einsetzen, während der Bedarf an Arbeitnehmern für unqualifizierte Hilfstätigkeiten einerseits tendenziell abnimmt, andererseits jederzeit kurzfristig, z. B. durch ausländische Arbeitskräfte, gedeckt werden kann.

Diese Gegebenheiten und Entwicklungsbedingungen bilden die ideale Voraussetzung für eine gemeinsame Qualifikationsstrategie von Arbeitgebern, Gewerkschaften und Staat. Die Arbeitgeber müssen daran interessiert sein, ihre Arbeitsplätze jederzeit mit qualifizierten Arbeitnehmern besetzen zu können, die Gewerkschaften daran, daß insbesondere die Langzeitarbeitslosigkeit unterqualifizierter Personen zurückgeht und höher qualifizierte Arbeitnehmer höhere Löhne erhalten, und dem Staat muß gleichermaßen an niedriger Arbeitslosigkeit und einer die Produktivitätsentwicklung fördernden Arbeitnehmerschaft gelegen sein. Tatsächlich setzt sich aber die Erkenntnis nur sehr langsam durch, daß hier in erheblichem Umfang gemeinsame Interessen bestehen, und vor allem, daß diese auch durch Beiträge aller Beteiligten befriedigt werden müßten.

3.2.2 Ist die Erhöhung der Erwerbsbeteiligung erwünscht?

Angesichts der Tatsache, daß wir zur Zeit immer noch knapp 2 Millionen Arbeitslose haben und in den letzten beiden Jahren das ohnehin nicht ausgelastete Erwerbspersonenpotential durch Aussiedler, Übersiedler und Ausländer um rd. 1 Million angereichert wurde, stellt sich die Frage, ob die Politik nicht alles unterlassen sollte, was die Erwerbsbeteiligung einzelner sozialer Gruppen noch erhöht. Bei der Anhebung der Altersgrenzen hat der Gesetzgeber dies – wie gesagt – schon vorgesehen.

Aber wie sieht das zum Beispiel mit dem Ziel aus, die Vereinbarkeit von Familie und Beruf bzw. die Vereinbarkeit von Kindererziehung und Erwerbstätigkeit zu verbessern? Ist das konservative Rollenbild von der Frau als Kern und Zentrum der Familie unter arbeitsmarktpolitischen Aspekten nicht ganz praktisch und deshalb auch förderungswürdig? Tatsache ist jedoch, daß einerseits eine zunehmende Zahl von Frauen diese Rollenverteilung in Familienarbeit für die Frau und Erwerbsarbeit für den Mann nicht mehr akzeptiert und daß andererseits in einer Vielzahl von Fällen auch die Familie in dieser idealtypischen Weise gar nicht mehr besteht. In einer demokratischen und pluralistischen Gesellschaft müssen aber auch die Entscheidungen dieser Frauen zugunsten der eigenen Erwerbstätigkeit anerkannt, dürfen nicht mit besonderen Nachteilen belegt werden, auch wenn dies gegenwärtig arbeitsmarktpolitisch ungünstig ist. Insofern stellt sich nicht die arbeitsmarktpolitische Frage, wie läßt sich die Erwerbsbeteiligung von Frauen so steuern, daß sie mit einem künftig sich wandelnden Arbeitskräftebedarf am besten harmoniert, sondern das übergeordnete grundgesetzliche Problem nach der Gleichberechtigung und nach den gesellschaftlichen Bedingungen, die auch Frauen die Entscheidung für eine länger anhaltende und qualifizierte Erwerbstätigkeit ermöglicht. Wird aus diesen Gründen die berufliche Aus- und Fortbildung von Frauen gefördert, werden bessere Kinderbetreuungsmöglichkeiten geschaffen, lassen sich durch betriebliche Arbeitszeitgestaltung Kindererziehung und Erwerbsarbeit besser aufeinander abstimmen, dann wird die Erwerbsbeteiligung von Frauen weiter deutlich steigen, ob dies nun aktuell gesamtwirtschaftlich erwünscht ist oder nicht.

Ein ähnliches Problem, bei dem aus anderen Gründen notwendige politische Maßnahmen zumindest kurzfristig arbeitsmarktpolitisch eher negativ zu bewerten sind, liegt in der Bekämpfung der Frühinvalidität. Wenn für die im Rahmen der Rentenreform 1992 beabsichtigte Heraufsetzung der Altersgrenzen ab 2001 nur ein relativ bescheidener Effekt sowohl hinsichtlich des zusätzlichen Erwerbspersonenpotentials als auch hinsichtlich der finanziellen Entlastung der Rentenversicherung kalkuliert worden ist, dann liegt das daran, daß bereits vor dem Erreichen der heutigen vorgezogenen Altersgrenzen eine hohe Zahl von Arbeitnehmern wegen Erwerbsunfähigkeit ausgeschieden ist. Werden diese Altersgrenzen von z. B. heute 60 langfristig auf 65 angehoben, dann bedeutet das nicht, daß alle heute bis zum Alter 60 arbeitenden Personen dann bis zum Alter 65 arbeiten würden, vielmehr würde nach vorsichtiger Einschätzung allenfalls im Durchschnitt die Hälfte arbeiten, die andere Hälfte wegen Invalidität aus dem Erwerbsleben ausscheiden.

Auch hier ist es zunächst keine Frage der Arbeitsmarktpolitik oder der Kostensenkung in der Rentenversicherung, sondern der Gesichtspunkt der Gesunderhaltung der Bevölkerung, wenn man feststellt, daß diese Invaliditätsraten durch geeignete Maßnahmen gesenkt werden müßten. Dabei ist allerdings vorab klarzustellen, daß ein Teil der »Invalidität« weniger mit einem die Erwerbsunfähigkeit objektiv rechtfertigenden schlechten Gesundheitszustand zu begründen ist als mit der Arbeitsmarktlage. Wenn Arbeitgeber ältere Arbeitslose auch mit nur leichteren gesundheitlichen Beeinträchtigungen nicht einstellen, erhalten diese früher oder später eine Rente wegen Erwerbsunfähigkeit, eine vorgezogene Altersrente wegen Arbeitslosigkeit oder wegen Schwerbehinderung. Das gilt nicht zuletzt auch in den Fällen, in denen Arbeitgeber auf Arbeitnehmer einwirken, vorzeitig über irgendeine Rentenart aus dem Erwerbsleben auszuscheiden. Gravierender ist der echte gesundheitliche Abbau des Leistungsvermögens, der teils aus Belastungen am Arbeitsplatz, teils aus ungesunder privater Lebensführung, teils aus Doppelbelastungen von Arbeit, Arbeitslosigkeit und Privatleben resultiert. Sowohl Maßnahmen der Gesundheitsvorsorge im privaten Bereich wie insbesondere auch am Arbeitsplatz als auch wirksamere Maßnahmen zur gesundheitlichen Wiederherstellung, der medizinischen Rehabilitation, könnten – gemessen an internationalen Verhältnissen – die gesundheitsbedingte Frühinvalidität deutlich senken und vorzeitige Verrentung, die durchaus nicht immer als der begrüßenswerte Schritt in die »Altersfreizeit« empfunden wird, zeitlich hinausschieben.

Als Maßnahmen zur gezielten Steuerung des Erwerbspersonenpotentials bzw. zur zeitweisen Dämpfung oder Steigerung der Erwerbsbeteiligung bleiben damit – allerdings auch begrenzt durch andere politische Aspekte – drei Ansatzpunkte:

- Die Senkung des Berufseintrittsalters im Rahmen einer gestrafften Erstausbildung, wobei dieser Effekt letztlich durch ein Konzept lebenslanger Fort- und Weiterbildung im Hinblick auf die Lebensarbeitszeit überkompensiert werden dürfte.
- Die Veränderung des Renteneintrittsalters über die Altersgrenzen und durch Verhinderung oder Duldung eigentlich zweckfremder Nutzung von vorgezogener Verrentung.
- Die Förderung der Zuwanderung bzw. Rückwanderung ausländischer Arbeitskräfte – ein Instrument, das in Grenzen genutzt, flexibel und human gehandhabt werden, aber auch leicht eine menschenverachtende Tendenz annehmen kann. Grundsätzlich dürfte es in erster Linie zur Steuerung des Angebots wenig qualifizierter Arbeitnehmer geeignet sein.

Als Fazit ergibt sich, daß die Beeinflussung der Erwerbsbeteiligung allein unter arbeitsmarktpolitischen Gesichtspunkten eher mehr Probleme aufwirft als löst. Aus Gründen der Gleichberechtigung von Frauen sowie aus gesundheitspolitischen Gründen sind Maßnahmen erforderlich, die einen positiven Effekt auf die Erwerbsbeteiligung erwarten lassen, allerdings unabhängig von der jeweiligen Situation eines steigenden oder fallenden Arbeitskräftebedarfs. Die langfristigen Aspekte sind unter dem Gesichtspunkt einer demographischen Verknappung des Arbeitskräfteangebots daher eher günstiger als die mittelfristigen.

3.2.3 Arbeitsmarktpolitik durch Arbeitszeitpolitik?

Ob der Faktor »Arbeit« langfristig zum Engpaß für das Wirtschaftswachstum wird, das hängt nicht allein von der Anzahl potentieller Erwerbspersonen ab, sondern auch von der effektiven Arbeitszeit, die durchschnittlich geleistet wird. Es liegt nahe, die Steuerung gegen Ungleichgewichte auf dem Arbeitsmarkt daher nicht nur über die Veränderung der Erwerbsbeteiligung, sondern auch über Änderungen der durchschnittlichen Arbeitszeit zu versuchen. Bei hoher Arbeitslosigkeit, so die Gewerkschaften, muß die wöchentliche Arbeitszeit reduziert werden, müssen Überstunden wegfallen, damit mehr Arbeitslose eine Beschäftigung finden. Ganz im Gegenteil, sagen die Arbeitgeber; werden die Arbeitszeiten reduziert, dann muß aus Kostengründen verstärkt rationalisiert werden, es fallen also weitere Arbeitsplätze weg; zudem bestehe eben bei hoher allgemeiner Arbeitslosigkeit keineswegs ein ausreichendes Angebot von Arbeitslosen mit speziellen Qualifikationen, die jeweils die durch die Arbeitszeitverkürzung entstehenden Lücken füllen könnten.

Die Wahrheit liegt – wie so häufig – wohl in der Mitte der öffentlichen Verlautbarungen konträrer Interessenverbände. So verfahren Arbeitgeber durchaus nach gewerkschaftlichem Muster, wenn sie bei Arbeitsmangel Kurzarbeit anordnen und damit unter finanzieller Beteiligung der Bundesanstalt für Arbeit die Arbeitszeit zeitweise reduzieren, um ihre Belegschaft nicht entlassen zu müssen. Im umgekehrten Fall nutzen sie zum Ausgleich saisonaler oder sonstiger Arbeitsspitzen die Mehrarbeit. Während den Arbeitgebern aber vor allem an einer kurzfristigen Flexibilität der Arbeitszeit gelegen ist und sie hierfür die Effekte für Beschäftigung und Arbeitslosigkeit auch nicht bestreiten, geht es den Gewerkschaften um die längerfristige strukturelle Beeinflussung der Arbeitslosigkeit, ohne daß sie allerdings andeuten, daß in einer Vollbeschäftigungssituation gegebenenfalls eine Wiederanhebung der Arbeitszeit zu erwägen wäre.

Dies wäre nun auch ein geradezu revolutionärer Schritt in der Geschichte der Tarifpolitik, wenn gesellschaftliche Fortschritte für die Arbeitnehmer unter den Vorbehalt des Widerrufs gestellt würden. Dennoch scheint mir dieser Gedanke nicht von vornherein unrealistisch zu sein. Angesichts der Ungewißheit, ob die demographische Entwicklung langfristig zu Arbeitsmarktengpässen führen wird oder ob wegen anhaltender Rationalisierung bei moderatem Wirtschaftswachstum die demographische Entwicklung allenfalls ein weiteres Ansteigen der Arbeitslosigkeit mindert, könnten möglicherweise auch die Einstellungen von Arbeitgebern zur gewerkschaftlichen Arbeitszeitpolitik flexibler werden, wenn Revisionsmöglichkeiten für den Fall eindeutig bestimmbarer Arbeitsmarktengpässe vorgesehen werden.

Neben der Senkung der Vollzeitarbeitszeit, auf die die gewerkschaftliche Tarifpolitik in erster Linie gerichtet ist, dürfte künftig zwei anderen arbeitszeitpolitischen Strategien eine größere Bedeutung zukommen: Das ist einerseits die Zunahme der Teilzeitbeschäftigung und die Flexibilisierung von Arbeitszeitregeln.

Die regelmäßige Teilzeitarbeit in Form der Reduzierung der täglichen Arbeitszeit oder der Einschränkung der wöchentlichen Arbeitszeit auf einige Tage mit ganztägiger Arbeitszeit hat in der Bundesrepublik bisher sowohl in den betrieblichen Strategien der Arbeitgeber wie in den tarifpolitischen Überlegungen der Gewerkschaften eine eher nachrangige Rolle gespielt. Dies erstaunt insofern, als viele Frauen, aber auch Männer, an einer regelmäßigen Teilzeitarbeit interessiert sind.

Ein attraktiver Teilzeitarbeitsmarkt, der nicht nur gering qualifizierte Tätigkeiten umfaßt, könnte einerseits Teile der »Stillen Reserve« mobilisieren, andererseits zusätzliche Beschäftigungsmöglichkeiten schaffen. Wenn Gewerkschaften und betriebliche Arbeitnehmervertretungen, d. h. Betriebs- und Personalräte, sich allerdings diesem Bereich nicht positiv gestaltend zuwenden, besteht die Gefahr, daß ein Teil der künftigen Beschäftigten sich nicht hinreichend vertreten und auch nicht solidarisch eingebunden fühlt, was es Arbeitgebern leichter machen kann, auf diesem Teilzeitmarkt eigene Interessen stärker durchzusetzen. Damit entwickeln sich Strategien der Arbeitgeber zu variablen und flexiblen Arbeitszeiten, die ausschließlich im betrieblichen Interesse einer Deckung von Arbeitsspitzen oder der längeren Auslastung der Maschinen liegen, die familiären und sozialen Anliegen der Arbeitnehmer dagegen vernachlässigen.

Für die Systeme der sozialen Sicherung können arbeitszeitpolitische Entscheidungen gleichermaßen schwerwiegende positive wie negative Folgen haben. Unmittelbar wird die Ausgabenseite der Arbeitslosenversicherung betroffen, wenn Arbeitszeitpolitik zur Mehrung oder Minderung von Arbeitslosigkeit führt. Speziell im Falle eines erweiterten Angebots an Teilzeitarbeitsplätzen könnte nicht nur die Wiedereingliederung von Arbeitslosen mit gesundheitlichen Beeinträchtigungen erleichtert, sondern insbesondere schon vorher die Ausgliederung von Arbeitnehmern aus dem Betrieb eingeschränkt werden. Beides hätte zugleich Entlastungseffekte für die

Rentenversicherung zur Folge, die in diesen Fällen nicht oder gegebenenfalls nur mit Berufsunfähigkeitsrenten und nicht mit den höheren Erwerbsunfähigkeitsrenten in Anspruch genommen würde.

Ebenfalls zu Minderausgaben der Rentenversicherung – in diesem Falle allerdings in verteilungspolitisch zweifelhafter Weise – führt ein anderer arbeitszeitpolitischer Aspekt. Tarifpolitische Vereinbarungen über Arbeitszeitverkürzungen gehen im allgemeinen einher mit verminderten Lohnerhöhungen. Begründet wird dies damit, daß mit der Arbeitszeitverkürzung für den Arbeitnehmer auch dessen Leistung gemindert wird. Der Freizeitgewinn des Arbeitnehmers ist der Ausgleich für die Minderung der Lohnerhöhung. Nun werden aber in der Rentenversicherung die Renten entsprechend der Lohnentwicklung jährlich erhöht; fallen also die Lohnerhöhungen geringer aus, dann gilt das auch für die Rentenerhöhungen, ohne daß die Rentner zugleich auch einen Freizeitgewinn als Gegenleistung verbuchen könnten. Auch wenn man das Prinzip der gleichgewichtigen Entwicklung von Renten und Arbeitnehmereinkommen als vernünftig bejaht, ist doch nicht auszuschließen, daß eine forcierte Arbeitszeitverkürzungspolitik zu Konflikten zwischen Rentnern und Arbeitnehmern bzw. Gewerkschaften führt.

Tiefergreifend ist das alterssicherungspolitische Problem, daß alle Formen der Teilzeitarbeit, insbesondere aber die sozialversicherungsfreie, weil geringfügige Beschäftigung, nicht zu hinreichenden Rentenansprüchen im Alter führen. Auf diesen Aspekt, der weitreichende Konsequenzen für die Weiterentwicklung der Alterssicherungssysteme haben dürfte, wird später noch näher eingegangen.

Vielfältiger sind die Auswirkungen der Arbeitszeitpolitik für die gesetzliche Krankenversicherung. Da der Rationalisierung im Bereich personenbezogener Dienstleistungen, wie der medizinischen Beratung und Krankenpflege, sehr enge Grenzen gesetzt sind, führt Arbeitszeitverkürzung hier in aller Regel zu steigendem Personalbedarf und höheren Kosten. Die Diskussionen über Pflegenotstand, zusätzlichen Bedarf an Krankenpflegern und -pflegerinnen sowie steigende Pflegesätze in den Krankenhäusern zeigen das Dilemma deutlich. Die Krankenkassen sehen sich daher mit steigenden Ausgaben konfrontiert, denen keine entsprechend höheren Einnahmen (reduzierte Lohnerhöhung, nur teilweise Kompensation der Arbeitszeitverkürzung durch Mehrbeschäftigung) gegenüberstehen. Sind Einsparungen an anderer Stelle nicht möglich, so bleibt nur die Beitragssatzanhebung. Vielfach wird auch angeführt, daß eine zunehmende Teilzeitbeschäftigung die Finanzsituation der Krankenkasse beeinträchtige, weil die Beitragseinnahmen von der Lohnhöhe der Versicherten abhängen, die Leistungen dagegen davon weitgehend unabhängig sind. In den meisten Fällen trifft dieses Argument nicht zu; Teilzeittätigkeiten werden vor allem von verheirateten Frauen übernommen, die aus Gründen der Kindererziehung keine Vollzeiterwerbstätigkeit ausüben wollen oder können. Ohne Erwerbstätigkeit wären diese Frauen in aller Regel bei ihrem Ehemann ohne zusätzliche Beitragszahlung mitversichert, aber leistungsberechtigt. Übernehmen daher künftig mehr dieser Frauen eine Teilzeittätigkeit, dann steigen die Beitragseinnahmen, während sich die Leistungsausgaben nur unwesentlich – im Rahmen der Krankengeldzahlung – erhöhen. Insgesamt lassen sich mit einer vielgestaltigeren Arbeitszeitpolitik, die zum Schutz der Arbeitnehmer in die tariflichen Regelungen eingebunden sein sollte, positive Arbeitsmarkteffekte im Sinne einer Anpassung von Angebot und Nachfrage auf dem Arbeitsmarkt erzielen. Für die sozialen Sicherungssysteme entsteht aus flexibleren Arbeitszeiten, insbesondere wenn diese auch die Lage der Arbeitszeit im Jahr oder lange Phasen der Teilzeitarbeit umfassen, Bedarf an Neuregelungen.

3.2.4 Bezahlte und nicht bezahlte, gesetzliche und ungesetzliche Arbeit

Wenn man in der Umgangssprache von »Arbeit« spricht, dann denkt man im allgemeinen an recht unterschiedliche Tätigkeiten: an die unbezahlte Hausarbeit oder die Arbeit im Garten, an die bezahlte Arbeit als Arbeiter, Angestellter oder Beamter in einem Arbeits- oder Dienstverhältnis, an die eines Selbständigen, dessen Arbeit sich allerdings nur »bezahlt« macht, wenn er in seinem Betrieb einen Gewinn erwirtschaftet.

Das Merkmal »bezahlt« oder »unbezahlt« ist für die soziale Sicherung ein wichtiges, aber nicht das einzige Kriterium; ein zweites ist »abhängig« oder »selbständig« tätig, ein drittes Merkmalspaar ist »gesetzliche« oder »ungesetzliche« Arbeit. Eine gesetzliche, bezahlte und abhängige Tätigkeit führt in aller Regel zum Schutz durch das soziale Sicherungssystem, verpflichtet den Arbeitnehmer wie den Arbeitgeber zur Beitragszahlung zu den Sozialversicherungen und zur Einhaltung arbeitsrechtlicher Vorschriften. Unbezahlte, selbständige oder illegale Tätigkeit entbindet dagegen einerseits von Verpflichtungen, schließt andererseits aber in der Regel auch die Inanspruchnahme von Leistungen aus. Nun sind die drei Merkmalspaare nicht immer trennscharf, es gibt Zwischenstufen, und es gibt einerseits Praktiken von Arbeitgebern und Arbeitsuchenden, derartige Grauzonen insgeheim auszunutzen, andererseits politische Strategien, solche Zwischenbereiche bewußt auszugestalten.

Ein Beispiel für eine im Grenzbereich von Legalität und Illegalität angesiedelte Entwicklung ist die Deklarierung abhängiger als selbständige Tätigkeit. Der Verkaufsfahrer einer Firma, der eigentlich auf Weisung des Unternehmers mit dem Gerät der Firma bestellte Ware ausliefert, wird zum »Selbständigen«, der auf Provisionsbasis die Ware verkauft. Die arbeits- und sozialversicherungsrechtlichen Verpflichtungen für den Unternehmer entfallen damit, der »Scheinselbständige« ist weitgehend schutzlos und völlig vom Unternehmen abhängig. Obwohl die Arbeitsrechtsprechung die Grenzen definiert, gelingen einerseits rechtlich kaum angreifbare Vertragsgestaltungen in dieser Grauzone oder werden andererseits rechtlich nicht haltbare Vertragsverhältnisse toleriert, weil sich kein Kläger findet.

Ein Sektor, auf dem diese Praktiken zum Ausschluß der sozialen Sicherung eine große Zukunft bekommen könnten, ist die Computer-Heimarbeit. Der Computer kann dem Arbeitsuchenden auf Leasing-Basis zu Hause installiert werden, er bekommt einzelne, separat abgerechnete und bezahlte Aufträge, die er innerhalb der Auftragsfrist zeitlich beliebig bearbeiten kann. Der Auftraggeber übernimmt keine Verpflichtungen aus einem Arbeitsverhältnis, hat keine Kosten für einen Arbeitsraum und ist bei wechselnder Intensität der Auftragslage höchst flexibel.

Ein zweiter Komplex an der Trennungslinie von bezahlter und unbezahlter Arbeit ist die geringfügige und daher sozialversicherungsfreie Tätigkeit. Unter dem Gesichtspunkt, daß sich geringfügige Tätigkeit nur erlauben kann, wer anderweitig, d. h. in der Regel über den Ehegatten oder als Jugendlicher über die Eltern, gesichert ist, war es eigentlich nur logisch, eine untere Versicherungspflichtgrenze festzulegen, die 1990 bei 470 DM monatlich liegt. Inzwischen arbeiten aber Branchen, wie z. B. das Gebäudereinigungsgewerbe, Zeitungsverlage im Bereich der Botenzustellung und einzelne Schnellimbißketten, überwiegend mit Personen in derart sozial ungeschützten Arbeitsverhältnissen; teils geschieht dies legal, d. h. eine Person übt nur ein derartiges Arbeitsverhältnis aus, teils illegal durch Praktizierung mehrerer solcher Tätigkeiten in der gleichen Periode und häufig sogar beim gleichen Arbeitgeber. Bei diesen illegalen Fällen entziehen sich die Arbeitnehmer gezielt der Abgabenpflicht zur Sozialversicherung, nehmen deren Leistungen in Form von Hinterbliebenenrenten oder als mitversicherte Familienangehörige in der gesetzlichen Krankenversicherung jedoch in Anspruch. Wegen der hohen Anzahl solch sozialversicherungsfreier Beschäftigungsverhältnisse – eine Untersuchung für den Bundesminister für Arbeit und Sozialordnung hatte deren Anzahl 1987 auf 2,3 Millionen geschätzt – und wegen der steigenden Tendenz wird seit Anfang 1990 versucht, wenigstens die illegalen Fälle durch ein verbessertes Meldeverfahren besser erkennen und aufdecken zu können.

Im Unterschied zu diesen Formen bezahlter Arbeit mit der Zielrichtung, Verpflichtungen aus dem sozialen Sicherungssystem zu vermeiden, gibt es ein breites Spektrum unbezahlter Arbeit, die die sozialen Sicherungssysteme wesentlich entlastet. Es ist dies zum einen die nicht institutionalisierte häusliche Pflege von schwerbehinderten Kindern und Erwachsenen sowie die Betreuung älterer pflegebedürftiger Personen und zum anderen die Gründung einer Vielzahl von Selbsthilfegruppen auf gesundheitlichen und sozialen Feldern. So begrüßenswert diese Aktivitäten aus humanitären Erwägungen sind, so bedenklich ist es andererseits, wenn sie von Politikern jedweder Couleur zum Bestandteil des sozialen Sicherungssystems umprogrammiert werden, weil sie außerordentlich preiswert sind. Die Geschichte der Sicherung im Falle der Pflegebedürftigkeit legt hier ein beredtes Zeugnis ab. Lange Zeit wurde die häusliche Versorgung pflegebedürftiger Personen moralisch, aber auch gesetzlich, den Familien angelastet. Die moralische Verpflichtung war zur Vermeidung finanzieller Hilfen erforderlich, der gesetzliche Druck ergab und ergibt sich noch aus der Tatsache, daß die Unterbringung in einer stationären Einrichtung in aller Regel zur Sozialhilfebedürftigkeit des Pflegebedürftigen führt mit der Folge des anschließenden finanziellen Rückgriffs auf die Familienangehörigen. Nach langen Debatten über die Finanzierbarkeit angemessener Hilfen bei häuslicher Pflege und bei stationärer Unterbringung von Schwer- und Schwerstpflegebedürftigen wurde im Gesundheitsreformgesetz »ein erster Schritt« dahingehend getan, mit einem möglichst geringen finanziellen Aufwand die häusliche Pflege zu unterstützen. Nun gibt es sicher eine Reihe begründeter Argumente, pflegebedürftige Personen möglichst lange in der gewohnten Umwelt zu halten, sie nicht in Heime abzuschieben, den Familien in diesem Zusammenhang eine gewisse Verantwortlichkeit zuzumuten. Problematisch ist aber, wenn diese Strategie eigentlich finanziell begründet ist, Wahlchancen weder für den Pflegebedürftigen noch für die potentielle Pflegeperson bestehen und das Konzept grundsätzlich auf der Annahme aufbaut, entsprechende familiäre und häusliche Voraussetzungen seien überall gegeben.

Die von einigen politischen Gruppen geforderte stärkere Entprofessionalisierung im Gesundheitswesen, die Verstärkung der Selbsthilfe in Laiengruppen kann ebenso wie die Überbetonung des Subsidiaritätsprinzips nach dem Motto »Die Familie ist der Kern der Gesellschaft« bei steigendem Kostendruck in den Systemen der sozialen Sicherung sehr leicht als Argument für die Privatisierung sozialer Risiken genutzt werden. Da das Laiensystem nicht zuletzt auch auf dem Gedanken der eigenverantwortlichen Organisation aufbaut und sich von der »staatlich bürokratischen Planung« lösen will, kann dieses Netzwerk nur weitmaschiger sein als ein gesetzlich fundiertes Sicherungssystem. Der einzelne, der auf keine Familienangehörigen zurückgreifen kann, der aus regionalen oder persönlichen Gründen keine Chance hatte, sich rechtzeitig in Selbsthilfegruppen und freiwilligen sozialen Netzwerken zu engagieren, wird letztlich wieder in das unterste Auffangnetz, die Sozialhilfe, geworfen. Das soziale Netz wird auch in diesem Falle nicht reißen, aber die Auffanglinie liegt in aller Regel unterhalb des bisherigen Wohlstandsniveaus.

Gerade unter dem Aspekt, daß wegen der demographisch bedingten Zunahme von Personen in sehr hohem Alter die Zahl der Pflegebedürftigen und damit der Bedarf an Pflegepersonen steigen wird, könnte die Strategie zunehmender Familienpflege und Selbsthilfeeinrichtungen zu der paradoxen Situation führen, daß weder die – allerdings unbezahlte – Arbeit noch diejenigen ausgehen, die nach bezahlter Arbeit suchen. Wir würden daher weiter Arbeitslosigkeit anstatt sozialer Dienste finanzieren – sicher kein Ausdruck produktiver Sozialpolitik.

3.3 Die Gesundheitssicherung als »chronische Krankheit« – Wieviel »Gesundheit« ist technisch und ökonomisch machbar?

Am 1. Januar 1989 ist das »Gesundheits-Reformgesetz« (GRG) in Kraft getreten. An dieser Bezeichnung ist zu Recht Kritik geübt worden, denn mit dem Gesetz wird weder die Gesundheit reformiert, was ja auch keinen Sinn macht, noch wird das Gesundheitswesen erneuert, was eine Broschüre des Bundesministers für Arbeit und Sozialordnung nahelegt. Vielmehr werden Teile des Systems der Gesetzlichen Krankenversicherung neu geregelt; die Gesetzliche Krankenversicherung (GKV) aber ist allenfalls insoweit Teil des Gesundheitswesens, als es dessen Kosten teilweise finanziert. Für 1987 berechnete das Statistische Bundesamt die »Ausgaben für Gesundheit« mit 261 Mrd. DM, wovon die Gesetzliche Krankenversicherung etwas weniger als die Hälfte (46,8 %) trug. Daneben sind Bund und Länder, Renten- und Unfallversicherung, die private Krankenversicherung, die Arbeitgeber und unmittelbar die privaten Haushalte an der Finanzierung beteiligt.

Allerdings dominiert die GKV mit einem Finanzierungsanteil von zwei Dritteln eindeutig in dem Bereich der »Behandlung«, an den der einzelne zunächst denkt, wenn von »Gesundheitswesen« die Rede ist. In diesen Bereich fallen die Ausgaben für die Behandlung beim niedergelassenen Arzt, Zahnarzt und im Krankenhaus, die Kosten für Arzneimittel, Zahnersatz, Massagen, Brillen, Hörgeräte, Prothesen und ähnliches mehr. Angesichts eines derartigen Marktanteils beeinflußt die GKV natürlich direkt und indirekt auch die Struktur des Gesundheitswesens, die Art der angebotenen Waren und Dienstleistungen, und Gesetze, die die Rechte und Pflichten von Krankenkassen und Krankenversicherten regeln, wirken in die gleiche Richtung.

Die auch zwei Jahre nach der Verabschiedung des Gesundheits-Reformgesetzes noch anhaltenden heftigen Diskussionen zeigen sehr deutlich, daß im Bereich des Gesundheitswesens und der Krankenversicherung die Interessen der verschiedenen Beteiligten, der Industrie, der Ärzte, Apotheker und Krankenhäuser sowie nicht zuletzt der Versicherten und Patienten zumindest hinsichtlich finanzieller Aspekte sehr weit auseinandergehen. Der Streit um höhere Preise, Gewinne, Honorare, Löhne entzweit nicht nur die Anbieter von Gesundheitsgütern untereinander, sondern setzt sie auch in Gegensatz zu den Versicherten, die an niedrigen Beiträgen interessiert sind. Dies ist nun keinesfalls eine neuere Entwicklung der letzten Jahre, sondern eine wenigstens seit Einführung der gesetzlichen Krankenversicherung vor rund 100 Jahren anhaltende Situation. Es ist auch keineswegs eine deutsche Spezialität, sondern eine internationale Erscheinung, die unabhängig von der jeweiligen Gestaltungsform von Gesundheitswesen und Krankenversicherung anzutreffen ist.

Für die Zukunft ist sicher nicht mit einer Entspannung auf diesem konfliktreichen Felde zu rechnen; eher ist zu befürchten, daß die Auseinandersetzungen heftiger und die Politiker zurückhaltender werden, ehe sie sich voll Engagement in das Getümmel stürzen, in dem die Chancen, von allen Seiten Hiebe einstecken zu müssen, besonders groß sind.

3.3.1 Eine alternde Bevölkerung braucht mehr medizinische Versorgung

Ältere Menschen brauchen im allgemeinen mehr ärztliche Betreuung, längere Krankenhausbehandlungen, größere Mengen an Arzneimitteln als jüngere. Während jüngere Menschen vor allem kurzzeitig von Infektionskrankheiten betroffen werden, leiden ältere Personen überdurchschnittlich an chronischen Krankheiten, die einer dauernden Behandlung bedürfen, sowie gleichzeitig an mehreren Krankheiten (Multimorbidität), womit parallel mehrere Therapien erforderlich sind, Heilungsprozesse sich verlängern oder anstatt Wiederherstellung der Gesundheit nur die Vermeidung oder Verzögerung der Verschlechterung des Gesundheitszustandes möglich ist.

Sehr häufig geht der mit dem Älterwerden sich verschlechternde Gesundheitszustand einher mit einer nachlassenden körperlichen und/oder geistigen Leistungsfähigkeit. Ist der Ältere anfangs nur auf zeitweilige Hilfen bei schweren körperlichen Verrichtungen angewiesen, so kann sich sein Zustand – besonders in sehr hohem Alter – bis zur dauernden Bettlägerigkeit und dem Bedarf an dauernder Hilfe und Pflege entwickeln. Um einem Mißverständnis vorzubeugen, das in der Diskussion über die Einführung von Pflegehilfen mit dem Gesundheits-Reformgesetz eine Rolle gespielt hat, sei angemerkt, daß Pflegebedürftigkeit – auch in ihren weitreichendsten Formen – selbstverständlich nicht auf alte Menschen beschränkt ist, sondern krankheits- oder unfallbedingt auch bei jüngeren Menschen gegeben sein kann; allerdings ist sie in den unteren Altersgruppen verhältnismäßig selten, während bei den sehr alten Menschen der Anteil der regelmäßig hilfe- und pflegebedürftigen Personen mindestens bei einem Viertel liegen dürfte.

Wird die Bevölkerung nun im Durchschnitt immer älter, dann muß eigentlich auch der Aufwand für medizinische Waren und Leistungen sowie für Pflege immer mehr steigen. Dies ist ziemlich einhellig die Argumentation von Ärzte- und Apothekerverbänden, von Krankenhäusern und Arzneimittelherstellern, die unter Hinweis auf diese demographischen Risiken die von den Bundesregierungen seit Mitte der 70er Jahre betriebene Kostendämpfungspolitik für die

Krankenversicherung bekämpfen und insbesondere einen stabilen Beitragssatz, wie er zuletzt im Gesundheits-Reformgesetz ausdrücklich zum Ziel erklärt worden ist, als völlig unrealistisch ablehnen.

Wenn 70jährige drei- bis viermal häufiger zum Allgemeinarzt gehen, wenn sie im Durchschnitt zehnmal mehr Arzneimittel konsumieren als 20jährige, wenn sie vier- bis fünfmal so viele Tage im Krankenhaus verbringen müssen, dann scheint bei einer zunehmenden Zahl der Älteren und bei einem Rückgang der jüngeren Bevölkerung dieses politische Ziel in der Tat kaum erreichbar.

Nun sind die Zusammenhänge allerdings etwas komplizierter, als sie von den Anbietern von Gesundheitsgütern gerne dargestellt werden:

- *Erstens* ist es zwar richtig, daß der durchschnittliche Bedarf an medizinischer Versorgung je Einwohner steigt, wenn das Durchschnittsalter zunimmt; geht aber gleichzeitig die Gesamtzahl der Bevölkerung zurück, so kann der Gesamtbedarf an Krankenhausbetten, an Arzneimitteln, an ärztlichen Verrichtungen durchaus konstant bleiben oder sogar abnehmen. Bei aller Unsicherheit über die künftige Bevölkerungsentwicklung kann man nach der Jahrhundertwende sowohl für das Gebiet der Bundesrepublik wie unter Einschluß der DDR von einem Bevölkerungsrückgang und dem daraus resultierenden Effekt einer Dämpfung der Bedarfsanstiege ausgehen.
- *Zweitens* stellt sich die sehr viel entscheidendere Frage, ob die Vielzahl der für Ältere heute verschriebenen Arzneimittel, die häufig zwar aus der Apotheke geholt, aber – teils glücklicherweise – nicht genommen werden, ob die gerade bei älteren Menschen langen Krankenhausaufenthalte, ob alle Labortests und sonstigen diagnostischen und therapeutischen Verrichtungen immer medizinisch notwendig oder wenigstens sinnvoll sind. Die aktuelle, durch das Gesundheits-Reformgesetz ausgelöste, fruchtbare Debatte über die Wirksamkeit von Arzneimitteln hat deutlich gezeigt, daß eine große Zahl von Medikamenten in der Vergangenheit verschrieben worden ist, für deren Wirksamkeit allgemein oder hinsichtlich der speziellen Krankheit, für die die Verordnung erfolgte, bisher kein wissenschaftlicher Nachweis vorliegt.

- Viele der sehr alten Krankenhauspatienten bedürfen tatsächlich nicht der medizin-technischen Ausstattung eines Krankenhauses. Sie wären humaner und zweckmäßiger in einer Pflegeeinrichtung untergebracht, in der die ihnen verbliebene Leistungsfähigkeit gezielt gefördert werden und der Aufenthalt in einer weniger medizinisch sterilen Atmosphäre erfolgen könnte. Teilweise wäre in diesen Fällen durchaus aber auch Pflege zu Hause möglich, so daß die gewohnte Umgebung beibehalten werden könnte. Per saldo werden damit allerdings Kosten wohl kaum eingespart. Ausgabenverringerungen im Krankenhausbereich stünden bei qualitativ und quantitativ befriedigendem Ausbau der ambulanten Pflege und von Pflegeeinrichtungen Mehraufwendungen im Bereich der Sicherung im Fall der Pflegebedürftigkeit gegenüber.
- *Drittens* führt ein durch die Zunahme der Älteren bewirkter Mehraufwand in der Gesetzlichen Krankenversicherung nicht notwendigerweise zu Beitragssatzerhöhungen. Beitragssatzerhöhungen sind immer dann erforderlich, wenn die Ausgaben der GKV stärker steigen als die Summe der Einkommen (Arbeitsentgelte, Renten und Bemessungsentgelte für Beiträge für Leistungsempfänger der Bundesanstalt für Arbeit), die der Beitragserhebung unterliegen. Da für Rentner Beiträge an die GKV gezahlt werden, steigen bei zunehmender Rentnerzahl auch die Beitragseinnahmen. Erhöht sich unter dem Aspekt eines demographisch bedingten Arbeitsmarktengpasses die Erwerbsbeteiligung von Frauen, dann werden aus bisher beitragsfrei mitversicherten Familienangehörigen beitragspflichtige Versicherte. Insgesamt wird daher die Zahl der Beitragszahler zur GKV auch bei stagnierender oder rückläufiger Bevölkerung tendenziell noch steigen, falls nicht über die Befreiung von der Versicherungspflicht für Empfänger höherer Einkommen eine zunehmende Abwanderung zur privaten Krankenversicherung eintritt.

Insgesamt zeigt sich damit, daß die Wirkungen allein der Bevölkerungsentwicklung auf die GKV nicht sehr dramatisch zu werden brauchen. Einen deutlichen Mehraufwand wird man jedoch für die Verbesserung der Sicherung im Falle der Pflegebedürftigkeit in Rechnung stellen müssen. Diese Ausgabenposition wird unabhängig davon, ob sie im Rahmen der Kranken- oder Rentenversicherung oder als eigenständiges Versicherungs- oder Versorgungssystem finanziert wird, zunächst wegen des erforderlichen Nachholbedarfs kräftig ansteigen und danach wegen der überproportionalen Zunahme der Personen in sehr hohem Alter eine weiter überdurchschnittliche Dynamik zeigen. Der Mehraufwand für die ambulanten Pflegehilfen im Rahmen des Gesundheits-Reformgesetzes – nach Abschluß der stufenweisen Einführung – ist etwa auf einen halben Beitragssatzpunkt bzw. rd. 4,5 Mrd. DM zu veranschlagen. Für eine befriedigende Lösung der ambulanten und stationären Pflege wäre insgesamt ein Mehrfaches dieses Betrages (rd. zwei Beitragssatzpunkte) aufzuwenden, wobei gleichzeitig allerdings deutliche Entlastungen der Sozialhilfe und des Krankenhausbereichs gegenzurechnen wären.

Die wenig dramatische Einschätzung der demographischen Wirkungen auf die Krankenversicherung im engeren Sinne (d. h. ohne Pflege) muß allerdings insofern eingeschränkt werden, als sie nur unter der Annahme gilt, daß sich die medizinische Praxis nicht wie bisher weiterentwickelt, daß keine neuen, noch teureren Verfahren angewandt werden, die sich speziell auf den Kreis der älteren Patienten konzentrieren und damit den Altersstruktureffekt noch vergrößern. Diese Annahme wäre zumindest für die Vergangenheit nicht realistisch gewesen. Tatsächlich sind in neuerer Zeit entwickelte Verfahren der Endoprothetik, wie z. B. künstliche Hüftgelenke, Herzschrittmacher, schwierige Herzoperationen zunächst immer nur an jüngeren Patienten, danach dann regelmäßig aber auch an Patienten in sehr hohem Alter eingesetzt worden. Die mit höherem Alter zunehmende Schwere und Komplexität von Erkrankungen hat nicht nur zur Folge, daß sich die bekannten Verfahren der Intensiv- und Hochleistungsmedizin zunehmend auf die älteren Patienten konzentrieren, sondern daß auch die Forschung sich diesem Personenkreis verstärkt zuwendet. Insofern ist auch künftig damit zu rechnen, daß Behandlungskosten für ältere Personen stärker steigen als für jüngere, daß die rein demographische Entwicklung überlagert und verstärkt wird von tendenziell kostenerhöhenden Änderungen in den Behandlungsmethoden.

3.3.2 Ersatzteilmedizin und Retortenmensch – neue Medizintechnologien

Wie in allen Lebensbereichen hat es in der Medizin im Laufe der Jahrzehnte außerordentliche wissenschaftliche und technische Fortschritte sowohl bei der Feststellung wie bei der Behandlung von Krankheiten gegeben. Waren es ausgangs des letzten, Anfang dieses Jahrhunderts vor allem die Erkenntnisse über Hygiene und Sterilität sowie die Entdeckung von Mitteln zur Bekämpfung von Infektionskrankheiten, so waren in jüngerer Zeit besonders die Entwicklung auf den Gebieten der Transplantation organischer Körperteile (Haut, Nieren, Herz), Operationen am »offenen Herzen«, die Ersetzung von organischen Körperteilen durch anorganische Ersatzteile (Hüftgelenke) oder die teils innere oder äußerliche Unterstützung von Körperfunktionen (Herzschrittmacher, künstliche Niere) sowie die teilweise Ersetzung operativer Techniken durch invasive oder äußerliche Anwendungen (Stoßwellentherapie bei Nierensteinen) die spektakulärsten Entwicklungen. Gleichermaßen hat im Bereich der Diagnostik mit der Entwicklung neuer Verfahren zur Messung, Feststellung und Kontrolle von Funktionen im Körperinnern ein bis heute anhaltender Fortschritt stattgefunden.

Neben der Weiterentwicklung derartiger diagnostischer Techniken, insbesondere auch im Verbund mit der Mikroelektronik, zeichnet sich mit der Genforschung ein neuer Weg ab, bisher noch unentdeckte »Anomalien« festzustellen: die Genomanalyse. Mit der Genomanalyse sollen die Erbinformationen des einzelnen Menschen analysiert und daraus Erkenntnisse gewonnen werden über Veranlagungen, die später mit einer gewissen Wahrscheinlichkeit zum Ausbruch bestimmter Krankheiten führen. Es drängt sich die bedrükkende Vision auf, daß eines Tages die Genomanalyse als Reihenuntersuchung im jugendlichen Alter durchgeführt wird und jeder Bürger mit dem übersichtlichen Computerausdruck seiner möglichen Krankheitsgefährdungen vor Augen durchs Leben geht. Ideal wären diese Informationen für Lebens- und Krankenversicherer, die lange vor Eintritt des eigentlichen Krankheitsrisikos ihre Tarife nach »genetischen Krankheitsbefunden« differenzieren könnten. Arbeitgeber könnten ebenso bei der Einstellung die »genetisch Gesunden«, falls sich solche feststellen lassen, von den gesundheitlich bedenklichen Arbeitsplatzbewerbern trennen. Der Medizinbetrieb würde rasch lebenslängliche Präventionsstrategien entwickeln. Und was wäre mit dem einzelnen Menschen? Er wäre – im Falle negativer genetischer Merkmale – in Gefahr, sein Leben lang gesellschaftlich diskriminiert zu werden; soweit es keine zuverlässige Methode der gesundheitlichen Vorsorge gibt, würde er bei zunehmender psychischer Belastung auf den Ausbruch der Erkrankung warten; es müßte ihm unverantwortlich erscheinen, eine Familie zu gründen und seine genetischen Mängel auf weitere Generationen zu übertragen.

Daß die Weiterentwicklung der Genanalyse im wissenschaftlichen Bereich gestoppt wird, ist äußerst unwahrscheinlich; bleibt also nur die gesetzliche Einschränkung auf die freiwillige Entscheidung des einzelnen, sich ihr zu unterziehen. Ob dies allerdings eine realistische Perspektive ist, erscheint ebenfalls fraglich, wenn es zahlreiche Interessengruppen gibt, die aus wirtschaftlichen Überlegungen an ihrer Verbreitung interessiert sind. Ethisch und gesellschaftspolitisch wäre die Genanalyse unter Umständen insoweit akzeptabel, als sie nur zur Identifikation solcher Gesundheitsgefährdungen eingesetzt wird, bei denen das sehr frühzeitige Erkennen die Voraussetzung für eine wirksame Vermeidung des Eintritts der Krankheit ist. Im Hinblick auf die Weitervererbung ist diese Bedingung aber in jedem Falle nur durch die Entscheidung für einen Verzicht auf Kinder gegeben. Oder, und das könnte längerfristig der wahrscheinlichere, ethisch aber auch der bedenklichere Weg sein, man akzeptiert neben der Genanalyse auch die Genmanipulation, im ersten Schritt zur Vermeidung der Weitergabe von Erbanlagen, die auf Gesundheitsgefährdungen hindeuten, im zweiten Schritt zur Verbesserung des Menschen insgesamt.

Es ist nicht die außerordentliche Kostenentwicklung, die mit einer derartigen Gentechnik verbunden wäre, sondern eine aus meiner Sicht zutiefst unmenschliche Ausrichtung der Medizin, die pessimistisch stimmt. Es ist die Seelenlosigkeit im Menschenbild des ausschließlich naturwissenschaftlich orientierten Wissenschaftlers, die sich auf den Ausbildungsbetrieb der Ärzte überträgt und die ihren

Ausdruck heute darin findet, daß das Sterben auf der Intensivstation des Krankenhauses eher als bedauerliches Versagen der Medizintechnik denn als menschliches Ereignis behandelt wird.

Sicherlich findet die Hinwendung vieler Menschen zum Heilpraktiker oder zu der von approbierten Medizinern abgelehnten »Außenseitermedizin« aus derartigen kritischen Einstellungen gegenüber der herrschenden Schulmedizin statt. Eine intensivere Einbeziehung psychischer und sozialer Entwicklungsbedingungen von Krankheit bei Diagnostik und Therapie erscheint jedenfalls sinnvoller als die Aufdeckung und Behandlung weiterer körperlicher Defekte, die keine oder allenfalls geringfügige Beschwerden verursachen.

3.3.3 Die »Ökonomisierung« der Medizin oder der Wirtschaftsbereich »Gesundheit«

Die Bevölkerung in der Bundesrepublik hat 1987 für Krankenhäuser, Ärzte und Zahnärzte, Arzneimittel, Kuren, Zahnersatz und für sonstige Leistungen des Gesundheitswesens insgesamt 182 Mrd. DM oder rund 8 % des Bruttoinlandsprodukts aufgewendet. Schätzungen bezüglich der Anzahl der Personen, die im Gesundheitswesen beschäftigt sind, belaufen sich auf rd. 1,4 Mio. Das heißt, daß etwa 5 % aller Erwerbstätigen in der Bundesrepublik direkt oder indirekt an der Herstellung und Verteilung von Gesundheitsgütern verdienen – die pharmazeutische Industrie und die Beschäftigten bei Krankenkassen noch nicht eingerechnet. Das Gesundheitswesen ist also, sowohl was die gesamtwirtschaftliche Produktion als auch was die Beschäftigung betrifft, ein nicht zu vernachlässigender Wirtschaftsbereich. Die Ärzte halten allerdings vielfach eine derartige wirtschaftliche Betrachtung und Analyse des Gesundheitswesens für anstößig, lehnen es ab, als »Anbieter von Gesundheitsleistungen« klassifiziert zu werden, gehe es doch im Gesundheitswesen vorangig um ethische und nicht um wirtschaftliche Fragen. Mit der »Ökonomisierung« der Medizin werde in die Entscheidungsfreiheit des Arztes unzulässig eingegriffen, das Arzt-Patient-Verhältnis in therapeutisch bedenklicher Weise gestört.

Nun hat dieses Selbstverständnis der Ärzte andererseits auch dazu geführt, daß trotz zahlreicher Kostendämpfungsgesetze die Ausgaben der GKV von 1960 bis 1988 um 1300 % und je Mitglied immer noch um 940 % gestiegen sind, während sich gleichzeitig die Bruttolöhne und -gehälter je Arbeitnehmer nur um 540 % erhöht haben. Die Frage, ob sich die Kosten je Beitragszahler jährlich um 70 % stärker erhöhen müssen als ihre Bruttoarbeitseinkommen, erscheint daher legitim, ganz davon abgesehen, daß sich diese Entwicklung auch nur theoretisch bis zu dem Punkt verlängern läßt, an dem der Arbeitgeber gleich den Bruttolohn an die Krankenkasse überweist. Nur weil der Gesetzgeber seit Mitte der 70er Jahre verstärkt ausgabendämpfend tätig geworden ist, wurde der Anstieg der Beitragssätze in diesem Zeitraum deutlich verringert.

3.3.3.1 Mehr Marktwirtschaft für Gesundheitsgüter?

Wirtschaftswissenschaftler und -politiker westlicher Industriestaaten – gerade bestätigt durch die wirtschaftliche Entwicklung in den Ostblockstaaten – vertreten im allgemeinen stark vereinfacht zwei Maximen:

- Ich will als Käufer eines Gutes mein Geld nicht verschwenden, also kaufe ich das Gut, das meinem Verwendungszweck entspricht, zu einem möglichst niedrigen Preis (Wirtschaftlichkeitsprinzip).
- Damit ein Gut zu verschiedenen Preisen angeboten wird, müssen wenigstens zwei Anbieter, die sich nicht abgesprochen haben, vorhanden sein, die sich bemühen, ihre Güter gegen die Konkurrenz zu günstigeren Angebotspreisen zu verkaufen und deshalb auch möglichst kostengünstig herzustellen (Wettbewerbsprinzip).

Das Resultat von Wirtschaftlichkeits- und Wettbewerbsprinzip ist ein Markt, auf dem mehrere Käufer und Verkäufer sich treffen, auf dem sich für ein bestimmtes Gut ein einheitlicher Preis herausbildet, zu dem die größte Menge des Angebots verkauft und die größte Menge der Nachfrage befriedigt wird. Produzenten, die nicht kostengünstig genug herstellen, um zu diesem Marktpreis verkaufen zu können, gehen ebenso unbefriedigt von dannen wie Nachfrager, die sich den Marktpreis nicht leisten wollen oder nicht leisten können.

In der Wirklichkeit ist dieser Idealmarkt zwar nirgends anzutreffen, deshalb kommt tatsächlich auch dieser einheitliche Marktpreis nicht zustande, sei es weil die Güter tatsächlich nicht voll vergleichbar sind, sei es weil nicht alle Anbieter gleich gut erreichbar sind oder weil der Nachfrager einen Anbieter besonders schätzt und daher auch einen etwas höheren Preis akzeptiert. Trotz dieser sachlichen, räumlichen und persönlichen Präferenzen, der Unvollkommenheiten der tatsächlichen gegenüber den idealen Märkten, funktionieren derart wettbewerblich sich selbst steuernde Märkte hinsichtlich der Quantität der Bedarfsdeckung und der Höhe des Preises im allgemeinen besser als staatlich regulierte Veranstaltungen. Daher gibt es unter Wirtschaftswissenschaftlern des In- und Auslandes eine lang anhaltende Diskussion, ob Wettbewerb im Gesundheitswesen und/oder auf den Märkten für Krankenversicherung nicht ebenfalls zu einer Steigerung der Leistungsfähigkeit, zu einem besseren Verhältnis von Leistung und Preis, d. h. insgesamt zu mehr Wirtschaftlichkeit führen könnte.

Zahlreiche tatsächliche oder plausibel vermutete Mängel und Ungereimtheiten sprechen zunächst für mehr marktwirtschaftliche Orientierung. Wenn Anbieter wirkungsloser Arzneimittel nicht vom Markt verdrängt werden, wenn Medikamente mit identischen Wirkstoffen in außerordentlich breiten Preisspannen angeboten und verkauft werden, wenn die Verweildauer im Krankenhaus im Vergleich zum Ausland ebenso überhöht erscheint wie die Zahl der vorhandenen Krankenhausbetten, wenn medizinische Großgeräte in einer Häufigkeit angeschafft werden, die bei zweckentsprechender Anwendung keinesfalls rentabel sein kann, dann spricht all dies dafür, daß Anreize zu mehr Wirtschaftlichkeit, wie sie in Wettbewerbssystemen gegeben sind, fehlen.

Die daraus gezogene Konsequenz, wir müßten unser recht kompliziertes System sozial-, preis- und gesundheitsrechtlicher Regelungen nur in ein wettbewerbswirtschaftliches umwandeln und alle Probleme wären gelöst, erweist sich bei näherer Prüfung jedoch eher als Kurzschluß. Der Kauf von Unterwäsche oder eines PKW weist im Vergleich zum Kauf einer eingehenden Untersuchung, einer anschließenden Röntgenuntersuchung und einer Operation einschließlich einer nachgehenden medikamentösen Therapie einige Unterschiede auf.

Der *erste Unterschied* besteht darin, daß ich beim Kauf eines PKW von vornherein weiß, daß ich kein Motorrad, keinen Bus, möglicherweise keinen Sportwagen und keine Luxuslimousine, sondern ein ziemlich klar definiertes Fortbewegungsmittel will. Beim Gang ins Gesundheitswesen habe ich zwar auch ein klares Bedürfnis, z. B. nach Beseitigung von Schmerzen oder Unwohlsein, im Regelfall habe ich jedoch keine genaue Vorstellung über das in diesem Fall angebrachte Mittel. Ich wende mich also an den Arzt, d. h. an den Anbieter, mit der Bitte, die für meinen Fall geeigneten Mittel auszuwählen. Nun kann ich zwar mit dem Arzt über die Notwendigkeit der einen oder anderen diagnostischen und therapeutischen Maßnahme diskutieren, im Endergebnis wird dennoch er als Experte für Krankenbehandlung und als Anbieter von Leistungen die Nachfrage vorschreiben oder verschreiben, die er für geeignet hält.

Der *zweite Unterschied* zum PKW-Kauf besteht darin, daß ich bei finanziellen Schwierigkeiten auf den PKW verzichten, den Kauf verschieben oder ein anderes Fortbewegungsmittel kaufen kann, während ich im Falle ungeklärter Beschwerden oder nach diagnostischer Feststellung einer ernsten Erkrankung diese auf normalen Gütermärkten übliche Möglichkeit nicht habe. Vielfach besteht objektiv oder nach Meinung des Experten »Arzt« gar keine Zeit, die Behandlung zu verschieben oder nach einer preiswerteren Ausschau zu halten.

Ein *dritter Unterschied* zum PKW-Kauf besteht in der Chance, das wirtschaftlichste Gut auszuwählen. Für PKW gibt es unzählige Testzeitschriften, Freunde, die bereits Erfahrungen mit einem bestimmten Typ gemacht haben, Probefahrten und, wenn man denn doch ein »Montags-Auto« bekommen hat, den Schadensersatz. Zwar werden Medikamente auch getestet, ab und zu werden solche Tests auch veröffentlicht; aber die Qualität des Arztes, des Operateurs, die Eignung einer Therapie für einen speziellen Fall ist schwer zu testen; »Probefahrten« sind zwar – in einzelnen medizinischen Fächern – nicht unüblich, aber keineswegs im Sinne des Patienten; Garantieleistungen sind ebenfalls von zweifelhaftem Wert: Der Austausch von Autoteilen ist sicher unproblematischer als der Ersatz von Körperteilen.

Sowohl das Bedürfnis, das auf diesem »Gesundheitsmarkt« gedeckt werden soll, nämlich die Erhaltung und Wiederherstellung der Gesundheit, als auch die Güter, die »gehandelt« werden sollen, sind äußerst komplex, die Eignung des Gutes zur Befriedigung des Bedürfnisses nicht immer eindeutig nachweisbar, weil in ihrer Wirkung auf den einzelnen Patienten durchaus unterschiedlich. Die Tatsache, daß bei vielen, wenn nicht bei allen Krankheiten die Psyche des Patienten und dessen intensiver Wunsch nach Heilung eine entscheidende Rolle spielen, das Einfühlungsvermögen des Arztes oft ausschlaggebender ist als das Medikament, bedeutet letztlich, daß der Arzt als Anbieter eine außerordentlich starke monopolistische Position auf diesem »Markt« hat, auf dem zwar ähnliche, aber nicht eindeutig vergleichbare Güter in Form von »Behandlungen« gehandelt werden.

In dieser Situation können bei freier Preisbildung außerordentlich hohe Preise entstehen, die von einer Vielzahl von Patienten nicht zu bezahlen sind. Wäre das Gut nicht lebensnotwendig – wie z. B. ein Bild von Picasso –, dann wäre diese Preisbildung kein Problem. Für medizinische Leistungen dagegen kann erstens die Bildung von Monopolpreisen auf einem freien Markt nicht akzeptiert werden, zweitens ist sozialpolitisch nicht tolerierbar, daß auch nur ein Patient deshalb von einer Behandlung ausgeschlossen wird, weil er die medizinisch erforderlichen Güter nicht bezahlen kann. Im übrigen sei hier nur angemerkt, daß selbst die »privatwirtschaftliche« Einstellung der privaten Krankenversicherung bisher noch nie dazu geführt hat, daß diese die staatliche Festsetzung von Ärztehonoraren in der amtlichen Gebührenordnung abgelehnt hätte.

Da der Grad der Wettbewerbsbeschränkungen durch die Art des Gutes außerordentlich hoch ist, wesentliche Ergebnisse eines freien Marktes außerdem ausgeschlossen werden sollen, stellt sich die Frage, auf welche Weise Anbieter von und Nachfrager nach Gesundheitsgütern zu einem wirtschaftlichen Verhalten bewegt werden können, das

- wissenschaftlichen und technischen Fortschritt im Sinne der Gesundheitsziele nicht behindert,
- die Wirksamkeit der praktizierten Medizin in Vorbeugung, Behandlung und Rehabilitation erhöht und unwirksame Maßnahmen ausschließt,
- kostengünstige Produktionen fördert und sicherstellt, daß Rationalisierungseffekte auch an die Versicherten weitergegeben werden,
- die Inanspruchnahme von Gesundheitsleistungen auf das zur Erreichung der vorgegebenen Gesundheitsziele erforderliche Maß beschränkt, ohne die Deckung des notwendigen Bedarfs im Einzelfall auszuschließen.

Ein derartiger Forderungskatalog erscheint ziemlich unstrittig, er müßte eigentlich von allen gesellschaftlichen Interessenvertretungen akzeptiert werden und wird es auch, solange er nicht weiter konkretisiert wird. Dann allerdings setzt ein kaum überblickbarer Expertenstreit zwischen und unter Medizinern, Pharmakologen, Wirtschaftswissenschaftlern, Psychologen, Versicherungs- und Versichertenvertretern, kurz zwischen allen am Gesundheitswesen interessierten Gruppen ein.

3.3.3.2 Zur Wirksamkeit und Wirtschaftlichkeit medizinischer Strategien

Ganz allgemein wird man die Abfolge einer Reihe medizinischer Aktivitäten wie vorsorgender Beratung, diagnostischer und therapeutischer Verrichtungen dann als »wirksam« bezeichnen, wenn sie im Ergebnis den Gesundheitszustand des Patienten so verbessern oder – soweit Besserung nicht möglich – so weit aufrechterhalten, wie dies nach dem Stand der medizinischen Wissenschaft möglich ist. Gibt es zwei unterschiedliche Strategien gleicher Wirksamkeit, dann ist die preiswertere zugleich die »wirtschaftliche«. Für einen Wirtschaftswissenschaftler überraschend, gibt es nun kaum wissenschaftlich seriöse Wirksamkeitsvergleiche zwischen auf das gleiche Ziel gerichteten gesundheitlichen oder medizinischen Strategien. Zwar wird z. B. immer wieder hervorgehoben, daß es sinnvoller sei, durch Gesundheitsvorsorge, Vorsorge- und Früherkennungsuntersuchungen den Eintritt einer Krankheit zu vermeiden oder sie im Frühstadium zu erkennen und zu behandeln, als die Behandlung erst in fortgeschrittenem Stadium zu beginnen, aber mehr als plausible Vermutungen werden häufig nicht angeführt. Wenn aber eine Vorsorge- oder Früherkennungsuntersuchung zwar zu einem gesicherten Befund führt, entsprechende therapeutische Möglichkeiten jedoch nicht zur Verfügung stehen, dann ist sie als unwirksam zu klassifizieren. Stehen zwar therapeutische Möglichkeiten zur Verfügung, bietet aber die Frühbehandlung gegenüber der Behandlung im akuten Stadium keine gesundheitlichen Vorteile, dann wird die Früherkennungsmaßnahme in aller Regel unwirtschaftlich sein, denn sie erstreckt sich regelmäßig auf eine wesentlich größere Bevölkerungsgruppe als die Akutbehandlung.

Nach der Einführung der Früherkennungsuntersuchungen bei Männern und Frauen gegen Krebs hat eine lebhafte Diskussion darüber stattgefunden, ob bei bestimmten Tumorformen tatsächlich eine Verringerung der Sterblichkeit bewirkt worden ist oder ob durch die Früherkennung lediglich die Phase zwischen Entdeckung des Tumors und Eintritt des Todes infolge des Tumors verlängert wurde. Zumindest zum Zeitpunkt der Einführung der Untersuchung im Rahmen der gesetzlichen Krankenversicherung war die Wirksamkeit keineswegs gesichert.

Das gleiche gilt für die mit dem Gesundheits-Reformgesetz eingeführten Vorsorgeuntersuchungen auf Herz-Kreislauf-Erkrankungen. Sie werden voraussichtlich in einigen Fällen zur Entdeckung behandlungsbedürftiger Erkrankungsfälle führen, sie werden aber in wesentlich mehr Fällen zu Ergebnissen führen, die in einem sehr weiten Grenzbereich liegen, in dem die Behandlungsbedürftigkeit nicht zwingend gegeben ist, aber auch nicht als ärztlicher Kunstfehler verworfen werden kann, weil die Grenzwerte zu unspezifisch und die therapeutischen Ansätze eher auf die Krankheitserscheinung (Symptome) denn auf die Krankheitsursachen gerichtet sind.

Auf einer vergleichbaren Problemebene bewegt sich die Verfeinerung der Diagnosetechnik, mit der heute einerseits schwere Erkrankungen exakter diagnostizierbar sind, was zweifellos die Wirksamkeit bestätigt, mit denen andererseits jedoch auch Befunde erhoben werden, die organische Abweichungen von der »Normalität« bedeuten, dem Untersuchten – von Patienten kann im wörtlichen Sinne nicht die Rede sein – aber keine Beschwerden bereiten und bei denen auch nicht feststeht, ob sie künftig zu einer behandlungsbedürftigen Krankheit führen werden. Im Sinne des Kriteriums wissenschaftlich gesicherter Verbesserung des Gesundheitszustandes müßte die Behandlung der zweiten Kategorie als unwirksam bezeichnet werden.

Ein ideales Zusammenspiel in diesem Sinne vermutlich unwirksamer Diagnose- und Therapiestrategien findet sich auf dem Felde des Entdeckens und der Zertrümmerung von Nieren- und Gallensteinen. War man anfangs der Meinung, daß die extrakorporalen Verfahren (Lithotripter) in beträchtlichem Umfang operative Eingriffe unnötig machen und daher im Endeffekt zu Einsparungen führen, so entwickelt sich in jüngerer Zeit eine Diskussion darüber, ob die Wirksamkeit des Verfahrens auf längere Sicht (Neubildung von Steinen) tatsächlich so gut ist, wie ursprünglich angenommen; andererseits lassen sich durch moderne Untersuchungsverfahren immer mehr Steine entdecken, die bisher subjektiv nicht wahrgenommen worden waren, nun aber auch einer Behandlung zugeführt werden können.

Offensichtlich schreitet die Entwicklung neuer medizinisch-technischer Verfahren und Medikamente und deren Anwendung sehr viel schneller fort als die wissenschaftliche Betrachtung ihrer Wirksamkeit. So verständlich es ist, daß die Nachricht, z. B. über einen möglichen neuen Wirkstoff gegen Krebs, nicht nur die medizinische Fachwelt, sondern die gesamte Öffentlichkeit elektrisiert, so unverständlich ist es andererseits auf den ersten Blick, daß die wissenschaftliche Erforschung der Wirksamkeit bestimmter Behandlungsverfahren unterentwickelt ist. Verständlich erscheint dies nur unter dem Gesichtspunkt, daß weder Ärzte noch Krankenhäuser, noch die pharmazeutische Industrie sich einer Wirksamkeitskontrolle unterziehen wollen, die letztlich in vielen Bereichen zu einer Einschränkung diagnostischer und therapeutischer Verrichtungen sowie von Arzneimittelverordnungen führen könnte.

Wenn sich aber die Anbieter von Gesundheitsleistungen einem Qualitätswettbewerb um das wirksamste und damit auch um das wirtschaftlichste Angebot durch die gezielte, teils standesrechtlich, teils gesetzlich oder vertraglich festgelegte Unterbindung von Informationen entziehen können, dann sind die Patienten bzw. deren Interessenvertretungen und häufig auch der Gesetzgeber in der hoffnungslosen Lage, Entscheidungen auf der Basis von Glauben, anstatt von Wissen treffen zu müssen.

Diese Situation hat sich in den letzten Jahren eher verschlechtert als verbessert. Die Ärztevertreter haben die Datenschutzdiskussion rasch genutzt, um in Ergänzung zum bisherigen Argument des besonders schutzbedürftigen »Arzt-Patient-Verhältnisses« auch nur die Zusammenführung von Behandlungsinformationen über Einzelpersonen im Rahmen der gesetzlichen Krankenversicherung zu verhindern. So ist die Bundesrepublik Deutschland nicht nur absolutes Entwicklungsland hinsichtlich der Kenntnis, welche Krankheiten in welchem Umfang in einzelnen Altersstufen bei Männern und Frauen verbreitet sind; wir wissen auch kaum etwas darüber, mit welchen diagnostischen und therapeutischen Strategien bestimmte Krankheiten im Einzelfall angegangen werden, wie oft identische chemische oder physikalische Untersuchungen im Rahmen eines Krankheitsfalles – berechtigt oder unberechtigt – wiederholt werden, weil der Patient vom Allgemeinarzt zum Facharzt und anschließend ins Krankenhaus wechselt. Wir wissen zwar, daß z. B. Frauen im Alter von 75 bis 79 Jahren im Rahmen der gesetzlichen Krankenversicherung 1988 im Durchschnitt 1200 Tagesdosen an Arzneimitteln oder über drei verschiedene Arzneimittel Tag für Tag verschrieben bekommen haben, wir wissen aber nicht, wie viele gar kein oder nur ein Arzneimittel und wie viele fünf verschiedene Arzneimittel täglich einnehmen sollten und ob diese Mittel überhaupt miteinander verträglich sind.

Solange derartige Daten nicht vorliegen, lassen sich gezielte Instrumente zur Erhöhung der Wirksamkeit und Wirtschaftlichkeit des Gesundheitswesens letztlich nicht entwickeln. Es werden daher

Ersatzinstrumente mit dem Ziel eingesetzt, indirekt über die Finanzierungsseite eine Erhöhung der Wirtschaftlichkeit zu bewirken.

3.3.3.3 Ausgabenbegrenzung als Mittel zur Erhöhung der Wirksamkeit?

Sehr pauschal wird in der Öffentlichkeit vielfach festgestellt, daß wir zuviel Geld für das Gesundheitswesen ausgeben. Zunächst überrascht eine derartige Feststellung in unserem Wirtschaftssystem, in dem keinesfalls mit der gleichen Intensität oder gar von den gleichen Gruppen beklagt wird, daß wir zuviel für den privaten Personenverkehr oder für Wohnungseinrichtungen ausgeben. Der Unterschied in der Betrachtungsweise liegt häufig nur in der Tatsache begründet, daß das Gesundheitswesen überwiegend aus Steuern und Sozialversicherungsbeiträgen finanziert wird, die ohnehin immer als zu hoch erscheinen, während der private PKW aus der Tasche des einzelnen zu finanzieren ist.

Insofern gibt es denn auch eine ganze Reihe von Stimmen, die eine Verlagerung der Finanzierung aus den öffentlichen in die privaten Haushalte befürworten nach dem selten offen eingestandenen Motto, wenn dadurch schon die Entwicklung der Gesamtausgaben nicht gebremst wird, so können doch wenigstens die Steuer- und Beitragssätze stabil gehalten oder reduziert werden. Die Ausgabenbegrenzung betrifft dann lediglich die öffentlichen Haushalte und die der Sozialversicherungsträger. Begründet wird diese politische Strategie im allgemeinen mit dem – wie eingangs dargestellt – problematischen Marktargument, wonach der Versicherte bei unmittelbarer Belastung mit den Gesundheitsaufwendungen seine Nachfrage sorgfältiger plant, im Endeffekt reduziert und damit einen verstärkten Preis- und Qualitätseffekt auf der Angebotsseite auslöst.

Eine Überprüfung dieser wettbewerbstheoretisch verhüllten Taktik zur Änderung der Einkommensumverteilung und zur Reduzierung des sozialen Ausgleichs ist am besten am Beispiel der USA möglich. Gemessen an ihrer Wirtschaftskraft (Bruttoinlandsprodukt) liegen die USA in den Gesundheitsausgaben international an der Spitze, obwohl nur Arme und alte Personen in einer Pflichtkrankenversicherung sind, obwohl sehr unterschiedliche Angebotsformen des Gesundheitsschutzes auf dem Markt offeriert werden und obwohl schätzungsweise 30 Millionen Amerikaner überhaupt keinen Krankenversicherungsschutz haben, weil kein Versicherer bereit ist, sie zu einem für ihr Einkommen angemessenen Preis zu versichern. In dem einer marktwirtschaftlichen, wettbewerbsorientierten Ordnung sehr nahekommenden System der USA sind die Ausgaben für Gesundheit in den letzten Jahren sehr viel stärker gestiegen als in der Bundesrepublik, und nicht nur bei den Arbeitnehmern, sondern auch bei den Arbeitgebern mehren sich die Stimmen, die sich für ein breites Sozialversicherungssystem aussprechen.

Drei Probleme zeigt die gegenwärtige Diskussion in den USA sehr deutlich:

1. Die Wettbewerbsposition privater Nachfrager, ja selbst die einzelner betrieblicher Versicherungseinrichtungen ist viel zu schwach, um einen wirksamen Preis- und Qualitätswettbewerb auf der Anbieterseite auszulösen.
2. Die Ablösung eines Sozialversicherungssystems, in dem Beiträge entsprechend dem Einkommen gezahlt werden, durch private Krankenversicherer, bei denen Prämien nach dem Ausgabenrisiko von einzelnen Personengruppen und nach speziellen Risiken im Einzelfall (Vorerkrankungen) erhoben oder bei denen die Versicherung spezieller Risiken sogar ausgeschlossen wird, führt zur Unterversicherung in der Bevölkerung und damit zu ungleichen Chancen im Zugang zum Gesundheitswesen je nach individueller Einkommenslage.
3. Sollen die Probleme, die durch die Ablehnung einer finanziell für den einzelnen tragbaren Versicherung seitens der Versicherer entstehen, vermieden werden, müssen anstatt des in einer Sozialversicherung möglichen internen sozialen Ausgleichs über einkommensproportionale Beiträge extern Beitragssubventionen an die Versicherten mit geringerem Einkommen – und zwar differenziert nach individuellen Risiken – gezahlt werden, was ein äußerst kompliziertes Verfahren voraussetzt.

Ähnliche Probleme stellen sich natürlich auch, wenn nicht der gesamte, bisher gesetzliche Krankenversicherungsschutz privatisiert wird, sondern nur Teile, indem entweder einzelne Leistungskomplexe aus der gesetzlichen Krankenversicherung herausgenommen werden (z. B. Vorschläge zu einer gesetzlichen Grundversicherung oder Großschadensversicherung) oder wie im Gesundheits-Reformgesetz einzelne Leistungsarten mit einer hohen Zuzahlungspflicht (z. B. Zahnersatz) ausgestattet werden. Zuzahlung bzw. »Kostenbeteiligung« lassen sich allerdings durchaus dort begründen, wo der Patient tatsächlich in der Lage ist, Entscheidungen mit kostenmindernder Wirkung für die Krankenversicherung zu treffen. Das gilt z. B. dann, wenn bei Inanspruchnahme von Vorsorgemaßnahmen (Zahnvorsorgeuntersuchung) der spätere Behandlungsaufwand (Zahnersatz) gesenkt wird und deshalb bei Durchführung der Vorsorge die Zuzahlung bei dennoch auftretendem Zahnersatzbedarf stark reduziert wird oder wegfällt. Auch der pflegliche Umgang mit Hilfsmitteln, wie Brillen, Hörgeräten und Prothesen, sowie die Einhaltung ärztlicher Vorschriften für ein bestimmtes therapiegerechtes Verhalten (Tragen von Apparaten zur Gebißkorrektur) können sicher mit Zuzahlung bzw. Wegfall derselben in gewissem Umfang gesteuert werden. Hier sind medizinische Kenntnisse für die Entscheidung des Patienten nicht erforderlich.

Vergleichbares gilt für das jetzt mit dem Gesundheits-Reformgesetz eingeführte Verfahren des Festbetrages im Bereich der Versorgung mit Medikamenten und bei einigen Hilfsmitteln. Werden auf diesen Märkten Mittel gleicher Wirksamkeit zu sehr unterschiedlichen Preisen angeboten, dann ist nicht einzusehen, warum die gesetzliche Krankenversicherung die teureren Mittel bezahlen soll. Ist die Vergleichbarkeit der Wirksamkeit festgestellt, dann ist die Versorgung mit dem preiswertesten Mittel ausreichend und wirtschaftlich, wählt der Patient – aus welchen Gründen auch immer – ein teureres, dann ist die Zuzahlung in Höhe der Preisdifferenz gerechtfertigt. Zweifellos wird dies bei einzelnen Patienten zu Umstellungsproblemen führen, insbesondere, wenn der behandelnde Arzt es nicht als seine Aufgabe ansieht, den Patienten von der Gleichwertigkeit des preiswerteren Produkts zu überzeugen.

Dieses Verfahren der Festbeträge hat allerdings auch rasch den Nachweis für die Marktmacht der Anbieter geliefert, die entweder mit Preiserhöhungen bei Medikamenten, die der Neuregelung noch nicht unterworfen sind, oder mit Qualitätsreduktion (Verkauf nur älterer Modelle von Hörgeräten zum Festbetrag) sich den Auswirkungen des angestrebten Preiswettbewerbs zu entziehen suchen. Derartige Ausweichstrategien der Anbieter von Gesundheitsgütern in der Reaktion auf gesetzlich oder in Verträgen mit Krankenkassen festgelegte Regelungen zur Dämpfung des Ausgabenanstiegs sind in allen Bereichen und in vielfältigen Formen festzustellen. Wird die Honorarentwicklung für Einzelleistungen der niedergelassenen Ärzte generell begrenzt, dann versuchen diese – im allgemeinen mit Erfolg – die Menge der Einzelleistungen zu erhöhen; wird die Honorarstruktur der Einzelleistungen verändert, dann versuchen die Ärzte möglichst die Menge der rentabelsten Leistungen auszuweiten oder reagieren mit Produktivitätssteigerungen bei den geringer vergüteten Leistungen (z. B. Entwicklung zu Laborgemeinschaften). Werden Krankenhauspflegesätze, die in der Regel als Preis für den Krankenhaustag vereinbart sind, relativ niedrig angesetzt, dann wird die Krankenhausverweildauer erhöht, da die Krankenhauskosten je Behandlungsfall in der Regel nach einer Anfangsphase intensiver Diagnostik und Therapie im weiteren Verlauf abnehmen. Wer als Patient versucht, vorzeitig aus dem Krankenhaus entlassen zu werden, wird in Zeiten tendenzieller Unterauslastung der Krankenhausbetten mit dem Hinweis auf die selbst zu verantwortenden Folgen dieses Verfahrens eingeschüchtert und zum Bleiben gedrängt.

Aber selbst dort, wo der einzelne Anbieter (Arzt, Krankenhaus) sich im Wettbewerb um Patienten stehen sieht, führt dies keineswegs immer zu Qualitäts- und Preiswettbewerb im Angebot, sondern wiederum zu kostspieligen Ausweichreaktionen. Nicht nur, daß der Arzt medizinisch unsinnigen oder unwirtschaftlichen Wünschen der Patienten nach bestimmten Therapieformen und Medikamenten nachgibt, wenn er dessen Abwanderung zur Konkurrenz befürchten muß, er wählt z. B. als Allgemeinarzt vielfach auch bei der erforderlichen Überweisung zu einer spezifischeren Diagnose oder Therapie nicht den niedergelassenen Facharzt aus Furcht, der Patient könnte später nicht mehr in seine Praxis zurückkehren, sondern das kostspieligere Krankenhaus. Aus denselben Gründen sind Ärzte und

Krankenhäuser bemüht, die Breite des diagnose- und therapietechnischen Potentials jeweils auszuweiten, selbst wenn dieses Instrumentarium nicht wirtschaftlich ausgelastet werden kann und häufig – bei geringer Inanspruchnahme – auch qualitativ nicht optimal beherrscht wird. Das bedeutet, daß Ärzte und Krankenhäuser vielfach einen größeren Gewinn davon erwarten, ihre monopolistische Anbietersituation zu stärken, als Rationalisierungsmöglichkeiten durch Delegation einerseits und Kooperation andererseits zu nutzen. Ganz besonders gilt dies an der Grenze von ambulanter und stationärer Versorgung, also zwischen der Einzelpraxis des niedergelassenen Arztes und dem Krankenhaus.

Versagt auf der einen Seite die globale Anwendung der marktwirtschaftlichen Strategien wegen der diesem Versorgungsbereich eigenen, schwerwiegenden Einschränkungen der Wettbewerbsbedingungen, so erweist sich auch eine globale Strategie zur Eindämmung der Gesamtausgabenentwicklung im Gesundheitswesen angesichts der Vielfalt der Strukturen zur Anhebung von Wirksamkeit und Wirtschaftlichkeit des Systems als untauglich. Die Lösung des Problems wird vielmehr in einem dauernden Prozeß des Steuerns mit wechselnden methodischen Ansätzen, von Preisanreizen, Kontrollen, Planung, gesetzlichen Eingriffen und Vereinbarungen zwischen Repräsentanten der Anbieter- und der Nachfragerseite liegen müssen. Diese Konsequenz befriedigt wegen des »unsystematischen, methodischen Durcheinanders« weder den zur Beseitigung der Unwirtschaftlichkeit auf Wettbewerb setzenden Wirtschaftswissenschaftler noch den zur Erhöhung der Wirksamkeit des Gesundheitswesens allein auf Planung vertrauenden Gesellschaftspolitiker.

3.4 Wie sehen die Lösungsansätze für das Gesundheitswesen und für den Schutz der Bevölkerung vor Krankheit und im Krankheitsfall aus?

Es mag zunächst eigenartig klingen, daß noch nicht einmal zwei Jahre nach dem Inkrafttreten des Gesundheits-Reformgesetzes erneut über weiterreichende Maßnahmen und Regelungen sowie über

Mängel und Steuerungsdefizite im Gesundheitswesen nachgedacht wird. Nun wurde im Gesundheits-Reformgesetz (GRG) bzw. in der Begründung des Gesetzentwurfs bereits darauf hingewiesen, daß die eigentliche Reform der Organisationsstruktur der Krankenversicherung nach wie vor ausstehe. Auch die mit dem GRG eingeführten Pflegehilfen sind kaum mehr als ein erster Schritt auf dem Wege zu einer sozial befriedigenden Hilfe für pflegebedürftige Personen. Abgesehen davon, daß das GRG fast nur den Bereich der gesetzlichen Krankenversicherung und nicht unmittelbar das Gesundheitswesen betrifft, ist auch insoweit die Krankenhausversorgung vom GRG kaum direkt berührt worden.

Eine völlig neue Dimension wird die Diskussion über Gesundheitswesen und Krankenversicherung in der nächsten Zeit auch durch Überlegungen im Zusammenhang mit der staatlichen Vereinigung der DDR und der Bundesrepublik Deutschland gewinnen. Die organisatorischen Strukturen in beiden Staaten unterscheiden sich grundsätzlich. Ist die bundesdeutsche Struktur ambulanter und stationärer Versorgung und historisch bedingter Gliederung von Krankenkassen so überzeugend, daß sie lückenlos auf das Gebiet der DDR übertragen werden sollte, oder bietet auch die DDR – abgesehen vom technischen Standard – organisatorische Formen gesundheitlicher Versorgung, deren Erhaltung und Übertragung auf ein vereinigtes Staatsgebiet durchaus erwägenswert ist? Lassen sich beispielsweise aus der DDR positive Erfahrungen aus einer näher an der Arbeitswelt orientierten Medizin gewinnen und in unser hiesiges, stärker auf das Individuum konzentriertes Medizinsystem integrieren? Bietet sich jetzt nicht eine hervorragende Gelegenheit, die in der Arbeitswelt und im System der sozialen Sicherung überholte Trennung der Arbeitnehmer in Arbeiter und Angestellte aufzuheben, zugleich aber auch über die Abgrenzung von Angestellten im öffentlichen Dienst und Beamten nachzudenken? Nicht alles, was sich an gesellschaftlichen Strukturen in der DDR entwickelt hat, ist einfach mit dem Hinweis auf »Kommunismus« abzulehnen, wie ein Blick auf westliche, »kapitalistische« Staaten zeigt. Mancher auch ideologisch begründete Bruch mit der Geschichte in der DDR hat dort auch Strukturen von historischem Ballast befreit, den wir in der

Bundesrepublik noch mitschleppen und anders als mit »historisch bedingt«, wie z. B. die Gliederung der Krankenkassen, heute nicht mehr begründen können.

3.4.1 Das ethische Dilemma gesundheitspolitischer Ziele und des medizinischen Bedarfs

Eine konsequente Politik bedarf verbindlicher politischer Zielvorgaben. Aus zahlreichen gesundheitspolitischen Äußerungen läßt sich jedoch schließen, daß Gesundheits- und Krankenversicherungspolitik in der Vergangenheit ziellos betrieben worden sind. Tatsächlich gibt es weder einen z. B. vom Bundestag beschlossenen Katalog gesundheitspolitischer Ziele, noch ist geklärt, was »bedarfsgerecht« im Sinne zahlreicher gesetzlicher Vorschriften bzw. maßgeblicher gesellschaftlicher Gruppen oder auch des Sachverständigenrates für die Konzertierte Aktion im Gesundheitswesen ist. Eben diesem Sachverständigenrat (SVR) wurde mit Errichtungserlaß vom 12. Dezember 1985 indirekt zur Aufgabe gemacht, Ziele und Bedarf zu bestimmen. Nach § 1 dieses Erlasses hat der Rat:

1. die Entwicklungen in der gesundheitlichen Versorgung mit ihren medizinischen und wirtschaftlichen Auswirkungen zu analysieren,
2. positive und negative Entwicklungen aufzuzeigen,
3. unter Berücksichtigung der finanziellen Rahmenbedingungen und vorhandener Wirtschaftlichkeitsreserven Prioritäten für den Abbau von Versorgungsdefiziten und bestehenden Überversorgungen zu entwickeln und damit der Konzertierten Aktion im Gesundheitswesen Vorschläge für medizinische und ökonomische Orientierungsdaten vorzulegen.

Vielfach wird die Bewertung einer Entwicklung als »positiv« oder »negativ«, die einer Situation als »Versorgungsdefizit« oder als »Überversorgung« von einer sehr komplexen Abwägung zwischen unterschiedlichen Zielen abhängen. Wollte der SVR die gestellte Aufgabe tatsächlich erfüllen, so hätten die medizinischen und wirtschaftswissenschaftlichen Sachverständigen zunächst die Politiker nach deren Zielen fragen müssen. Statt dessen beklagen sie bereits im ersten Jahresgutachten 1987 den Mangel an konkreten Zielen und führen dann einen Katalog eigener unkonkreter Ziele auf (Ziff. 3).

»Der Rat stellt die folgenden Ziele einer Gesundheitsversorgung in den Vordergrund:

1. Eine bedarfsgerechte Gesundheitsversorgung für alle Bürger, unabhängig vom Einkommen, Wohnort und sozialen Status. Sie umfaßt die Gesunderhaltung, die Heilung, Besserung und Linderung bei Krankheit sowie die medizinische Rehabilitation;
2. eine bestmögliche Qualität der Gesundheitsversorgung für alle Bürger;
3. das gesundheitliche Versorgungssystem soll allen Beteiligten ein Höchstmaß an Freiheit bieten und durch geeignete Anreize die Eigenverantwortung stärken;
4. eine kostenminimale Produktion im Sinne einzelwirtschaftlicher Effizienz sowie eine gesamtwirtschaftlich, sozial- und gesundheitspolitisch vertretbare Ausgabenentwicklung.«

Der SVR sieht, daß selbst diese sehr unspezifisch formulierten Ziele nicht konfliktfrei miteinander zu vereinbaren sind, reduziert den Konflikt dann aber auf die Ebene zwischen »Wirtschaftlichkeitsgebot« und »Zielen der Medizin«, zu denen er die folgenden zählt (Ziff. 7):

1. vermeidbaren Tod hinausschieben,
2. Bekämpfung, Verhütung, Linderung und Heilung von Krankheit sowie damit verbundenen Schmerz und Unwohlsein,
3. Wiederherstellung der körperlichen und psychischen Funktionstüchtigkeit,
4. die Wahrung der menschlichen Würde und Freiheit auch im Krankheitsfall und beim Sterben.

Es bleibt unklar, ob der SVR mit dieser Abfolge von Zielen zugleich auch eine Rangfolge gemeint hat, der zufolge dann die Wahrung der menschlichen Würde hinter alle anderen Ziele zurücktritt; auf jeden Fall sind auch diese Ziele der Medizin nicht konfliktfrei nebeneinander zu verfolgen. Wie weit kann z. B. das Ziel, »vermeidbaren Tod hinauszuschieben«, allein unter ethischen, also unter Ausklammerung aller ökonomischen Gesichtspunkte, verfolgt werden? Wo sind die Grenzen für die Verhütung von Krankheit, bezieht die Verhütung auch die Vermeidung von Erbkrankheiten in der folgenden Generation durch genetische Manipulationen ein, und was wird in diesem Sinne als »Krankheit« definiert?

Nur auf den ersten Blick scheint sich mit der Abwägung von medizinischen Zielen und Wirtschaftlichkeit ein neuer Problembereich aufzutun. Tatsächlich findet diese Abwägung – häufig allerdings eher versteckt – täglich bei Entscheidungen im Gesundheitswesen statt. Die Distanz der Intensivstation eines Krankenhauses von einem Unfallort oder von einem Ort, an dem jemand beispielsweise einen Herzinfarkt erleidet, beinhaltet vielfach ein Urteil über Leben und Tod. Hier wird die Entscheidung allerdings eher unter regionalen Aspekten getroffen und ist nicht konkret auf eine bestimmte Person bezogen. Dramatischer ist offensichtlich der Entschluß, wegen unzureichender Kapazitäten auf die lebensrettende Behandlung im konkreten Einzelfall zu verzichten. Die derzeitige Engpaßsituation beim Pflegepersonal in Krankenhäusern mit der bereits vollzogenen oder angedrohten Schließung von Abteilungen kann durchaus Entscheidungen über Leben und Tod, über rechtzeitige oder verschobene und damit auch qualitativ schlechtere Behandlung und Heilung zur Folge haben. Wer fällt in diesen Fällen das Urteil und nach welchen Kriterien: jung vor alt, erwerbstätig vor arbeitslos, Akademiker vor Arbeiter?

Faktisch wird eine Engpaßsituation durch eher globale Entscheidungen von Politikern über Finanzmittel herbeigeführt, die konkrete Behandlungsentscheidung wird dagegen dem Arzt überlassen, der sie nach seinen persönlichen Werturteilen treffen muß. Letztlich ist dies kaum ein akzeptables Verfahren; aber ist es andererseits vorstellbar, daß der Deutsche Bundestag oder ein Landesparlament zugleich auch offen die Auswahlkriterien für Behandlung/Nichtbehandlung, für den Ausschluß bestimmter wirksamer, aber sehr teurer Verfahren aus der medizinischen Versorgung generell oder nur aus der Versorgung im Rahmen der Sozialversicherung beschließt? Faktisch ist dies in der Vergangenheit nur dort geschehen, wo die Wirksamkeit einer Therapieform nicht eindeutig (natur-)wissenschaftlich nachweisbar war, was insbesondere zu einer eher zurückhaltenden Verbreitung psychotherapeutischer Verfahren geführt hat. Bei einer weiteren kostspieligen Auswirkung der Medizintechnik, der Endoprothetik, der Transplantations- und der genetischen Medizin werden künftig politisch offen ausgetragene Konflikte darüber, ob und bei welchen Personengruppen sie unter finanziellen Gesichtspunkten eingesetzt werden dürfen, zunehmen, es sei denn, es gelingt, durch eine sehr viel intensivere Erforschung der Wirksamkeit der praktizierten Medizin und durch den Ausschluß unwirksamer Methoden die Wirtschaftlichkeit im Sinne höherer »Gesundheitserträge« bei vorgegebenem Finanzaufwand deutlich zu erhöhen. Ein zweiter Ansatzpunkt dürfte darüber hinaus in der Erschließung vorhandener Produktivitätsreserven im Bereich der ambulanten und stationären Versorgung liegen. Wenn die niedergelassenen Ärzte darüber klagen, daß die Honorarsteigerungen durch steigende Praxiskosten kompensiert oder sogar überkompensiert würden, dann dürfte dies auch an der sehr kostenintensiven Organisationsform der Einzelpraxis liegen, die sowohl im personellen wie im apparativen Bereich geringere Rationalisierungsmöglichkeiten bietet als die bis heute von Ärzten wenig geschätzte Gemeinschaftspraxis von Ärzten gleicher oder unterschiedlicher Fachrichtung.

3.4.2 Evaluierung der Medizin – Erhöhung der Wirksamkeit

Es fällt schwer, die Gründe einzusehen, warum es verschiedene medizinische Schulen gibt, die jeweils von anderen behaupten können, daß sie unwirksam oder weniger wirksam arbeiten. Wenn nachweisbar chemische und andere Wirkstoffe in starker Konzentration oder in homöopathischer Dosis, wirkstofflose Mittel (Placebo), psychotherapeutische Verfahren, Akupunktur und -pressur, Diät und manches andere Verfahren bei gleichen oder gleich erscheinenden Krankheitsbildern angepriesen werden, tatsächlich sich aber mal das eine als wirksam, mal das andere als unwirksam herausstellt, dann fehlen offensichtlich anwendungsorientierte Kriterien, sei es hinsichtlich eines differenzierten Krankheitsbildes, sei es hinsichtlich der Persönlichkeitsstruktur des Patienten oder des therapeutischen Umfeldes bzw. der Persönlichkeit des Arztes. Es ist unter einzelwirtschaftlichen Aspekten verständlich, daß der Arzt oder der Hersteller von Medikamenten sich dem spezifischen Wirksamkeitsvergleich zu entziehen sucht, muß er doch wenigstens eine partielle Einschränkung des Anwendungsgebietes seiner Therapieform befürchten; unverständlich dagegen ist, daß private und gesetzliche Krankenversicherungen nicht längst gemeinsam oder getrennt versucht haben, Wirksamkeitsvergleiche zwischen Therapien zu fördern, die sich auf gleiche Krankheitsbilder beziehen.

Ein zumindest ebenso fruchtbares Feld für eingehende Wirksamkeitsanalysen ist der Bereich der vorsorgenden medizinischen und gesundheitlichen Aktivitäten. Zwar wird häufig behauptet, Vorsorge und Früherkennung sei wirtschaftlicher als die Behandlung der eingetretenen Krankheit, tatsächlich ist aber auch auf diesem Felde die wissenschaftliche Abklärung sowohl hinsichtlich der entscheidenden Frühindikatoren als auch hinsichtlich der angemessenen Behandlungsmaßnahmen oder Verhaltensweisen vielfach unzureichend, weil vermutlich zu unspezifisch. Gerade im Zusammenhang mit Vorsorgeberatung und Erziehung zu gesundheitsgerechtem Verhalten dürfte zudem die mangelnde Einbeziehung sozialer Gesichtspunkte, familiärer und beruflicher Anforderungen und Gegebenheiten den Erfolg von vornherein in Frage stellen.

Nicht zuletzt bedürfte aber auch die organisatorische Struktur unseres Gesundheitswesens mit der Zwei- bis Dreiteilung in ambulante, stationäre Behandlung und davon teils abgehoben die Rehabilitation sowie das Kurwesen dringend spezifischer, d. h. auf einzelne diagnostische und therapeutische Verläufe bei bestimmten Krankheitsbildern ausgerichteter Wirksamkeitsanalysen. Die Kritik an Mehrfachdiagnostik beim Übergang von einer zur anderen Institution kann nicht mit den Einzelfällen abgetan werden, in denen die Wiederholung diagnostischer Verrichtungen tatsächlich erforderlich ist.

Nicht zuletzt fehlt es heute noch weitgehend an einer Integration betriebsmedizinischer Aspekte in die kassenärztliche Versorgung; diese Verzahnung erfolgt allenfalls partiell im Bereich der Betriebskrankenkassen. Zwar wird insbesondere von Gewerkschaftsseite eine stärkere Berücksichtigung arbeits- und sozialmedizinischer Gesichtspunkte bei Vorsorge und Rehabilitation angemahnt, aber auch hier werden wissenschaftliche Wirksamkeitsanalysen eher durch plausible Vermutungen ersetzt, und operationale Organisationsvorschläge fehlen weitgehend.

Diese Wirksamkeits- bzw. Unwirksamkeitsforschung setzt allerdings nicht nur die Vergabe von Forschungsaufträgen voraus, sondern auch die Verfügbarkeit relevanter Daten. Solange es in der Bundesrepublik nicht möglich ist, repräsentative, d. h. für die Gesamtbevölkerung oder für einzelne Personengruppen aussagefähige Daten zu sammeln und auszuwerten, die über die Kombination diagnostischer Befunde und therapeutischer Maßnahmen in allen erfaßten Einzelfällen Auskunft geben, so lange lebt die Wirksamkeitsdiskussion von Vermutungen und nicht von Wissen. Die Zusammenführung von Daten über Diagnose, Arzneimittelverbrauch, ambulante und stationäre Behandlung für die Einzelperson bedeutet nun keineswegs, daß die Forschung an dieser konkreten Einzelperson des »Anton Müller in Bonn, Beethovenplatz« interessiert ist, sondern lediglich daran, was in einem derartigen konkreten Fall erfolgt oder nicht erfolgt ist, ob die Behandlung mal länger, mal kürzer war, ob ein Heilerfolg feststellbar war und wenn nicht, ob es dafür Gründe gibt. Gegen die Sammlung derartiger, teils sehr intimer Daten gibt es zu Recht ernste Vorbehalte; ihre mißbräuchliche Verwendung muß und kann mit einem hohen Maß an Sicherheit unterbunden werden. In der Datenschutzdiskussion ist dieses Dilemma zwischen dem individuellen Persönlichkeitsrecht auf informationelle Selbstbestimmung und dem gesellschaftlichen Informationsbedarf zur Verbesserung der gesundheitlichen Bedingungen und der medizinischen Versorgung der Bevölkerung bisher noch nicht hinreichend beachtet worden.

Fazit: Die systematische Erforschung der Wirksamkeit und der Wirksamkeitsbedingungen unterschiedlicher Therapieformen, diagnostischer und therapeutischer Abläufe könnte vermutlich zu Einsparungen bei unwirksamen Methoden und Organisationsformen praktizierter Medizin führen, die es erlauben, auch kostspieligen künftigen medizinischen Fortschritt einzuführen und bei der Gesamtbevölkerung anzuwenden. Erfolgversprechend ist dieses Konzept jedoch nur, wenn diese Wirksamkeitsanalyse unter Aufsicht und Beteiligung der Nachfragerseite, d. h. insbesondere der gesetzlichen und privaten Krankenversicherung, aber auch des Staates erfolgt. Zumindest im Rahmen der gesetzlichen Krankenversicherung wäre eine Einschränkung der Behandlungsfreiheit des Arztes auf nachgewiesenermaßen wirksame Therapieformen angemessen; daß die private Krankenversicherung sich dieser Einschränkung anschließen würde, ist absehbar.

3.4.3 Steuerung des Gesundheitswesens durch Wettbewerb, Verhandlungen und staatliche Regelungen

Wenn die generelle Anwendung des Wettbewerbsprinzips ebenso abzulehnen ist wie eine alle Einzelheiten regelnde staatliche Planung, dann bedeutet das jedoch nicht, daß nicht wettbewerbliche wie planerische Elemente zur Steuerung des Gesundheitswesens in Richtung höherer Wirksamkeit und Wirtschaftlichkeit eingesetzt werden könnten und müßten. Nach meiner Meinung wird aber auch künftig die Verhandlung zwischen der gesetzlichen Krankenversicherung, als der Vertreterin der Nachfrageinteressen, und den Anbietern von Waren und Dienstleistungen des Gesundheitswesens die zentrale Rolle spielen.

Das Ergebnis von Verhandlungen auf einem Markt, der eben nicht durch das Aufeinandertreffen zahlreicher Anbieter und Nachfrager, sondern durch wenige Anbieter- und wenige Nachfragergruppen gekennzeichnet ist, hängt wesentlich von der Machtposition der jeweiligen Seite ab. Hierauf sei zunächst ein Blick geworfen.

3.4.3.1 Die Verhandlungsmacht der Anbieter von Gesundheitsgütern

Den weitreichendsten Einfluß auf die Ausgabenentwicklung im Gesundheitswesen haben in der Bundesrepublik die niedergelassenen Ärzte und Zahnärzte. Sie bestimmen nicht nur, was sie selbst und ihre Mitarbeiter und Mitarbeiterinnen an Leistungen erbringen, sie verordnen ebenso Arzneimittel, Prothesen, Massagen usw. und veranlassen durch Einweisung auch Krankenhausbehandlung.

Ärzte und Zahnärzte sind jeweils in regionalen kassenärztlichen bzw. kassenzahnärztlichen Vereinigungen (KV bzw. KZV) zusammengeschlossen, die als Vertragspartner der Krankenkassen auftreten. Nach außen werden damit die Interessen aller Fachgruppen von Ärzten gemeinsam vertreten, Interessenunterschiede zwischen diesen Fachgruppen spielen sich innerhalb der KV ab. Durch die gemeinsame Interessenvertretung, der auf der Nachfragerseite keine gemeinsame Krankenversicherungsvertretung gegenübersteht, haben die Ärzte eine organisatorisch hohe Verhandlungsmacht, die zudem dadurch unterstützt wird, daß sie selbst die Experten für die Bestimmung des medizinisch Notwendigen, d. h. des Behandlungsbedarfs sind. Relativiert wird diese Position durch die internen Interessenkonflikte zwischen Ärztegruppen mit sehr unterschiedlichen Leistungs-, Einkommens- und Kostenstrukturen, durch einen zunehmenden Berufseintritt junger Ärzte, der durch das gleichzeitige Ausscheiden älterer Ärzte nicht kompensiert wird, und dadurch, daß andere Anbietergruppen, allerdings nur zum Teil substitutiv zum Angebot der niedergelassenen Ärzte, ebenfalls vertreten sind.

Verhandlungsgegenstand sind in erster Linie Preise für ärztliche Einzelleistungen, teilweise auch die für die Gesamtheit der betroffenen Ärzte zu bezahlende Gesamtvergütung, in gewissem Umfang auch der von den Ärzten verordnete Arzneimittelaufwand.

Im Gegensatz zu den niedergelassenen Ärzten verhandeln im Krankenhausbereich die einzelnen Krankenhäuser und nicht deren Vereinigungen. Da das Leistungsspektrum der Krankenhäuser und ihre Bettenzahl in der Regel durch den Krankenhausplan festgelegt sind, der in den Bereich landesrechtlicher Planung fällt, werden gewöhnlich Tagespflegesätze vereinbart, d. h. Preise für die tagesdurchschnittliche Leistung ohne Investitionskosten. Mit der Krankenhausplanung sind letztlich Bettenkapazität, Leistungsstruktur und mit der Investitionsplanung auch technischer Standard und Folgekosten weitgehend bestimmt, wobei die Beteiligung der Krankenkassen bei den Planungsentscheidungen auf eine beratende Funktion reduziert ist. Steuerungseffekte über die Pflegesätze sind daher nur in geringem Umfang möglich.

Nach dem Gesundheits-Reformgesetz besteht allerdings die Möglichkeit, Versorgungsverträge mit nicht im Krankenhausplan aufgenommenen Krankenhäusern zu schließen oder aber zu kündigen, wenn diese »nicht die Gewähr für eine leistungsfähige und wirtschaftliche Krankenhausbehandlung« bieten oder »für eine bedarfsgerechte Krankenhausbehandlung der Versicherten nicht erforderlich« sind (§ 109 Abs. 3 GRG). Schwieriger ist ein derartiges Verfahren bei Plankrankenhäusern, weil diese dann aus dem Krankenhausplan herausgenommen werden müssen. Dennoch stellen diese neuen Regelungen zweifellos einen Fortschritt hinsichtlich der Einflußnahme von Krankenkassen auf die Krankenhauskapazitäten dar, der künftig auch durch eine stärkere Position der Krankenkassen bei der Investitionsplanung ergänzt werden müßte.

Die Möglichkeiten der Krankenkassen, auf dem Arzneimittelsektor durch Verhandlungen steuernd einzuwirken, sind verhältnismäßig schwach. Unmittelbare Verhandlungen mit der preissetzenden pharmazeutischen Industrie stoßen auf wettbewerbsrechtliche Probleme; indirekte Wirkungen könnten allerdings über Verhandlungen mit Ärzten, als den Verordnern von Medikamenten, erzielt werden. Die bisherigen Versuche, das Verordnungsverhalten der Ärzte über facharztspezifische Normen zu beeinflussen, waren allerdings nur in Grenzen erfolgreich, zumal sie allenfalls das gesamte Verordnungsvolumen quantitativ kontrollierten, keinesfalls aber unwirksame Medikation ausgeschlossen haben.

3.4.3.2 Die Verhandlungsmacht der gesetzlichen Krankenkassen

Eigentlich wäre nach dem Grundsatz »Wer zahlt, schafft an!« zu erwarten, daß die gesetzlichen Krankenkassen eine erdrückende Verhandlungsmacht darstellen. Tatsächlich haben sie sich in der Vergangenheit lange Zeit kaum als eine Institution verstanden, die ihre Finanzkraft zur Anhebung der Wirksamkeit des Gesundheitswesens und zur Schaffung wirtschaftlicher Strukturen und Verhaltensweisen einsetzt.

Die historisch bedingte Gliederung in Orts-, Betriebs-, Innungskrankenkassen, landwirtschaftliche und knappschaftliche Krankenkassen sowie Ersatzkassen für Arbeiter und Angestellte hat bis heute dazu geführt, daß sie sich ohne gesetzlichen Zwang – wie jetzt vielfach im GRG eingeführt – kaum zu gemeinsamen Verhandlungen oder sonstigen Aktivitäten zusammenfinden konnten. Insbesondere die Ersatzkassen für Angestellte, die sich wegen des großen Anteils freiwillig versicherter Angestellter immer in einer Zwitterrolle zwischen gesetzlicher und privater Krankenversicherung gesehen haben und diese Stellung auch in der Mitgliederwerbung stark betonten, haben immer wieder im Honorarbereich, bei der Krankenhausplanung wie bei der Einräumung neuer Leistungsbereiche versucht, sich von den gesetzlichen Krankenkassen abzuheben. Nicht günstigere Prämien, sondern eher Betonung von Statusvorteilen für ihre Versicherten waren das Werbeargument. Der begrenzte Wettbewerb zwischen den Krankenkassen auf diesem Gebiet hatte daher eher das Gegenteil dessen zur Folge, was Marktwirtschaftler erwarten, nämlich höhere Preise und weniger Wirksamkeit im Gesundheitswesen, zumal die anderen Krankenkassen diese Differenzierung nicht tolerieren konnten und nachziehen mußten.

Bis heute ist es den Krankenkassen auf diese Weise auch nicht gelungen, ein gemeinsames Instrument zur Wirksamkeitsanalyse und zur Wirtschaftlichkeitskontrolle des Gesundheitswesens zu entwikkeln. Die Ortskrankenkassen haben mit dem WidO ihr eigenes Forschungsinstitut, die Betriebskrankenkassen untersuchen recht verdienstvoll Auswirkungen der Arbeitswelt auf die Gesundheit von Arbeitnehmern, aber ein gemeinsames Forschungsinstitut zur Aufarbeitung von Daten aller Krankenkassen, zur Bewertung medizinischer Praxis im Krankenversicherungsbereich und zur Entwicklung medizinischen Sachverstandes ist bisher nicht zustande gekommen. Dagegen verfügen selbstverständlich die Kassenärzte, die Kassenzahnärzte, die Krankenhäuser und die Pharmaindustrie jeweils über eigene Forschungsinstitute und Informationssysteme und haben damit auch in der Öffentlichkeit, in parlamentarischen Hearings und bei der Beratung von Regierungsgremien Vorteile in der wissenschaftlichen und pseudowissenschaftlichen Politikberatung.

Die derzeitige politische Diskussion über Wettbewerb zwischen Krankenkassen einerseits und Stärkung ihrer Verhandlungsmacht gegenüber der Anbieterseite von Gesundheitsleistungen andererseits ist stark geprägt von in der Regel nicht offen ausgetragenen Meinungsunterschieden über bestimmte Wirtschaftsinteressen und verteilungspolitische Positionen. Sieht man zunächst davon ab, daß durch verschiedene gesetzliche Regelungen, aber auch durch historische Entwicklungen bedingt, die Wettbewerbsbedingungen zwischen Krankenkassen und Kassenarten nicht gleich sind, so ist grundsätzlich festzustellen, daß Wettbewerb zwischen Krankenkassen erstens keinesfalls nur Preiswettbewerb sein muß; zweitens, soweit es Preiswettbewerb ist, die beste Kostensenkungsstrategie der einzelnen Krankenkassen in der Abwehr »schlechter Risiken« liegt. Im ersten Fall, nämlich der Konzentration des Wettbewerbs auf tatsächliche oder scheinbare Qualitätsdifferenzierung, verlieren die Krankenkassen insgesamt an Verhandlungsmacht gegenüber den Anbietern von Gesundheitsleistungen, aber auch als Lobby im gesetzgeberischen Raum; im zweiten Falle treten Prozesse der Entsolidarisierung zwischen den gesunden und den kranken Versicherten auf, werden chronisch oder schwer Kranke tendenziell diskriminiert.

Diese Nachteile einer wettbewerblichen Gestaltung der Struktur der gesetzlichen Krankenkassen gilt es abzuwägen gegen eine wettbewerbsfreie Struktur, d. h. letztlich einer einzigen, möglicherweise regional abgegrenzten Kassenart. Allein schon die Frage nach der einheitlichen gesetzlichen Krankenversicherung zu stellen, ruft vielfach helle Empörung hervor; die Ankündigungen zahlreicher Politiker und Vertreter der jeweiligen Kassenarten, man müsse unser gegliedertes System auch auf das Gebiet der DDR übertragen, sind zahllos. Sieht man dies alles etwas emotionsloser, so muß man feststellen, daß weder in der gesetzlichen Rentenversicherung noch in der gesetzlichen Unfallversicherung, noch in der Arbeitslosenversicherung ein derartiger »Glaubenskampf« um ein »gegliedertes System« mit Wahlrecht für die Versicherten tobt. Keine dieser Versicherungsarten hat sich dadurch zu der versichertenfeindlichen Sozialbürokratie entwickelt, die man von einer einheitlichen Krankenkasse erwartet. Deuten sich derartige Tendenzen an, dann hat die

Sozialversicherung mit der – gegebenenfalls effektiver zu fassenden – Selbstverwaltung von Arbeitgebern und Versicherten ein Instrument, selbstgestaltend Korrekturen durchzuführen. Das Argument, die »historisch bedingte« Gliederung der gesetzlichen Krankenversicherung dürfe im Prinzip nicht angetastet werden, stimmt weitgehend mit dem Leitsatz für unproduktive Verwaltung überein: »Das haben wir schon immer so gemacht!«

Die Tatsache, daß dieses gegliederte Krankenversicherungssystem heute für den gleichen Krankenversicherungsschutz je nach Krankenkasse zu Beitragssätzen zwischen 8 und 16% führt, wird zwar mittlerweile tendenziell als Ungleichbehandlung wenigstens der Mitglieder anerkannt, die kein Wahlrecht auf eine andere Kasse haben. Lösungsvorschläge, die darauf abzielen, das Wahlrecht insbesondere für Arbeiter auszuweiten und gleichzeitig die Wettbewerbsbedingungen zwischen den Krankenkassen durch risikospezifische Belastungsausgleiche einander anzugleichen, führen entweder faktisch ebenfalls zur einheitlichen Krankenkasse oder – bei unzureichend ausgestalteten Ausgleichsmechanismen – zum Fortbestehen der Ungleichbehandlung. Letzteres wird schon allein deshalb der Fall sein, weil die Art der Gliederung nach Kassenarten ein uneingeschränktes Wahlrecht gar nicht zuläßt; selbstverständlich wird der Arbeiter aus der Ortskrankenkasse Dortmund nicht in eine beliebige Betriebskrankenkasse in der Bundesrepublik übertreten können, und wenn es nach den Vorstellungen der Angestelltenersatzkassen ginge, dürfte er selbst in eine solche nicht überwechseln.

Geht man davon aus, daß ganz wesentliche Elemente der Gesundheitsversorgung der Bürger, wie Preise, Mengen, Qualitäten, nicht allein vom Staat bestimmt werden sollen, daß vielmehr der Sozialversicherung hier eine hohe Gestaltungsfunktion zukommt, dann muß die gesetzliche Krankenversicherung organisatorisch dafür umgestaltet werden. Gleichbehandlung in persönlicher und regionaler Hinsicht kann mit einem System, das in seiner Gliederung unterschiedliche wirtschaftliche, gruppenspezifische und regionale Interessen vertritt, nicht gewährleistet werden. Das bedeutet allerdings gerade nicht, daß nicht eine regionale Gliederung wünschenswert wäre.

Die meisten Aspekte der Gesundheitsversorgung haben einen regionalen Bezug; sie können zwar als Rahmenregelung bundeseinheitlich sein, bedürfen zu ihrer Konkretisierung jedoch der Region. Die quantitative und qualitative Verteilung von Krankenhausbetten, von medizinischen Großgeräten, von Kur- und Pflegeeinrichtungen läßt sich keinesfalls von der Bundesebene nach »unten« planen und vereinbaren.

3.4.3.3 Einflußnahme des Staates und der gesetzlichen Krankenversicherung

Auch weitreichende Verhandlungsbefugnisse der Krankenkassen können den staatlichen Regelungsbedarf nicht ersetzen. Zum einen ist nicht die gesamte Bevölkerung in der gesetzlichen Krankenversicherung versichert, zum anderen besteht über die unmittelbaren Interessen der Versicherten hinausgehender staatlicher Handlungsbedarf. Letzteres gilt z. B. im Rahmen der Berührungspunkte von Behandlung einerseits und Forschung und Lehre andererseits, es gilt für den Katastrophenschutz ebenso wie generell für die Regelung und Zulassung der Berufsausübung, der Marktbedingungen (Arzneien, Heil- und Hilfsmittel) und nicht zuletzt für die parlamentarische Kontrolle der gesetzlichen Krankenversicherung, für deren Versorgungssicherheit, Leistungsumfang und Wirtschaftlichkeit insgesamt.

Einer organisatorisch einheitlicher strukturierten Krankenversicherung könnten einerseits seitens des Parlaments größere ordnungspolitische Befugnisse z. B. im Rahmen der Krankenhausplanung und Pflegesatzgestaltung eingeräumt werden, andererseits bedürfte sie auch einer weiterreichenden Kontrolle auf mißbräuchliche Ausnutzung ihrer einem Monopol gleichkommenden Verhandlungsmacht.

Die Konflikte, die heute besonders im Krankenhausbereich zwischen Staat und Krankenversicherung durch die Trennung von Planung und Investitionsentscheidung einerseits und der Finanzierung der Folgekosten der Planung andererseits entstehen, würden zwar im Grundsatz schon deshalb nicht beseitigt, weil der »Staat« vielfach selbst Krankenhausträger ist, sie könnten jedoch transparenter dargestellt und gelöst werden, weil auch auf der Kassenseite eine einheitlich verantwortete Verhandlungsposition formuliert werden müßte.

3.4.3.4 Wettbewerb auf der Anbieterseite

Auf der Seite der Anbieter von Waren und Diensten des Gesundheitswesens ist es letztlich in der Regel der behandelnde niedergelassene Arzt oder Zahnarzt und der Krankenhausarzt, der die Entscheidung über Art und Menge der »nachzufragenden« Güter trifft. Hersteller von Arzneien, Heil- und Hilfsmitteln sowie medizinischen Geräten nehmen im allgemeinen eher die Rolle von Vorproduzenten für die ärztliche Behandlung ein, soweit man von der insgesamt verhältnismäßig geringen direkten privaten Nachfrage von Verbrauchern absieht.

Auf der Ebene ärztlichen Handelns scheidet Wettbewerb wegen der vielfachen Beschränkungen weitgehend aus. Hier liegt sowohl im ambulanten wie im stationären Sektor das typische Feld für vertragliche Vereinbarungen.

Demgegenüber sind insbesondere für die Waren des Gesundheitswesens, wenn deren Wirksamkeit für bestimmte Anwendungsbereiche geklärt ist, Wettbewerbsmechanismen geeignet. Wettbewerb, insbesondere Preiswettbewerb auf der Anbieterseite, kommt allerdings nur dann zustande, wenn der behandelnde und die Nachfrage bestimmende Arzt sich veranlaßt sieht, Preisüberlegungen bei der Verordnung zu berücksichtigen bzw. der direkt kaufende Verbraucher über die Beziehung zwischen Wirksamkeit und Preis hinreichend informiert ist. Zum einen ist hier also das ärztliche Verordnungsverhalten in die Vereinbarungen zwischen Kassenärztlichen Vereinigungen und Krankenkassen einzubeziehen, zum anderen müssen für den Direktkäufer bessere Informationen über das Preis-Leistungs-Verhältnis zur Verfügung gestellt werden – eine Aufgabe, die zwar nicht unmittelbar die Kassenleistung betrifft, deren Übernahme durch die gesetzliche Krankenversicherung dennoch indirekt von eigenem wirtschaftlichen Vorteil sein könnte.

Vor allem wird die gesetzliche Krankenversicherung sorgfältig darauf achten müssen, daß verstärkter Preiswettbewerb auf der Anbieterseite von dieser nicht durch Minderung der Produktqualität unterlaufen wird. Werden zu den festgelegten Festbeträgen nur minderwertige Güter und vom wissenschaftlichen Fortschritt überholte Produkte zur Verfügung gestellt, dann stellt sich in der weiteren Folge eine Zweiklassenmedizin für Verbraucher zu Festbeträgen einerseits und von Zuzahlern für höherwertige Produkte andererseits ein.

3.4.3.5 Reduzierung des Krankenversicherungsschutzes

Es wurde oben bereits darauf hingewiesen, daß eine Reduzierung des Krankenversicherungsschutzes durch Ausschluß von Kassenleistung oder durch Erhöhung der Zuzahlung nicht gleichbedeutend mit einer Reduzierung von Gesundheitsausgaben ist, sondern in der Regel nur zu einer Verlagerung der Kosten vom Durchschnitt der Versicherten auf den einzelnen Kranken bzw. Leistungsbedürftigen führt. Dennoch wird man in Grenzen einem derartigen Verfahren dort zustimmen können, wo es sich eher um normale Lebenshaltungskosten denn um dringenden medizinischen Bedarf handelt. Wer eine Flugreise bezahlen kann, kann auch das Mittel gegen Reisekrankheiten bezahlen, auch ein Schnupfenmittel – so es denn überhaupt hilft – dürfte das private Haushaltsbudget nicht übersteigen. Das eigentliche Problem beim Ausschluß von Schmerz-, Abführmitteln, Mund- und Rachentherapeutika nach geltendem Recht liegt weniger in der finanziellen Belastung als beim Aufschub eines Arztbesuches und der Verzögerung des Behandlungsbeginns einer Erkrankung, die zunächst als Bagatellfall eingestuft, sich anschließend als behandlungsbedürftig herausstellt.

Sehr viel problematischer erscheinen jedoch die teils mit großem sozialpolitischen Engagement vorgetragenen Vorschläge, die professionelle Medizin teilweise durch Selbsthilfegruppen und durch

»kleine Netze« zu ersetzen. Nicht nur werden derartige Vorschläge auch von denjenigen gern aufgegriffen, denen die Krankenversicherung ohnehin zu teuer erscheint und die hier eine Möglichkeit zur Privatisierung des Krankheitsrisikos sehen; die Vorschläge sind in der Regel auch kaum geeignet, eine flächendeckende Versorgung sicherzustellen. Aus der gezielten Absicht der Selbstorganisation heraus entwickelt, vernachlässigen sie im allgemeinen die Probleme von Personen, die in solche Netze nicht eingebunden sind, sei es aus persönlichen, sei es aus regionalen Gründen. Insofern können Selbsthilfegruppen und »kleine Netze« eine durchaus beachtliche quantitative und qualitative Ergänzung des Systems der Gesundheitsversorgung und der sozialen Sicherung bei Krankheit sein, keinesfalls aber sollten sie sich als Ersatz dafür anbieten.

Besonders häufig werden die »kleinen Netze« im Rahmen der Hilfe bei Pflegebedürftigkeit diskutiert. Zweifellos wird heute ein Großteil der Betreuung von Hilfe- und Pflegebedürftigen von Familienangehörigen, aber auch in Nachbarschaftshilfe erbracht. Eine derartige Organisation gemäß dem wohlverstandenen Subsidiaritätsprinzip hat sicher nicht nur in finanzieller Hinsicht, sondern vielfach auch für den Pflegebedürftigen Vorteile. Allerdings muß man auch die Belastung für die pflegenden Familienangehörigen und die daraus entstehenden Konfliktsituationen sehen.

Das Gesundheits-Reformgesetz hat mit der häuslichen Pflegehilfe für Schwerpflegebedürftige einen ersten Schritt zur Entlastung der Familienangehörigen bei häuslicher Pflege getan, zunächst mit der Bereitstellung von Pflege und Versorgung wegen Erholungsurlaubs oder anderweitiger Verhinderung der Pflegeperson und ab 1. 1. 1991 mit regelmäßiger Gesundpflege und hauswirtschaftlicher Versorgung von bis zu einer Stunde je Pflegeeinsatz und von bis zu 25 Pflegeeinsätzen je Monat.

Ungelöst bleibt damit das Problem einerseits der Pflegebedürftigen unterhalb der Schwelle der Schwerpflegebedürftigkeit und andererseits das der stationären Unterbringung. Der Tatbestand, daß das Erfordernis der Unterbringung in einem Pflegeheim in aller Regel zur Sozialhilfebedürftigkeit führt, daß die Sozialhilfe in diesen Fällen also die Regelversorgung und nicht den Ausnahmefall darstellt, widerspricht im Grunde den Prinzipien unseres Systems der sozialen Sicherung. Angesichts des Alterungsprozesses der Bevölkerung und einer ebenfalls demographisch bedingten Abnahme familiärer Versorgungskapazitäten wird die Suche nach einer anderen Lösung hier unausweichlich. Unabhängig von der konkreten Ausgestaltung als sozialversicherungsrechtliche Lösung, als eigenständige Pflegeversicherung oder als staatlich finanziertes Pflegegesetz wird ein Ausbau der Hilfe im Pflegefall zu Mehraufwendungen führen.

Insgesamt ist der Rahmen, den die gesetzliche Krankenversicherung für den Schutz im Krankheitsfalle heute bereitstellt, angemessen und nicht ergänzungsbedürftig. Mängel sind eher hinsichtlich einer unzureichend auf Wirksamkeit überprüften präventiven Medizin sowie im Hinblick auf eine durchgängig am Ziel der Rehabilitation orientierten Behandlung bei schweren Erkrankungen festzustellen.

3.4.4 Schlußfolgerungen für Gesundheitssicherung und Krankenversicherung

Zusammenfassend läßt sich feststellen, daß die Bundesrepublik Deutschland über ein sehr hoch entwickeltes Gesundheitswesen verfügt, dessen Wirksamkeit allerdings nur partiell überprüft ist, das nachweislich auch unwirksame Waren und Dienstleistungen abgibt und dessen Organisation deutliche Rationalisierungsreserven vermuten läßt. Bei konsequenter Erhöhung der Wirksamkeit und arbeitsorganisatorischer Rationalisierung dürften Finanzmittel auf dem derzeitigen relativen Niveau zum Sozialprodukt auf längere Sicht ausreichen, um sowohl demographiebedingte Mehrbelastungen als auch weiteren medizinisch-wissenschaftlichen und medizintechnischen Fortschritt zu realisieren. Letzteres gilt allerdings nur, wenn beim Vermeiden von Krankheit und Hinausschieben des Todes die Grenzen der menschlichen Würde respektiert werden und sich die Medizin nicht zur reinen Biotechnologie weiterentwickelt.

Voraussetzung für eine wirtschaftlich tragfähige Weiterentwicklung des Gesundheitswesens ist ein Steuerungssystem, das sich mit wechselndem Gewicht staatlicher Regelungen, der Verhandlungsmacht einer selbstverwalteten gesetzlichen Krankenversicherung sowie wettbewerblicher Regelungsmechanismen bedient. Soll die gesetzliche Krankenversicherung verstärkt auf höhere Wirksamkeit und Wirtschaftlichkeit der praktizierten Medizin hinwirken, dann setzt dies eine Organisationsreform der Kassenstrukturen voraus, die sicherstellt, daß gemeinsame Versicherteninteressen auch gemeinsam von den Kassen gegenüber den Leistungserbringern vertreten werden. Angesichts der divergierenden politischen Interessen der an der Organisationsdebatte beteiligten Gruppen wird man nicht davon ausgehen können, daß letztlich eine einheitliche, regional untergliederte Krankenversicherung entstehen wird. Eher ist zu befürchten, daß das gegenwärtige, »historisch bedingte« und gegliederte System weitgehend beibehalten, mit gewissen finanziellen Belastungsausgleichen ausgestattet und – wie seit dem Gesundheits-Reformgesetz – für bestimmte Verhandlungen mit den Leistungsanbietern zu Gemeinsamkeit gesetzlich verpflichtet wird. Wird für dieses System zugleich noch der Wettbewerb zwischen den Kassen propagiert, was letztlich der Strategie gemeinsamer Verhandlung widerspricht, dann läßt sich allenfalls eine marginale Verbesserung in der Verhandlungsmacht erreichen, keinesfalls aber eine optimale Lösung.

In dieser Situation sollten Regierung und Parlamente wenigstens die Voraussetzungen schaffen für mehr Transparenz über die Verbreitung von Krankheiten und Behandlungsformen, über die Wirksamkeit diagnostischer und therapeutischer Verfahren bei bestimmten Krankheitsbildern sowie über das Preis-Leistungs-Verhältnis präventiver Strategien und neuer Medizintechnologien.

3.5 Soziale Sicherung im Alter – Was wird die Gesellschaft in 20 Jahren mit ihren Alten machen?

Gerade im Bereich der Einkommenssicherung im Alter hat die Diskussion der demographischen Folgen für die Alterssicherungssysteme in der Vergangenheit häufig fast gespenstische Züge angenommen. Erörterungen über Fragen wie »Reißt der Generationen-

Vertrag?«, »Können wir uns die Alterssicherung noch leisten?«, »Müssen wir die Renten halbieren?«, »Grundrente auf Sozialhilfeniveau?« legten vielfach den Gedanken nahe, daß den Autoren nur der Mut gefehlt hatte, gleich das Thema »Wie hungern wir unsere unproduktiven Alten aus?« zu wählen.

Selbstverständlich müssen sich die Strukturen der Einkommensverteilung ändern, wenn der Anteil der älteren, nicht mehr erwerbstätigen Personen in der Bevölkerung zunimmt und der Anteil der erwerbstätigen Personen stagniert oder zurückgeht, wenn die Alten daher relativ mehr vom »Kuchen« des für den privaten Verbrauch zur Verfügung stehenden Sozialprodukts beanspruchen. Geht die Gesamtbevölkerung zurück, so garantiert aber schon ein stagnierendes Sozialprodukt einen Anstieg der durchschnittlichen Einkommen je Einwohner. Die eigentliche Frage ist daher nicht »Geht uns das Geld für die Alten aus?«, sondern »Wie müssen die Alterssicherungssysteme ausgestaltet werden, damit eine von Alt und Jung als gerecht empfundene Einkommensverteilung zustande kommt?«

Die Bundesregierung hat mit der in einem breiten gesellschaftlichen Konsens unter Einschluß der SPD beschlossenen Rentenreform 1992 einen langfristig tragfähigen Weg gewiesen. Mit dieser Reform werden zwar sicher nicht alle Probleme bis zum Jahre 2050 gelöst, aber es werden langfristig sichere Grundlagen geschaffen und Perspektiven angekündigt, auf die sich die heute Erwerbstätigen einstellen und verlassen können. Diese Perspektiven ändern sich im Grundsatz auch nicht durch eine Eingliederung der DDR in die Bundesrepublik. Die Bevölkerungsstruktur auf dem Gebiet der DDR ist keinesfalls ungünstiger als die im Bundesgebiet. Das gegenwärtig bestehende Wohlstandsgefälle wird in den nächsten Jahren mehr oder weniger abgebaut werden, womit dann nach einer Übergangsphase die volle Integration der auf dem Gebiet der DDR ansässigen Bevölkerung in die Alterssicherungssysteme der Bundesrepublik möglich sein wird.

3.5.1 Das gegliederte System der Alterssicherung

Allen Alterssicherungssystemen liegt die Vorstellung zugrunde, daß Erwachsene sich ihren Lebensunterhalt gemeinhin durch Erwerbstätigkeit sichern, die Erwerbsfähigkeit jedoch im Alter nachläßt und daher Erwerbseinkommen ab einer bestimmten Altersgrenze durch ein spezielles Alterseinkommen ersetzt werden muß. Diese Verknüpfung der Alterssicherung mit der Erwerbstätigkeit hat in den Sicherungssystemen der Bundesrepublik auch dazu geführt, daß das Risiko der vorzeitigen Invalidität über Berufs- und Erwerbsunfähigkeitsrente in die Alterssicherungssysteme integriert ist.

Für die Alterssicherung der Bevölkerung stehen eine ganze Reihe unterschiedlicher Systeme und Sicherungsformen zur Verfügung, wie z. B. die gesetzlichen Rentenversicherungen, die Beamtenversorgung, die Alterssicherung der Landwirte, die Systeme betrieblicher Altersversorgung, die private Lebensversicherung, aber auch private Geld- und Sachvermögensbildung.

3.5.1.1 Sozialrechtliche Aspekte der Systemdifferenzierung

In sozialrechtlicher Hinsicht lassen sich die Systeme danach unterscheiden, ob dem einzelnen der Beitritt freigestellt ist oder ob eine öffentlich rechtlich begründete Sicherungspflicht besteht. Letztere steht im allgemeinen für das *Sozialstaatsprinzip* des Grundgesetzes, wonach es Aufgabe des Gesetzgebers ist, soziale Gerechtigkeit zu fördern und soziale Sicherung zu gewährleisten. Sicherungspflicht in diesem Sinne besteht für alle Arbeiter und Angestellten sowie für ausgewählte Gruppen von Selbständigen in der gesetzlichen Rentenversicherung der Arbeiter und Angestellten sowie in der knappschaftlichen Rentenversicherung, für Landwirte in den landwirtschaftlichen Alterskassen, faktisch aber auch für Beamte in der Beamtenversorgung. Außer für die Selbständigen, für die die Lebensversicherung im allgemeinen die Regelsicherung darstellt, haben die Formen freiwilliger, tarifvertraglich vereinbarter oder privater Altersvorsorge gewöhnlich den Charakter einer ergänzenden Zusatzversorgung.

Der eingangs dargestellte Grundgedanke, daß die Alterssicherung im Alter ausfallende Erwerbseinkommen ersetzen soll, bedeutet grundsätzlich, daß dem einzelnen im erwerbsfähigen Alter (vom Ende der Ausbildung bis zum Renteneintrittsalter) Erwerbstätigkeit zugemutet wird und daß sich das Niveau der Alterssicherung an der Dauer der Erwerbstätigkeit und an der Höhe des erreichten Erwerbseinkommens orientiert *(Erwerbsprinzip)*. Nur soweit spezielle soziale Risiken wie u. a. Arbeitslosigkeit oder Krankheit die Ausübung einer Erwerbstätigkeit verhindern, werden derartige Zeiten, z. B. in der gesetzlichen Rentenversicherung, auch als Versicherungszeiten berücksichtigt. Diese relativ strenge Praktizierung des Erwerbsprinzips in den maßgeblichen sozialen Alterssicherungssystemen der Bundesrepublik, in der gesetzlichen Rentenversicherung und der Beamtenversorgung, ganz besonders aber – aus verständlichen Gründen – in den Systemen betrieblicher Altersversorgung, hat eine sehr breite Verteilung von Alterseinkommen zur Folge, auf deren Problematik unten noch einzugehen sein wird. Zwingend ist eine derartige Ausgestaltung für öffentlich-rechtliche Alterssicherungssysteme nicht, wie ein Blick ins Ausland und in die DDR lehrt, wo durch Regelungen einer Mindest- oder einer Grundrente die Breite der Einkommensverteilung nach unten und zugleich auch nach oben begrenzt ist.

3.5.1.2 Umlageverfahren und Kapitaldeckung

In finanzierungstechnischer Hinsicht lassen sich die Alterssicherungssysteme nach zwei Verfahren unterscheiden: nach dem Umlageverfahren und nach dem Anwartschaftsdeckungsverfahren.

Das *Umlageverfahren* wird insbesondere in der gesetzlichen Rentenversicherung und in der Beamtenversorgung praktiziert. Danach werden die Leistungsausgaben einer Periode (Renten, Pensionen) aus den Abgaben (Beiträge, Steuern) der gleichen Periode finanziert. Wie das Schaubild auf Seite 197 zeigt, betrugen die Ausgaben der Rentenversicherung der Arbeiter und Angestellten beispielsweise 1988 für Renten, Zuschüsse zur Krankenversicherung der Rentner und für Rehabilitationsmaßnahmen rd. 175 Mrd. DM, die Gesamtausgaben einschließlich Investitionsaufwendungen sowie der Anhebung der Liquiditätsreserve betrugen 186 Mrd. DM. Diese Summe wurde aufgebracht in Höhe von 154 Mrd. DM durch Beiträge der Versicherten und der Arbeitgeber, in Höhe von 28 Mrd. DM durch den Zuschuß des Bundes, d. h. aus Steuermitteln.

Das Umlageverfahren setzt grundsätzlich Pflichtmitgliedschaft voraus, denn reichen z. B. in der Rentenversicherung die Finanzierungsmittel bei gegebenem Beitragssatz zur Deckung der Leistungsansprüche nicht aus, dann muß normalerweise der Beitragssatz angehoben werden, was bei freiwilliger Versicherung zu einer Abwanderung von Beitragszahlern und damit zu einem noch höheren Defizit führen könnte. Der Nachteil des Umlageverfahrens liegt darin, daß der Beitragssatz (in der Beamtenversorgung die Steuerbelastung) steigen muß, wenn die Relation Rentenempfänger zu Beitragszahlern zunimmt – eine Entwicklung, die aus demographischen Gründen in der Bundesrepublik zu befürchten ist. Der Vorteil des Umlageverfahrens ist vor allem darin zu sehen, daß es flexibel dynamische Leistungszusagen möglich macht; d. h. nur im Rahmen eines Umlageverfahrens kann die Dynamisierung der Renten entsprechend der Lohnentwicklung zugesagt werden. Im Gegensatz zum Anwartschaftsdeckungsverfahren, das dem Versicherungsprinzip der privaten Lebensversicherungen entspricht, läßt das Umlageverfahren auch einen größeren Spielraum für Leistungsbestandteile des sozialen Ausgleichs zu, d. h. bei grundsätzlicher Verwirklichung des Versicherungsprinzips, nämlich der Abhängigkeit der Leistung von der Beitragszahlung, lassen sich in gewissem Umfang andere soziale Aspekte, wie z. B. Arbeitslosigkeit, bei der Leistungshöhe oder beim Renteneintrittsalter berücksichtigen.

Beim *Anwartschaftsdeckungsverfahren* wird im Prinzip jeder gezahlte Beitrag auf einem Konto »angespart«, das im Leistungsfall in Anspruch genommen wird. Der Versicherungsträger versucht, diese Kapitalbeträge möglichst rentabel anzulegen, damit im Leistungsfall nicht nur die eingezahlten Beiträge einschließlich einer gesetzlich vorgeschriebenen Verzinsung (Zinssatz 3%) abzüglich der Kosten für die Absicherung eines vorzeitigen Risikoeintritts ausgezahlt

Umlageverfahren / Anwartschaftsdeckungsverfahren

1988 in Mrd. DM

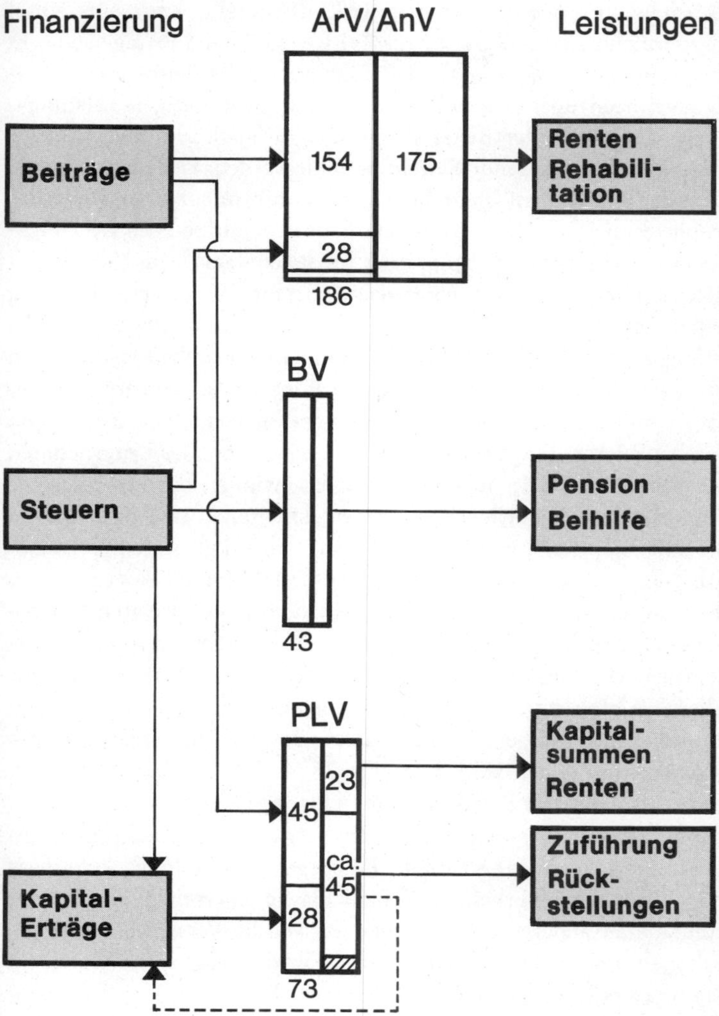

werden können, sondern zusätzlich eine Ausschüttung des »versicherungstechnischen Überschusses« erfolgen kann.

Im Schaubild »Umlageverfahren/Anwartschaftsdeckungsverfahren« (S. 197) sind schätzungsweise die Finanzierungsstrukturen der privaten Lebensversicherung in 1988 dargestellt. Über ein Drittel der Einnahmen, nämlich 28 von 73 Mrd. DM, sind Erträge aus dem angelegten Deckungskapital. Die Einnahmen aus Beiträgen und Kapitalerträgen überwiegen bei weitem die gleichzeitigen Leistungsausgaben, die in der Regel als einmalige Kapitalsummen, weniger häufig auch als laufende Renten, gezahlt werden. Der überwiegende Teil der Einnahmen dient heute der Zuführung zu den versicherungstechnischen Rückstellungen, d. h. dem Aufbau des Deckungskapitals. Diese Finanzierungsstruktur ist – anders als im Umlageverfahren – im Zeitablauf keineswegs konstant. Kurz nach Gründung eines Unternehmens der privaten Lebensversicherung liegen die Leistungsausgaben nahe bei Null, die Einnahmen fließen fast voll den Rückstellungen zu, und die Kapitalerträge wachsen überproportional. Längerfristig nehmen die Leistungsausgaben zu, die Zuführung zu den Rückstellungen wird geringer, es sei denn, das Unternehmen könnte immer mehr neue Versicherte gewinnen oder Beiträge für immer höhere Versicherungssummen einnehmen. In dem Schaubild ist – für manchen möglicherweise überraschend – auch ein Finanzierungsstrom von den Steuern zu den Kapitalerträgen eingezeichnet. Es weist auf die indirekte staatliche Förderung der privaten Lebensversicherung hin, die darin besteht, daß die Kapitalerträge der Lebensversicherung nicht wie alle anderen Kapitalerträge aus Sparbüchern, Aktien und sonstigen Wertpapieren der Einkommensteuer unterliegen, solange sie dem Aufbau des Versicherungsanspruchs dienen. Ein nennenswerter Teil der 28 Mrd. DM Kapitalerträge ist daher als indirekter Staatszuschuß zu betrachten.

Mit welcher Leistungssumme der Versicherte letztlich, insbesondere über die Vertragssumme hinausgehend, rechnen kann, das hängt von der Sicherheit der Kapitalanlagen einerseits und von ihrer Rentabilität andererseits ab. Zwar werben die Versicherungsgesellschaften im allgemeinen mit einer Verdoppelung der Vertragssumme aus Überschüssen bei einer etwa 30jährigen Versicherungszeit, aber garantieren können sie einen derartigen Zuwachs natürlich nicht. Hierin liegt dann auch einer der Nachteile privater Lebensversicherung, daß nämlich der tatsächliche Leistungsbetrag – jenseits der vereinbarten Versicherungssumme – ungewiß ist. Der zweite Nachteil liegt darin, daß der künftige reale Sicherungsbedarf kaum abschätzbar ist. Wer weiß schon, wenn er im Alter 35 eine Lebensversicherung auf das Alter 65 abschließt, welche Preissteigerungen in diesen 30 Jahren für seinen dann angestrebten Lebensstandard eingetreten sein werden. Gehen wir einmal davon aus, Herr Müller hält aus heutiger Sicht 100000 DM für seine Alterssicherung ab dem 65. Lebensjahr für angemessen und schließt auf diesen Betrag im Alter 35 ab. Seine Versicherung erwirtschaftet auch die Verdoppelung der vereinbarten Leistung, er erhält also 200000 DM. Hat in diesen 30 Jahren jedoch ein jährlicher Preisanstieg von 3 % stattgefunden, dann erhält er – gemessen an den Preisen bei Vertragsabschluß – real nur etwa 82000 DM, deren Wert im Alter bei weiteren Preissteigerungen noch weiter absinkt. Nun läßt sich zwar die vereinbarte Versicherungssumme automatisch oder durch Einzelentscheidung im Laufe der Versicherungszeit anheben, die Gefahr, daß der künftige Sicherungsbedarf jedoch unterschätzt wird, ist außerordentlich hoch. Hinzu kommt, daß bei der notwendigerweise strengen Bindung der Versicherungsleistung an die Prämienzahlung bei Eintritt von Erwerbs- und Einkommensrisiken die Unterbrechung der Prämienzahlung zu deutlichen Leistungsminderungen führen kann.

Die Vorteile des Anwartschaftsdeckungsverfahrens liegen demgegenüber bei der höheren Flexibilität hinsichtlich der Bestimmung des Versicherungseintritts, der Versicherungsdauer, der Höhe der angestrebten Versicherungsleistung sowie darin, daß der Versicherte über die Kapitalanlage durch den Versicherer an den Kapitalerträgen der Wirtschaft beteiligt ist.

3.5.1.3 Die leistungsrechtliche Differenzierung

Die öffentlich-rechtlichen Alterssicherungssysteme, wie Rentenversicherung und Beamtenversorgung ebenso wie die Zusatzversorgung im öffentlichen Dienst und in der Mehrzahl der Fälle auch die betrieblichen Altersversorgungseinrichtungen, sagen laufende Renten- bzw. Pensionszahlungen zu. In der privaten Lebensversicherung überwiegen demgegenüber einmalige Kapitalzahlungen. Für die Beurteilung der Qualität eines Alterssicherungssystems sind grundsätzlich zwei Faktoren maßgeblich: erstens das Leistungsniveau im Leistungsfall und dessen Entwicklung im weiteren Verlauf.

Geht man vom Ziel der Alterssicherungssysteme aus, im Alter ausfallendes Erwerbseinkommen zu ersetzen, dann müßten die laufenden Alterseinkommen grundsätzlich an das letzte Erwerbseinkommen anknüpfen. Tatsächlich ist dies regelmäßig nur in der Beamtenversorgung der Fall und in analoger Ausgestaltung bei den Arbeitern und Angestellten des öffentlichen Dienstes über die Kombination von gesetzlicher Rente und Zusatzversorgung. In beiden Fällen wird bisher nach 35 anrechnungsfähigen Dienstjahren ein Niveau von 75 % der letzten Bruttobezüge erreicht, was bei Beamten zu einem Nettoversorgungsniveau (Pension abzüglich Lohnsteuer im Vergleich zu den Nettobezügen vor der Pensionierung) von 80 bis 85 % führt, bei Arbeitern und Angestellten des öffentlichen Dienstes wegen einer günstigeren Besteuerung der Renten in der Vergangenheit auch zu Nettoniveaus von über 100 % führen konnte (künftig Begrenzung auf maximal 90 %). Derartige Versorgungsniveaus stellen eine Vollversorgung dar, die im Ergebnis allein im Rahmen der gesetzlichen Rentenversicherung nur im knappschaftlichen Bereich noch erreicht wird.

In der gesetzlichen Rentenversicherung knüpft die Leistungsberechnung nicht am letzten Arbeitsentgelt an, sondern an der durchschnittlichen Einkommensposition, die der Versicherte im Laufe seines Erwerbslebens im Vergleich zu allen Rentenversicherten eingenommen hat. Ein Versicherter, der anfangs deutlich unterdurchschnittlich, später dagegen überdurchschnittlich verdient hat, wird im

Prinzip genauso behandelt wie ein Versicherter, der immer durchschnittlich verdient hat. Nach 45 (40) Versicherungsjahren erhielten beide in 1989 eine Bruttorente von 1727 (1536) DM monatlich bzw. nach Abzug des Krankenversicherungsbeitrags eine Nettorente von 1597 (1420) DM. Bezogen auf das durchschnittliche Brutto- bzw. Nettoarbeitsentgelt eines Versicherten war dies ein Bruttorentenniveau von 50,9 (45,2) % und wegen der günstigen Besteuerungsregelung für gesetzliche Renten ein Nettorentenniveau von 72,2 (64,2) %. Während allerdings der Versicherte, der immer und daher auch zuletzt ein durchschnittliches Versichertenentgelt bezog, tatsächlich dieses Nettorentenniveau, gemessen an seinem letzten Arbeitsentgelt, erreicht, kann es für den Versicherten mit der Einkommenskarriere, gemessen an seinem letzten Arbeitsentgelt, deutlich niedriger liegen.

Grundsätzlich wird man ein Nettorentenniveau nach einem erfüllten Arbeitsleben in Höhe von 60 bis 70 % nicht als Vollsicherung bezeichnen können; das Leistungsniveau der gesetzlichen Rentenversicherung wird daher vielfach als »Regelsicherung« bezeichnet, die der Ergänzung durch weitere Alterseinkommen bedarf.

Als »Zusatzsicherung« in diesem Sinne kommen in erster Linie Leistungen aus betrieblichen Versorgungseinrichtungen bzw. aus der Zusatzversorgung des öffentlichen Dienstes (ZVöD) in Frage. Während die ZVöD die gesetzlichen Renten auf eine Gesamtversorgung entsprechend der Altersversorgung der Beamten aufstockt, sind die Leistungsniveaus der verschiedenen betrieblichen Einrichtungen der privaten Wirtschaft sehr unterschiedlich festgelegt; sie reichen von Absolutbeträgen je Betriebsjahr über prozentuale Anteile am letzten Arbeitsverdienst bis zu Gesamtversorgungszusagen, die der ZVöD entsprechen.

Zusätzlich zu den Leistungszielen einer Voll-, Regel- oder Zusatzsicherung wären Mindest- oder Grundsicherung denkbare Varianten, die in der Bundesrepublik allerdings nur im Rahmen der Mindestversorgung der Beamtenversorgung praktiziert werden. Für Arbeiter und Angestellte, die wegen niedriger Löhne und/oder Unterbrechungen der Erwerbsbiographie keine den Lebensunterhalt sichernde Rente erhalten, gilt das allgemeine untere Auffangnetz der Sozialhilfe, die allerdings erst nach Verwertung von Vermögen eintritt und gegebenenfalls auf die Kinder der sozialbedürftigen Rentner zurückgreift.

Der zweite, das Leistungsniveau nach Eintritt des Leistungsfalles bestimmende Faktor ist die Dynamisierung der Leistung. Das Alter, in dem Versicherte der gesetzlichen Rentenversicherung heute durchschnittlich wegen Frühinvalidität oder wegen Erreichen einer der Altersgrenzen als Rentner zugehen, liegt etwa bei 60 Jahren. In diesem Alter haben Männer noch eine durchschnittliche Lebenserwartung von über 17 Jahren, Frauen sogar von fast 22 Jahren. Für den Einzelfall besagt der Durchschnitt aber wenig; tatsächlich können Frauen und Männer auch 95 oder 100 Jahre alt werden, müssen also 35 oder 40 Jahre von der Rente leben. Eine nicht dynamisierte Rente ist aber nach 35 Jahren schon bei einem jährlichen Preisanstieg von 2 % nur noch die Hälfte wert. Geht man darüber hinaus von einer regelmäßigen Wohlstandssteigerung aus, dann würde sich ein Rentner, dessen Rente nur entsprechend der Preisentwicklung angepaßt wird, zwar nicht absolut, aber relativ zu vergleichbaren Bevölkerungsgruppen in seinem Lebensstandard verschlechtern.

In der Beamtenversorgung werden daher die Pensionen entsprechend der Entwicklung der Bruttoverdienste angepaßt, da die Pensionen im wesentlichen wie Arbeitsentgelte besteuert werden. In der Rentenversicherung war in der Vergangenheit das vergleichbare Anpassungsverfahren, nämlich entsprechend der Bruttolohn- und -gehaltsentwicklung, gewählt worden. Da bei den aktiven Arbeitern und Angestellten die Belastung mit Lohnsteuer und Sozialversicherungsabgaben im Laufe der Zeit immer mehr zunahm, während dies für Rentenempfänger nicht der Fall war, verlief die Nettorentenentwicklung günstiger als die der Nettoarbeitsentgelte, d. h., das Nettorentenniveau stieg an. Mit der Rentenreform 1992 wird diese verteilungspolitisch problematische Entwicklung, die seit 1979 bereits durch zahlreiche Einzelmaßnahmen tendenziell korrigiert wurde, nun systematisch dadurch beendet, daß die Renten künftig an die Entwicklung der Nettoarbeitsentgelte angepaßt werden, d. h. im Prinzip das gegenwärtige Nettorentenniveau stabilisiert wird.

Bei den Betriebsrenten der privaten Wirtschaft gibt es in der Regel kein derartiges automatisches Anpassungsverfahren, sondern nur eine Pflicht zur Überprüfung eines Anhebungsbedarfs jeweils alle drei Jahre mit der von der Rechtsprechung aufgestellten Maßgabe, daß, soweit dadurch der Betrieb nicht wirtschaftlich gefährdet wird, eine Anpassung mindestens in Höhe der Preisentwicklung bzw., soweit diese niedriger ist, entsprechend der Lohnentwicklung durchzuführen ist.

Selbstverständlich scheiden für Kapitalzahlungen privater Lebensversicherer Dynamisierungserwägungen von vornherein aus. Hier wird der einzelne durch entsprechend rentable Anlage versuchen müssen, sein persönliches Geldvermögen über die Zeit seines eigenen Lebens und gegebenenfalls über die Lebenszeit seiner Frau angemessen zu verteilen. Alternativ dazu kann er sich die Kapitalsumme durch den Lebensversicherer auch als Rente auszahlen lassen, wobei er die Wahl zwischen einer anfangs höheren, aber undynamisierten Rente und einer anfangs niedrigeren, aber nach einem bestimmten Satz zu dynamisierenden Rente hat. Angesichts der unbekannten Länge der individuellen Lebenserwartung ergeben sich hier äußerst schwierige Entscheidungen.

3.5.1.4 Einige Probleme der gegliederten Alterssicherung

Drei Problembereiche sollen hier kurz angesprochen werden, ohne daß im Rahmen dieses Buches näher auf Einzelheiten eingegangen werden könnte:

- Sowohl die Besteuerung als auch die Gewährung direkter und indirekter staatlicher Förderung macht den Vergleich der Rentabilität unterschiedlicher Formen der Altersvorsorge nahezu unmöglich.
- Unterschiedliche Versorgungsstandards und Versorgungsregeln führen zu gruppenspezifisch unterschiedlichem Versorgungsniveau im Alter.
- Systemgrenzen behindern den Wechsel zwischen den Systemen und damit die Mobilität der Erwerbstätigen.

3.5.1.4.1 Besteuerung und staatliche Förderung

Idealerweise sollten Besteuerung und staatliche Förderung von Alterssicherungssystemen so transparent sein, daß für den Außenstehenden klar erkennbar ist, ob Versicherte bzw. Gesicherte in den verschiedenen Systemen gleich behandelt werden oder ob es aus berechtigten sozialen Erwägungen gezielte staatliche Vorteile im einen oder anderen System gibt.

Tatsächlich läßt sich dieser Vergleich nicht anstellen, weil teils Beiträge bzw. Prämien gezahlt werden, teils nicht (Beamtenversorgung), weil Beiträge und Prämien teils aus versteuertem Einkommen, teils aus unversteuertem Einkommen entrichtet werden, weil die Alterseinkommen teils der Normalbesteuerung unter Berücksichtigung von Sonderfreibeträgen, teils der sogenannten Ertragsanteilsbesteuerung unterliegen oder im Falle der Kapitalzahlung der Lebensversicherung im Zeitpunkt des Leistungsfalles abgabenfrei zufließen.

Diese Intransparenz bei der Besteuerung auf der Beitrags- und auf der Leistungsseite wird durch unterschiedliche direkte staatliche Zuschüsse an die Rentenversicherung der Arbeiter und Angestellten, an die knappschaftliche Rentenversicherung und an die landwirtschaftlichen Alterskassen sowie durch die indirekte Förderung der Lebensversicherung über das Einkommensteuerprivileg noch gefördert.

Problematisch ist eine derartige Undurchschaubarkeit nicht nur deshalb, weil die Gleichbehandlung aller Bürger durch den Staat nicht überprüft werden kann, sondern weil auch einzelne Gruppen größere Wahlchancen zwischen verschiedenen Alterssicherungsformen haben als andere, sich also erkennbar günstigere Systeme aussuchen können.

3.5.1.4.2 Unterschiedliche Versorgungsstandards – Ungleichheit im Alter

Auf die unterschiedlichen Nettoversorgungsniveaus von gesetzlicher Rentenversicherung und Beamtenversorgung in der Vergangenheit wurde bereits hingewiesen. Durch die Reform der Beamtenversorgung im Zusammenhang mit der Rentenreform 1992 werden Beamte zwar künftig nicht mehr nach 35, sondern erst nach 40 anrechnungsfähigen Dienstjahren 75 % der letzten Bruttobezüge bzw. ein Nettoversorgungsniveau von 80 bis 85 % erreichen, wozu ein Rentner 50 Versicherungsjahre benötigt.

Problematischer als das Erreichen dieser Spitzenniveaus ist der Tatbestand, daß sich in der Rentenversicherung die Unterbrechung der Erwerbsbiographie oder deren vorzeitiger Abbruch wegen Erwerbsunfähigkeit sehr viel dramatischer auswirkt als in der Beamtenversorgung, zumal in der Beamtenversorgung im schlimmsten Fall noch eine Mindestversorgung gewährt wird, deren Niveau über der Rente eines langjährig Versicherten mit Durchschnittseinkommen liegt.

Treffen in der Rentenversicherung, wie dies insbesondere bei Arbeiterinnen häufig der Fall ist, deutlich unterdurchschnittliche Arbeitsentgelte mit Unterbrechungen im Versicherungsverlauf zusammen, dann sind Renten in der Nähe der Sozialhilfeschwelle auch bei 30 Versicherungsjahren keine Ausnahme. Erschwerend kommt hinzu, daß sich gerade für weibliche Beschäftigte in Branchen mit unterdurchschnittlichem Lohnniveau oder in den Kleinbetrieben des Einzelhandels auch keine Verbesserung des Alterseinkommens über eine betriebliche Zusatzrente ergibt. Obwohl 60 bis 70 % der Arbeiter und Angestellten der privaten Wirtschaft in Betrieben mit betrieblicher Altersversorgung arbeiten, ist der Anteil derjenigen Rentner, die heute eine Betriebsrente erhalten, deutlich niedriger und liegt etwa bei 30 %, bei Frauen allerdings nur bei gut 10 %. Diese Diskrepanz erklärt sich zum einen daraus, daß – international eher einmalig – betriebliche Anwartschaften in der Regel verfallen, wenn ein Arbeitnehmer vor Ablauf von 10 Jahren den Betrieb verläßt, womit unständig Beschäftigte, insbesondere aber auch Frauen, ihre Ansprüche häufig nicht aufrechterhalten können. Zum anderen sind Frauen überproportional in Branchen und Betriebsgrößen beschäftigt, für die eine betriebliche Altersversorgung nicht besteht.

Wenn also vielfach im Rahmen der Diskussion über die demographischen Belastungen der Alterssicherung darauf hingewiesen wird, daß die Rentenversicherung nur eine Säule des Alterssicherungsgebäudes sei, zu der betriebliche und private Zusatzsicherung hinzutreten, dann läßt sich nur feststellen, daß die betriebliche Altersversorgung in ihrer derzeitigen Verbreitung und Ausgestaltung nicht gerade eine solide Stütze ist.

3.5.1.4.3 Systemwechsel als Mobilitätshemmnis

Uneingeschränkt positiv läßt sich unter Aspekten der Alterssicherung nur der Wechsel aus einem Arbeitsverhältnis in den Beamtenstatus, künftig allerdings möglichst nicht allzu spät, beurteilen. Die vorher erworbenen Rentenansprüche werden grundsätzlich aufrechterhalten, zusammen mit der Beamtenversorgung wird in aller Regel das Spitzenniveau der Beamtenversorgung erreicht. Im umgekehrten Fall erlebt der mobile Beamte dagegen eine herbe Enttäuschung, denn er wird nur in der Rentenversicherung, nicht dagegen in der Zusatzversorgung des öffentlichen Dienstes nachversichert, wenn er in die Privatwirtschaft überwechselt. Damit ist dieser Wechsel faktisch unterbunden. Nicht besser sieht es aus, wenn der Angestellte des öffentlichen Dienstes vor Ablauf von 10 Jahren in die Privatwirtschaft wechselt und seine Ansprüche gegen die Zusatzversorgung aufgibt, aber auch der Wechsel zwischen den Betrieben der Privatwirtschaft wird wegen dieser Regelung über den Verfall von Anwartschaften aus betrieblicher Altersversorgung behindert. Zwar wird von Arbeitgebern immer wieder die mangelnde Mobilitätsbereitschaft von Arbeitnehmern beklagt, aber der Forderung nach einer Abschaffung oder wenigstens Senkung der Frist bis zum Eintritt der Unverfallbarkeit begegnen sie mit Ablehnung.

Auch der Übertritt aus der Rentenversicherung in die private Lebensversicherung, z. B. beim Wechsel von einer Angestelltentätigkeit zu einer selbständigen Tätigkeit, wird durch Leistungseinbußen in der Rentenversicherung sanktioniert.

Fazit: Mobile Erwerbstätige werden tendenziell beim Wechsel von Alterssicherungssystemen bestraft, durchaus wünschenswerte Mobilität zwischen öffentlichem Dienst und Privatwirtschaft wird behindert. Die Vorteile eines gegliederten Systems lassen sich nur vertreten, wenn die Durchlässigkeit der Systemgrenzen erhöht wird.

3.5.2 Bevölkerungswandel und Alterssicherung

Auch wenn die Werbestrategen der privaten Lebensversicherung immer wieder den Eindruck hervorzurufen versuchen, der demographische Wandel berühre nur die gesetzliche Rentenversicherung, so läßt sich ganz allgemein feststellen, daß unabhängig vom Finanzierungsverfahren ein größerer Bevölkerungsanteil Älterer bei Konstanz oder gar Abnahme des Anteils der ökonomisch aktiven Personen Änderungen in der Verteilung des realen Sozialprodukts bewirken muß. In der Beamtenversorgung wird ein größerer Teil des Steuervolumens für die Versorgung bereitgestellt werden müssen, was zu Steuererhöhungen führt, wenn sich kompensatorische Ausgabensenkungen an anderer Stelle in den Haushalten nicht erreichen lassen. In der Rentenversicherung werden die Beitragssätze anzuheben sein, was unmittelbar zu Lasten der Beitragszahler geht. In der Lebensversicherung ist die Situation etwas komplizierter, aber auch sie kann die Sicherung ihrer zunehmenden Zahl an Leistungsempfängern nur auf Kosten anderer Bevölkerungsgruppen vollziehen. Will sie auch künftig deutlich mehr als die vereinbarte nominale Vertragssumme auszahlen, d. h. ihren Versicherten zumindest den Realwert der Vertragssumme zum Zeitpunkt des Vertragsabschlusses zukommen lassen, dann müssen ihre Kapitalerträge überdurchschnittlich zum Volkseinkommen wachsen. Das bedeutet aber entweder, daß die gesamtwirtschaftliche Lohnquote sinken muß, d. h. die relative Einkommensposition der Arbeitnehmer sich verschlechtert, oder daß die Lebensversicherung andere Formen der privaten Vermögensbildung verdrängt. Mit welchem Ergebnis dieser Verteilungskonflikt letztlich endet, ist schwer vorhersagbar, keinesfalls aber ist die Aussage zutreffend, daß die private Lebensversicherung nicht vom demographischen Wandel berührt würde.

3.5.2.1 Die Finanzierung der gesetzlichen Rentenversicherung

Wegen der Bedeutung, die der gesetzlichen Rentenversicherung im Rahmen der gesamten Alterssicherung zukommt, und weil sie auch im Mittelpunkt der demographischen Diskussion steht, soll das ihr zugrunde liegende Finanzierungssystem etwas eingehender betrachtet werden.

Die Finanzierungsformel der Rentenversicherung der Arbeiter und Angestellten lautet:

$$b = \frac{R}{B} \times \frac{r}{e} - \frac{BZ + SE - RE - SA - FS}{B \times e}$$

Der Beitragssatz b hängt damit ab vom zahlenmäßigen Verhältnis der Rentner R zu den Beitragszahlern B, vom Verhältnis der Durchschnittsrente r zum durchschnittlichen beitragspflichtigen Bruttoentgelt e und von einem unübersichtlichen Rest von Bundeszuschuß BZ und sonstigen Einnahmen und Ausgaben sowie dem Finanzierungssaldo im Verhältnis zur Bruttolohnsumme $B \times e$.

Für 1988 in Zahlen ausgedrückt betrug der Beitragssatz 18,7 %, die Relation R : B entsprach 1 : 2, die Durchschnittsrente machte 41 % des Bruttoarbeitsentgelts aus, und der Restposten entsprach − 1,9 Beitragssatzpunkten.

Aus den demographischen Überlegungen wissen wir, daß das Verhältnis Rentner zu Beitragszahlern künftig nachhaltig steigen und den Beitragssatz nach oben drücken wird. Nun läßt sich der Anstieg des Quotienten R : B allerdings dämpfen, wenn Aktive später in Rente gehen, sei es, weil die Frühinvalidität gesenkt, sei es, weil die Altersgrenzen nach oben verschoben werden. Beide Maßnahmen haben einen doppelten Effekt: Die Zahl der Rentner steigt langsamer, und die Zahl der Beitragszahler geht länger nicht oder schwächer zurück. Eine zweite Entwicklung, die sich verlangsamend auf den Quotienten R : B auswirkt, ist die relative Zunahme der Beitragszahler bei steigender Erwerbsbeteiligung der Frauen.

Der zweite Quotient: Durchschnittsrente zu Bruttoarbeitsentgelt ließe sich am einfachsten durch Rentenkürzungen mit dem Ziel, den Beitragssatzanstieg zu verhindern, manipulieren. Nun ist das Rentenniveau durchaus nicht so hoch, als daß man nicht Gefahr liefe, bei einer allgemeinen prozentualen Kürzung der Renten einen Teil der Rentner der Sozialhilfe zu überantworten. Eher besteht in jüngerer Zeit die Tendenz, die Rentenansprüche von Frauen durch die Anerkennung von Kindererziehungszeiten als leistungserhöhende Versicherungszeiten auszuweiten – eine Maßnahme, die auch im Rentenreformgesetz 1992 für künftige Geburten verwirklicht worden ist. Bei einem Blick in die DDR, wo das Rentenrecht stark durch diese familienpolitische Tendenz geprägt ist, läßt sich ein weiter Gestaltungsspielraum erkennen. Nicht nur wird dort ein Kindererziehungsjahr unabhängig von gleichzeitiger Arbeit beim ersten und zweiten Kind anerkannt, ab dem dritten Kind werden für alle Kinder jeweils 3 Erziehungsjahre zusätzlich berechnet, bei 5 Kindern – auch in der DDR eine seltene Ausnahme – wird allein mit 15 Erziehungsjahren der Anspruch auf die Mindestrente ausgelöst. Allerdings steht dieser sehr viel großzügigeren Anerkennung der Erziehungsleistung in der Rentenversicherung gleichzeitig eine recht eingeschränkte Regelung von Witwenrenten gegenüber, was logisch konsequent ist. Denn entweder wird der eigenständige Rentenanspruch von Frauen über Kindererziehungszeiten ausgebaut, dann hat die vom Ehemann abgeleitete Hinterbliebenenrente keinen großen Sinn mehr, oder man beläßt es bei der Witwenrente, dann kann man aber nicht gleichzeitig die Anerkennung von Erziehungszeiten ausbauen. In der Bundesrepublik ist in dieser Hinsicht noch keine klare Entscheidung getroffen worden; vielleicht könnten wir in dieser Hinsicht von der DDR lernen.

Mit der Rentenreform 1992 wird der Faktor r : e aber dennoch im Zeitablauf gesenkt. Dadurch, daß die Renten künftig mit der Nettolohnentwicklung angepaßt werden, der der Beitragszahlung zugrunde liegende Bruttolohn e jedoch schon allein wegen der steigenden

Rentenversicherungsbeiträge, voraussichtlich aber auch wegen der weiter zunehmenden Lohnsteuerbelastung, stärker steigt, sinkt der Quotient r : e, ohne daß das verteilungspolitisch entscheidende Nettorentenniveau abnimmt.

Ein weiteres Mittel zur Dämpfung des Beitragssatzanstiegs könnte im Bundeszuschuß BZ gesehen werden. In der Vergangenheit ist der Anteil des Bundeszuschusses gemessen an den Rentenausgaben laufend gesunken. Hatte er 1957 bei der Rentenreform noch 32 % der Rentenausgaben finanziert, so war dieser Anteil bis 1988 auf 17 % abgesunken. Diese Entwicklung hätte sich künftig weiter fortgesetzt. Durch die Maßnahmen der Rentenreform wird der Anpassungsmechanismus des Bundeszuschusses künftig mit der Wirkung geändert, daß er zunächst gemessen an den Rentenausgaben konstant bleibt, in sehr langfristiger Sicht, wenn tatsächlich die Zahl der Beitragszahler zurückgeht, sogar ansteigt.

Insgesamt zeigt die Betrachtung der Finanzierungsformel der Rentenversicherung also eine ganze Reihe praktikabler Ansatzpunkte zur Dämpfung des Anstiegs des Beitragssatzes, die – worauf im einzelnen noch einzugehen sein wird – im Rahmen der Rentenreform 1992 auch genutzt worden sind.

3.5.2.2 Probleme der Beamtenversorgung

Zwar wird im Zusammenhang mit dem demographisch bedingten Belastungsanstieg in der Alterssicherung die Beamtenversorgung kaum jemals genannt, ihre Finanzierungsverhältnisse und -aussichten sind jedoch eher ungünstiger als die der Rentenversicherung.

Stellt man nur die ersten beiden Quotienten der Finanzierungsformel der Rentenversicherung, also das Rentner-Beitragszahler-Verhältnis und die Renten-Lohn-Relation, entsprechend für die Beamtenversorgung auf, dann ergibt sich

für $\frac{R}{B}$ ein Quotient von 0,61 (Rentenversicherung 0,5),

für $\frac{r}{e}$ ein Quotient von 0,65 (Rentenversicherung 0,41) und zusammen als fiktiver Beitragssatz nur aus diesen beiden Quotienten für die Beamtenversorgung 40 % im Vergleich zu etwa 20 % in der Rentenversicherung der Arbeiter und Angestellten. Nun müssen Beamte zwar keinen Beitrag zahlen, die Finanzierung erfolgt durch den Steuerzahler, aber die Quotienten kennzeichnen die internen Finanzprobleme.

Obwohl die Zahl der Beamten in den 60er und 70er Jahren stark angestiegen ist und deren Zugang als Pensionäre erst Anfang des nächsten Jahrhunderts verstärkt beginnen wird, ist die Pensionärs-Beamten-Relation mit 6 : 10 heute schon deutlich höher als in der Rentenversicherung (5 : 10). Zwar wird der hohe Quotient auch durch die in den nächsten Jahren ausscheidenden Versorgungsempfänger nach Art. 131 Grundgesetz zur Zeit noch etwas nach oben gedrückt, die Zunahme der Zahl der Beamten von Anfang der 60er Jahre bis heute um über 60 % geht weit über den Anstieg der Arbeiter und Angestellten und über deren Rentnerpotential hinaus. Insofern muß der Ausgabenanstieg in der Beamtenversorgung künftig deutlich höher ausfallen als in der Rentenversicherung.

Der deutlich höhere Leistungsquotient in der Beamtenversorgung von 0,65 gegenüber 0,41 in der Rentenversicherung ist zwar insofern etwas überhöht, als in den Pensionen die auf diese entfallende Lohnsteuer enthalten ist, die den Gebietskörperschaften wieder zufließt. Aber auch bei einer Nettobetrachtung muß der Leistungsquotient angesichts des deutlich höheren Leistungsniveaus der Beamtenversorgung erheblich höher sein als in der Rentenversicherung. Littmann und Färber haben in einer – aufgrund der Datenlage allerdings sehr unsicheren – Rechnung einen Anstieg der Versorgungsansprüche gemessen am Bruttosozialprodukt von 1,8 % in 1984 auf über 6 % im Jahre 2030 geschätzt, was bei Konstanz der Steuerquote einem Anstieg von 7½ % der Steuereinnahmen auf 26 % entsprechen würde.

Auch wenn damit die tatsächliche Entwicklung überzeichnet würde, so deuten dennoch alle Faktoren darauf hin, daß die Beamtenversorgung auch nach den parallel zur Rentenreform 1992 getroffenen Maßnahmen finanziell erheblich unter Druck geraten wird.

3.5.3 Ist ein radikaler Systemwandel der Alterssicherung erforderlich?

In den Jahren, in denen die Rentenreform 1992 vorbereitet wurde, hat eine lebhafte Diskussion darüber stattgefunden, ob unsere derzeitigen Alterssicherungssysteme nicht von Grund auf geändert werden müßten. Vorausberechnungen für die Rentenversicherung, wonach deren Beitragssatz von heute 18,7 % sich bis 2030 mindestens verdoppeln, wenn nicht auf 40 % steigen müßte, und die groben Modellrechnungen für die Beamtenversorgung deuteten darauf hin, daß mit »Schönheitsoperationen« nichts gewonnen wäre. Angesichts der Einkommensverteilung der Rentnerhaushalte schied auch eine Konzeption aus, alle Renten prozentual so stark zu kürzen, daß auch langfristig nur eine moderate Beitragssatzerhöhung erforderlich gewesen wäre.

Als Alternative wurde daher – in unterschiedlicher Ausgestaltung – eine allgemeine Grundrente als Pflichtsicherung vorgeschlagen, die alle anderen öffentlichen Alterssicherungssysteme, also Rentenversicherung, Beamtenversorgung, landwirtschaftliche Alterskassen, aber auch sonstige laufende Einkommensleistungen an ältere Personen (z. B. Unfallrente) ersetzen sollte. Der Charme dieser Grundkonzeption liegt darin, daß damit eine allgemeine Grundsicherung im Alter erreicht würde, die bei entsprechender Ausgestaltung den Gang zum Sozialamt für alle Bürger im höheren Alter unnötig gemacht hätte, es sei denn, es liegen besondere Umstände vor, d. h. in aller Regel schwere Pflegebedürftigkeit.

Besondere Bedeutung kam in diesem Zusammenhang Biedenkopf zu, der in dem von ihm geleiteten Institut für Wirtschafts- und Gesellschaftspolitik (IWG) einen Vorschlag von Meinhard Miegel ausarbeiten ließ. Danach sollte die Grundrente etwa auf dem Niveau des Sozialhilfebedarfs einer älteren Person (1985 etwa 800 DM monatlich) festgesetzt und aus Steuermitteln finanziert werden. Jede darüber hinausgehende Alterssicherung sollte der einzelne, sei es über betriebliche Altersversorgung oder private Vorsorge, selbst sicherstellen. Die einkommensbezogene Altersrente sollte danach ebenso wegfallen wie die Beamtenpension.

1987/88 wurden die Vorstellungen von Miegel noch von einigen konservativen Kreisen wie der »*Aktionsgemeinschaft Soziale Marktwirtschaft*« und dem »*Frankfurter Institut für wirtschaftspolitische Forschung*« dadurch unterboten, daß auch diese Grundrente aus Beiträgen finanziert und Zuschüsse aus Steuermitteln nur in Sonderfällen gewährt werden sollten.

Sozialpolitisch ausgefeilter, im Ergebnis aber auch langfristig nicht finanzierbar, war ein ebenfalls 1985 von der Fraktion Die Grünen im Bundestag eingebrachter Vorschlag, der neben einer deutlich höheren Grundrente (1985: 1000 DM monatlich) aus Steuermitteln eine obligatorische, aus Beiträgen der Erwerbstätigen (Arbeitnehmer, Beamte und Selbständige) finanzierte Zusatzrente vorsah.

Nachdem sich die breite Mehrheit des Deutschen Bundestages mit der Rentenreform 1992 für ein anderes Konzept entschieden hat, könnte man kommentarlos über diese Vorschläge hinweggehen, wäre nicht zu befürchten, daß diese Diskussion aus mehreren Gründen wiederbelebt wird. Der aktuellste Anlaß ist die deutsch/deutsche Entwicklung. In der DDR ist das Prinzip der Grund- oder Mindestsicherung stark ausgeprägt. In der Pflichtversicherung, die mit einer Beitragsbemessungsgrenze von 600 Mark 1990 gerade nur etwa die Hälfte des durchschnittlichen Arbeitsentgelts der Beitragspflicht unterstellt, spielt die Beitragsdifferenzierung bei der Rentenberechnung faktisch kaum mehr eine Rolle. Ein Beispiel soll dies veranschaulichen. Die Pflichtrente für einen Arbeitnehmer mit durchschnittlichem Arbeitsentgelt und 45 Arbeitsjahren errechnet sich aus

einem Grundbetrag von	210 M
45 Steigerungsbeträgen von 1 % von 600 M	270 M
Zusammen also	480 M

Der Mindestbetrag bei 45 Jahren entspricht 470 M monatlich. Bei Versicherten mit weniger als 34 Jahren liegt die nach Beitragszahlung ermittelte Rente sogar regelmäßig unter den jeweiligen Mindestbeträgen. Zwar gibt es darüber hinaus seit 1970 eine Freiwillige Zusatzrentenversicherung (FZR), deren monatliche Rente für einen Durchschnittsverdiener, der regelmäßig Beiträge gezahlt hat, beim

Rentenzugang Anfang 1990 (1986) etwa 115 (73) Mark beträgt. Die Bedeutung des Mindestrentensockels wird dadurch aber nur unwesentlich relativiert. Die Umstellung der Rentenversicherung in der DDR mit ihrer systembedingt geringen Streuung der Rentenbeträge auf die gesetzliche Rentenversicherung der Bundesrepublik wird zumindest für eine Übergangszeit die Aufrechterhaltung gewisser Mindestbeträge voraussichtlich notwendig machen.

Ein zweiter Grund für eine Fortführung der Mindest-/Grundrentendiskussion in der Bundesrepublik könnte in den mit der Rentenreform 1992 nicht gelösten Fragen einer ausreichenden Alterssicherung von Frauen mit langjährigen Unterbrechungen der Erwerbsbiographie wegen Kindererziehung und bei langjähriger Teilzeitarbeit liegen.

3.5.3.1 Für und wider ein Grundrentensystem

Es lohnt sich daher, sich das Für und Wider einer Grundrente nochmals vor Augen zu führen.

Für ein Grundrentensystem spricht, daß Armut im Alter im Normalfall, nicht dagegen in Fällen besonderen Bedarfs (z. B. bei Pflegebedürftigkeit), ohne Inanspruchnahme des Sozialhilfesystems vermieden wird. Beitrags- bzw. erwerbseinkommensabhängige Alterssicherungssysteme garantieren – auch wenn sie mit zahlreichen sozialen Ergänzungsregelungen wie Hinterbliebenenrente, Anerkennung von Ausbildungs-, Arbeitslosigkeits- oder Erziehungszeiten ausgestaltet sind – nicht in jedem Einzelfall eine das Existenzminimum übersteigende Rente. Die Sozialhilfe andererseits muß als unteres Auffangnetz mit restriktiven Leistungsbedingungen (Verwertung von eigenem Vermögen, Rückgriff auf Kinder bzw. Eltern) ausgestattet sein, damit mißbräuchliche Inanspruchnahme ausgeschlossen wird.

Gegen ein Grundrentensystem spricht, daß es sinnvollerweise nur aus Steuern finanzierbar ist, damit aber in leistungsrechtlicher Hinsicht auch unter den jeweiligen Ausgaberestriktionen des öffentlichen Haushalts steht. Hat der Staat wenig Geld, ist die Gefahr groß, daß notwendige Anpassungen der Renten ausgesetzt werden. Beitragsfinanzierung eines Grundrentensystems ist keine sinnvolle Alternative, denn für diejenigen, die nicht in der Lage sind, regelmäßig Beiträge zu entrichten, müßte eine nach den Grundsätzen der Sozialhilfe ausgestattete staatliche Unterstützung erfolgen; die Probleme der Sozialhilfe würden damit lediglich von der Phase der Leistungszahlung in die der Beitragszahlung vorgezogen. Das Grundrentensystem garantiert allein auch nur eine einheitliche Rente, sichert also keinesfalls die Aufrechterhaltung des während des Erwerbslebens erreichten Lebensstandards. Dazu wäre entweder eine ergänzende Pflichtversicherung – wie in der Konzeption der Grünen vorgesehen – und/oder private Vorsorge erforderlich.

Sieht man von den finanziellen Problemen des Vorschlags der Grünen ab, dann fragt sich, warum es für ein und dieselbe Person zweier Systeme, der Grundsicherung und der obligatorischen Zusatzsicherung, bedarf, ob man nicht gleich ein System der Beitragsfinanzierung mit Bundeszuschüssen zielgerecht ausgestalten könnte.

Die alternative Position, daß jenseits der Grundsicherung jeder einzelne für eine ergänzende Sicherung aufzukommen hätte, wirft eine Vielzahl ungelöster wirtschaftlicher, ordnungs- und sozialpolitischer Fragen auf. Wollten die Erwerbstätigen heute ihre über Rentenversicherung und Beamtenversorgung garantierten Alterssicherungsstandards erhalten, dann müßten sie über die Grundrente hinaus in einem ganz außerordentlichen Umfang private Lebensversicherungsverträge abschließen. Deren Deckungskapital müßte nach heutigen Werten, also bei der Annahme, dieses System bestünde schon seit Jahrzehnten, bei 2 bis 3 Billionen DM liegen. Eine derartige Summe entspricht mindestens dem 5fachen dessen, was die private Lebensversicherung in der Bundesrepublik heute als Deckungskapital ausweist, die Summe ist höher als das gesamte heutige Geldvermögen der privaten Haushalte aus Spareinlagen, Wertpapierbesitz und Versicherungsansprüchen. Es ist völlig unklar, wie und wo eine derartige Kapitalsumme zusätzlich rentabel angelegt werden könnte, wie vermieden werden könnte, daß die private Lebensversicherung letztlich über einen Großteil des gesamtwirtschaftlichen Produktionsvermögens verfügt. Vor allem aber wäre für diese private Vorsorge damit zu rechnen, daß sie zu einer noch problematischeren Einkommensverteilung im Alter führt, da jede Unterlassung von Prämienzahlungen aus welchen Gründen (Arbeitslosigkeit, Invalidität, Kindererziehung, Unterschätzung des künftigen Sicherungsbedarfs) auch immer zu Minderungen im Leistungsanspruch führt. In weitaus mehr Fällen als heute wäre damit der Renteneintritt mit einer deutlichen Verschlechterung des Lebensstandards verbunden.

Wirft schon ein Grundrentensystem im laufenden Betrieb eine Fülle von Problemen auf, so würden sich beim Übergang vom geltenden Recht auf ein solches System nach Biedenkopf/Miegel noch eine Reihe zusätzlicher, sozialpolitisch nicht befriedigend lösbarer Schwierigkeiten ergeben. Ein Grundrentensystem mit ergänzender privater Vorsorge setzt voraus, daß ab dem Ende der Ausbildungsphase regelmäßig Prämien zur privaten Lebensversicherung gezahlt werden, alternativ käme allenfalls in beschränktem Umfang privater Wohnungsbau auch im Sinne der Altersvorsorge in Frage. Gleichzeitig müßten jedoch die bis zum Zeitpunkt eines Systemwechsels entstandenen Renten- und Pensionsansprüche weiter finanziert werden.

Die heute und während einer langen Übergangszeit künftig Erwerbstätigen müßten also einerseits Prämien zum Aufbau des Dekkungskapitals für ihre eigene Alterssicherung und Beiträge sowie Steuern für die während der Übergangsphase im Umlageverfahren zu finanzierenden Renten und Pensionen, deren Rechtsansprüche ja nicht einfach gestrichen werden können, aufbringen. Sie würden also doppelt belastet. Diese Übergangsphase ist allein schon wegen der Lebenserwartung der Rentner sehr lang; darüber hinaus müßten aber auch Personen, die zum Zeitpunkt eines Systemwechsels noch nicht Rentner sind, aber schon erhebliche Renten- oder Pensionsansprüche angesammelt haben, vor einer Entwertung dieser Rechte geschützt werden. Eine Übergangszeit von 50 Jahren wäre also mindestens anzusetzen, wenn man nicht den sozialpolitisch bedenklichen Vorstellungen einiger Verfechter des radikalen Systemwechsels folgt und die Dynamisierung der bestehenden Renten- und Versorgungsansprüche zum Zeitpunkt des Systemwechsels weitgehend aussetzt, soweit diese über die Grundrente hinausreichen. Völlig unakzeptabel ist ein derartiger Vorschlag deshalb, weil Personen mit einer über der Grundrente liegenden Rente oder Pension, die sich auf ein nach der allgemeinen Einkommensentwicklung dynamisiertes Alterseinkommen eingestellt haben, im Laufe der Rentenphase laufende Einbußen ihres Lebensstandards hinnehmen müßten; sie würden schleichend enteignet.

Fazit: Der radikale Systemwechsel von den einkommensdifferenzierten Alterssicherungssystemen der Rentenversicherung und Beamtenversorgung hin zu einem Grundrentensystem auf Sozialhilfeniveau mit Ergänzung ausschließlich durch private Vorsorge ist letztlich nichts anderes als der mit nicht tragfähigen ökonomischen Argumenten verbrämte Versuch, einen wesentlichen Teil der sozialen Alterssicherung zu privatisieren und auf diesem Wege Arbeitgeberbeiträge zur Alterssicherung zugunsten der Gewinne abzubauen. Die verteilungspolitischen Vorteile derjenigen, die durch die Grundrente besser gestellt werden als bisher, sind vergleichsweise gering im Verhältnis zu den Nachteilen, die schon der langjährige Arbeitnehmer mit unterdurchschnittlichem Arbeitsentgelt tragen müßte.

Diese Kritik gilt grundsätzlich nicht für den Vorschlag der Grünen, der verteilungspolitisch intelligent ausgestaltet ist, allerdings mit dem Niveau der Grundrente und der zusätzlichen obligatorischen Versicherung schon heute teurer wäre als das bestehende System und damit künftigen demographischen Entwicklungsbedingungen nicht Rechnung trägt.

3.5.4 Die Rentenreform 1992 – Systemerhaltung ist machbar!

Die Regierungskoalition aus CDU/CSU und FDP sowie die Oppositionsfraktion der SPD haben sich Ende 1989 nicht für den radikalen Systemwechsel, sondern für eine Weiterentwicklung des bestehenden gegliederten Alterssicherungssystems entschieden. Grundsätze der Reform der gesetzlichen Rentenversicherung waren dabei:

- Beibehaltung eines maßgeblich am Erwerbsprinzip orientierten Sicherungssystems, dessen Leistungen vorrangig nach der Dauer der Erwerbstätigkeit und der Höhe des versicherten Arbeitsentgelts differieren.
- Beibehaltung des Versicherungsprinzips, d. h. Leistungen sind grundsätzlich von der Zahlung von Beiträgen abhängig.
- Neuordnung des »sozialen Ausgleichs«, d. h. der Merkmale, die im Sinne der »Sozialversicherung« das Versicherungsprinzip ergänzen, soweit Beitragszahlung in angemessenem Umfang aus sozial zu berücksichtigenden Gründen nicht erfolgen kann oder soll. Dies gilt z. B. für Zeiten der Ausbildung, der Kindererziehung, für Leistungen an Hinterbliebene oder für Zeiten der Arbeitslosigkeit, soweit seitens der Bundesanstalt für Arbeit keine Beiträge gezahlt werden.
- Neuordnung der Anpassungsformel für die Rentendynamisierung mit dem Ziel, die »Nettorente« (Rente nach Abzug des Krankenversicherungsbeitrags) entsprechend der Nettolohnentwicklung anzuheben und damit das Nettorentenniveau langfristig zu stabilisieren.
- Einführung eines finanzierungstechnischen Selbstregulierungsmechanismus, der beim Auftreten zusätzlichen Finanzbedarfs bewirkt, daß eine Beitragssatzanhebung über die Nettoanpassungsformel zugleich die Rentenanpassung mindert und eine außerordentliche Anhebung des Bundeszuschusses auslöst.
- Die Ankündigung einer Heraufsetzung der vorgezogenen Altersgrenzen und der Neuregelung der flexiblen Renten.

3.5.4.1 Die finanziellen Wirkungen des Rentenreformgesetzes

Nach dem bisher geltenden Recht hätte der Beitragssatz zur Rentenversicherung der Arbeiter und Angestellten von heute 18,7 % allein bis zum Jahre 2000 um rund 3 Prozentpunkte und bis 2010 fast um weitere 3 Prozentpunkte steigen müssen. In der demographisch besonders angespannten Phase danach bis 2030 wäre er je nach Modellannahmen von rd. 24 bis 25 % auf 35 bis 40 % gestiegen.

Als grobe Faustformel für die Finanzwirkungen der Rentenreform 1992 kann gelten, daß der Beitragssatzanstieg, der ohne Reform notwendig wäre, durch die Reform etwas mehr als halbiert wird. Nach aktuellen Berechnungen und Annahmen würde der Beitragssatz bis zum Jahre 2000 sogar nur um gut einen Prozentpunkt, bis 2010 um einen weiteren Prozentpunkt auf dann rd. 21 % zunehmen.

Im Entwurf des Rentenreformgesetzes 1992 sind bewußt nur Modellrechnungen bis zum Jahre 2010 vorgelegt worden, weil die Unsicherheit der Ergebnisse um so größer wird, je länger der Vorausberechnungszeitraum angenommen wird. In die Modelle gehen mit den Annahmen über die Bevölkerungsentwicklung (Geburten, Sterblichkeit, Wanderungen), über den Arbeitsmarkt (Erwerbsbeteiligung von Frauen, Arbeitslosigkeit, Differenzierung nach Arbeitern und Angestellten einerseits, nach Beamten und Selbständigen andererseits), mit Lohn- und Lohnsteuerannahmen, mit rentenspezifischen Faktoren (Hinterbliebenenrisiko, Rentenzugangsalter) so viele Faktoren ein, die von in- und ausländischen wirtschaftlichen Bedingungen, Verhaltensweisen der Menschen und – besonders aktuell – von der innerdeutschen Entwicklung beeinflußt werden, daß schon Zahlenangaben für das Jahr 2000 einen breiten Unsicherheitsbereich aufweisen, der sich mit jedem weiteren Jahr nur vergrößern kann.

Für den Zeitraum nach 2010 greift man daher am besten auf die oben genannte Faustformel zurück. Würde der Beitrag also nach bisherigem Recht von knapp 19 % um 17 Prozentpunkte auf z. B. 36 % ansteigen, so betrüge der Anstieg nach der Rentenreform etwa 8 Punkte, was einem Beitragssatz von dann rd. 27 % entspräche.

Ehe wir uns der Beurteilung dieses Ergebnisses zuwenden, soll noch ein weiterer Finanzierungsaspekt, der nicht zuletzt auch verteilungspolitisch von Bedeutung ist, betrachtet werden: die Entwicklung des Bundeszuschusses. Wie die Tabelle 24 (s. S. 220) über die Finanzen der gesetzlichen Rentenversicherung zeigt, betrug der Bundeszuschuß zur Rentenversicherung der Arbeiter und Angestellten zum Zeitpunkt der Rentenreform 1957, mit der die dynamische Rente eingeführt worden war, rd. 32 % der damaligen Rentenausgaben. Bis 1988 hatte sich dieser Finanzierungsanteil nahezu halbiert, und er würde nach der bisherigen Regelung auch künftig

Tabelle 24: Die Finanzen der gesetzlichen Rentenversicherung der Arbeiter und Angestellten vor und nach dem Rentenreformgesetz (RRG) 1992

	Beitragssatz in %		Bundeszuschuß in % der Rentenausgaben[1]	
	vor RRG	nach RRG	vor RRG	nach RRG
1957	14	–	31,8	–
1970	17	–	18,8[2]	–
1973	18	–	15,0[2]	–
1981	18,5	–	16,3[2]	–
1985	18,7/19,2	–	17,8	–
1988	18,7	–	17,3	–
1988	18,7	–	18,2	–
1990	18,5	18,7	18,8	18,8
2000	21,8	20,0	16,0	19,0
2010	24,5	21,2	14,3	19,0
2030	35,8	26,7	12,5	23,3

[1] Ab 1988, unterer Tabellenteil: Bundeszuschuß und Rentenausgaben jeweils einschließlich Finanzmittel und Leistungen für KLG u. HEZG (Kindererziehungszeiten nach Kinderleistungsgesetz sowie Hinterbliebenen- und Erziehungszeitengesetz)
[2] Bundeszuschuß wurde abweichend von der Regelung nach der RVO gezahlt

Quelle: Berechnungen des Bundesministeriums für Arbeit und Sozialordnung

anteilsmäßig zurückgehen. Das liegt daran, daß der Bundeszuschuß sich entsprechend der Entwicklung des Durchschnittsbetrags der Bruttolöhne und -gehälter erhöht, die Rentenausgaben dagegen in der Vergangenheit sowohl von dieser Entwicklung, aber auch von der Zunahme der Rentnerzahlen beeinflußt waren.

Nach der Rentenreform erhöht sich der Bundeszuschuß zwar regelmäßig nach dem bisherigen Verfahren – abgesehen von der einmaligen Niveauanhebung in 1990 und 1991 um insgesamt 2,3

Mrd. DM –, zusätzlich wird er aber immer dann angehoben, wenn der Beitragssatz zur Rentenversicherung erhöht werden muß, und zwar im gleichen relativen Umfang. Steigt also beispielsweise der Beitragssatz in einem Jahr von 18,7 % auf 19 %, was einer Zunahme von 1,6 % entspricht, dann wird der Bundeszuschuß über die Lohnentwicklung hinaus um weitere 1,6 % erhöht. Dieser Mechanismus hat eine sehr interessante Wirkung: Muß der Beitragssatz steigen, weil nur die Zahl der Rentner zunimmt, die der Beitragszahler aber gleich bleibt, dann bleibt der Anteil des Bundeszuschusses an den Rentenausgaben etwa konstant. Wird der Beitragssatzanstieg dagegen durch einen Rückgang der Zahl der Beitragszahler ausgelöst, dann steigt der Anteil des Bundeszuschusses an den Rentenausgaben. Diese zuletzt genannte Wirkung tritt allerdings voraussichtlich im Zeitraum bis 2010 noch nicht oder nicht in nennenswertem Umfang auf, für die Zeit von etwa 2015 bis 2030 dürfte sie dagegen deutlich spürbar werden.

Will man die finanziellen Wirkungen der Einzelmaßnahmen näher erfassen, dann geht man am besten vom Gesamtfinanzierungsbedarf nach dem bisherigen Recht im Jahre 2010 im Vergleich zu heute aus. Insgesamt wären im Jahre 2010 5,4 Beitragssatzpunkte oder etwa 113 Mrd. DM Einnahmen mehr erforderlich als 1990 – bei dem ursprünglich festgesetzten Beitragssatz von 18,5 %. In Beitragssatzpunkten bzw. in Mrd. DM haben die Einzelmaßnahmen ausgabensenkende bzw. einnahmeerhöhende Wirkung (+) oder führen zu Mehrausgaben (−), wie sie in Tabelle 25 (s. S. 222) aufgeführt sind.

Den größten Deckungsbeitrag leisten Versicherte und Arbeitgeber dadurch, daß der Beitragssatz trotz der Reformmaßnahmen angehoben werden muß, und zwar teilweise bereits vorab dadurch, daß er in 1990 nicht – wie vorgesehen – um 0,2 Punkte von 18,7 auf 18,5 % abgesenkt wurde. Die höchste Ersparnis wird durch die Nettoanpassung bzw. dadurch erreicht, daß das Nettorentenniveau der Rentner nicht weiter ansteigt. Die stufenweise Anhebung der Altersgrenzen führt in 2010 nur zu einer vergleichsweise geringen Ersparnis, was zum einen daran liegt, daß sie erst 2001 eintritt; zum anderen wird das Einsparpotential von Anhebungen der Altersgrenzen jedoch

Tabelle 25: Finanzielle Wirkungen von Einzelmaßnahmen

	Beitragssatzpunkte	Mrd. DM
Nettoanpassung[1]	2,20	46,1
Altersgrenze ab 2001[1]	0,19	4,0
Rente nach Mindesteinkommen[1]	−0,20	− 4,3
Bundeszuschuß[2]	0,71	14,8
Beiträge auf Lohnersatzleistungen	0,20	4,2
Erhöhung Beitragssatz	2,38	50,0
Sonstige	−0,07	− 1,4
Insgesamt	5,41	113,4

[1] Rentenminder- bzw. mehrausgaben einschließlich Krankenversicherung der Rentner
[2] Einschließlich pauschalierter Erstattung für Kindererziehungszeiten nach HEZG (Hinterbliebenen- und Erziehungszeitengesetz) und KLG (Kinderleistungsgesetz)

Quelle: Bundesministerium für Arbeit und Sozialordnung

grundsätzlich dadurch gemindert, daß viele Arbeitnehmer schon vor Eintritt der heutigen vorgezogenen Altersgrenzen und erst recht vor dem 65. Lebensjahr erwerbsunfähig sind. Insofern müßte eine Politik zur Anhebung des effektiven Rentenalters eigentlich bei der Vermeidung von Frühinvalidität, bei medizinischen und beruflichen Maßnahmen der Prävention und Rehabilitation ansetzen. Solange Arbeitgeber ältere, gesundheitlich nicht mehr uneingeschränkt leistungsfähige Arbeitnehmer lieber mit Abfindungen in die Arbeitslosigkeit entlassen, was mit ein- bis zweijähriger Verzögerung zum vorzeitigen Rentenbezug führt, ist die Anhebung der Altersgrenzen kaum mehr als ein Signal, daß die Lebensarbeitszeit künftig keinesfalls noch mehr verkürzt werden darf.

Mit der Rentenreform 1992 ist auch die Regelung der Rente nach Mindesteinkommen, die bisher nur für die Zeiten bis 1972 galt, verlängert worden. Nach dieser Regelung sollen Zeiten einer Vollzeiterwerbstätigkeit mit geringer Vergütung mindestens auf ein um 25 % unter dem Durchschnitt liegendes Versichertenentgelt angehoben werden, soweit insgesamt mindestens 35 anrechnungsfähige Versicherungsjahre vorliegen. Diese Regelung ist erneut zeitlich begrenzt worden, nämlich auf Zeiten bis 1991. Ob diese Befristung sinnvoll ist, ist eine Grundsatzfrage nach dem Ziel eines Alterssicherungssystems. Meines Erachtens muß ein soziales Pflichtversicherungssystem einem langjährig, auf der Basis einer Vollzeiterwerbstätigkeit Versicherten eine Rente oberhalb der Sozialhilfeschwelle einräumen. Da es in der Bundesrepublik eine breite, von Arbeitgebern häufig als noch zu gering bezeichnete Streuung von Arbeitsentgelten nach Qualifikationen und nach Branchen gibt, muß das *soziale* Sicherungssystem wenigstens dafür sorgen, daß langjährige Tätigkeit in niedrig bezahlter Stellung, aber auch längere Phasen von Arbeitslosigkeit, nicht trotz regelmäßiger Beitragszahlung zu Sozialhilfebedürftigkeit im Alter führt. Ein Bruttoarbeitsentgelt von 2000 DM bei Vollzeittätigkeit wurde im Jahre 1989 durchaus nicht von allen Arbeiterinnen und Angestellten mit geringer Qualifikation überschritten. Dieses Niveau entsprach 1989 60 % des Durchschnittsentgelts. Bei 35jähriger Tätigkeit auf diesem relativen Niveau wäre 1989 eine Rente nach Abzug des Krankenversicherungsbeitrags von rd. 745 DM monatlich, d. h. unterhalb des Sozialhilfeniveaus, erreicht worden. Durch die Rente nach Mindesteinkommen wird eine derartige Rente künftig auf etwa 930 DM angehoben.

In die Tabelle über die Auswirkungen von Einzelmaßnahmen sind keine nennenswerten Kosten für die Verlängerung der Kindererziehungszeiten aufgenommen worden, da diese Regelung nur für Geburten nach 1991 gilt, bei den Renten an kindererziehende Eltern bis 2010 also keine relevante Rolle spielen kann.

Die häufig gestellte Frage scheint berechtigt, ob denn alle diese Ergebnisse letztlich nicht doch zeigten, daß die Rentenreform 1992 zwar bis 2010, vielleicht auch bis 2015 finanzielle Sicherheit verspricht, danach das System dann aber doch zusammenbrechen müsse. Schließlich sei danach ja auch mit einem Beitragssatzanstieg auf über 25 % zu rechnen. Richtig an dieser Argumentation ist sicher, daß die Rentenversicherung nicht ohne weitere Reform bis 2030 auskommt, wenn sich derzeitige Annahmen über die demographische Entwicklung und alle anderen Modellhypothesen bestätigen. Angesichts der vielfachen Unsicherheiten in diesen Annahmen wäre es andererseits verantwortungslos, wenn Politiker heute daraus konkrete Schlüsse für das Rentenrecht im Jahre 2015 ziehen würden. Die Alterssicherungssysteme müssen zwar dem Versicherten langfristige Zusagen machen, auf die er sich verlassen kann, sie sind dennoch in einem gewissen Umfang anpassungsfähig und gestaltbar. Mit der Rentenreform 1992 werden auch die sehr langfristigen Probleme der gesetzlichen Rentenversicherung deutlich gemindert; die immer wieder an die Wand gemalte Bedrohung, der Beitragssatz müsse sich bis 2030 verdoppeln, ist gegenstandslos geworden. Auch künftig wird es wie bisher eine regelmäßige Berichterstattung über die Rentenfinanzen mit Modellrechnungen für die jeweils nächsten 15 Jahre geben, der Sozialbeirat als sachverständiges Gremium wird weiterhin seine Kontrollaufgabe wahrnehmen und wird – wenn es die Regierung nicht selbst tut – rechtzeitig auf Fehlentwicklungen und gegebenenfalls auf Korrekturbedarf hinweisen. Darüber hinaus ist auch mit dem Selbstregulierungsmechanismus, der Rentenanpassung, Beitragssatz- und Bundeszuschußanhebung verbindet, ein Instrument eingeführt worden, das die innere finanzielle Stabilität der Rentenversicherung erhöht, die fallweise Manipulation der Bundeszuschüsse erschwert und damit auch die Renten sicherer macht.

3.5.4.2 Hat die Rentenreform 1992 alle anstehenden Fragen gelöst?

Es entbehrt nicht einer gewissen Ironie, daß die Verabschiedung der nach Aussagen aller maßgeblichen Politiker als langfristige Grundsatzentscheidung gepriesenen Rentenreform 1992 im Bundestag fast an der Öffnung der Berliner Mauer gescheitert wäre, nicht etwa aus Gründen einer neuen politischen Situation, sondern wegen der Vorrangigkeit dieses politischen Ereignisses. Dennoch wird durch die deutsch-deutsche Entwicklung auch die Rentenreform 1992 berührt. Dies betrifft nicht nur die Neuregelung des Fremdrentenrechts, nach dem Aussiedler aus den ehemaligen deutschen Ostgebieten und Übersiedler aus der DDR bisher ihre Rentenansprüche in der Bundesrepublik geltend machen konnten. Der Zusammenschluß der beiden deutschen Staaten wird ebenfalls Rechtsänderungen, zumindest ein Übergangsrecht für das Gebiet der Deutschen Demokratischen Republik, erforderlich machen. Solange ein deutliches Wirtschafts- und Einkommensgefälle besteht, wird nicht identisches Recht praktiziert werden können. Selbst wenn im Gebiet der DDR kurzfristig das bundesdeutsche Rentenrecht im Grundsatz eingeführt wird, macht einerseits die Umstellung von Renten und Rentenanwartschaften eine gewisse Übergangszeit erforderlich, zum anderen wird das absolute Rentenniveau entsprechend dem Lohnniveau zunächst niedriger sein, dafür aber mit den zu erwartenden Lohnsteigerungen auf DDR-Gebiet stärker ansteigen müssen, als dies gleichzeitig im Bundesgebiet der Fall sein wird.

In der langfristigen Perspektive wird man davon ausgehen können, daß die volle rentenrechtliche Eingliederung des Gebietes der heutigen DDR für die Rentenversicherung keine zusätzlichen Belastungen, aber auch keine nennenswerten Entlastungen mit sich bringen wird. Der Altenquotient der DDR ist nur geringfügig günstiger als der der Bundesrepublik, sein Anstieg dürfte sich etwas langsamer vollziehen, da der Anteil der Kinder und Jugendlichen an der Bevölkerung höher ist als in der Bundesrepublik. Insgesamt wird aber der demographische Belastungsanstieg bis 2030 durch einen Zusammenschluß der beiden Gebiete nicht nennenswert gedämpft werden.

Gerade im Zusammenhang mit dem bisherigen Rentenrecht der DDR ist eine andere Frage jetzt noch aktueller geworden: Soll die Alterssicherung der Frauen künftig stärker über Kindererziehungszeiten ausgebaut werden, und dies anstatt oder zusätzlich zu den bestehenden Witwenrentenansprüchen? Bei allen Mängeln in der absoluten Höhe der Sozialversicherungsrenten in der DDR wird die kindererziehende Frau bei der Versichertenrente relativ günstig gestellt, während Hinterbliebenenrenten grundsätzlich seltener und dann in aller Regel auf ein Viertel gekürzt (beim Zusammentreffen mit einer eigenen Versichertenrente) gezahlt werden. In der Rentenreform 1992 ist die Grundsatzentscheidung hierüber eher vertagt worden. Zwar ist die Anrechnung von Kindererziehungszeiten erweitert worden, allerdings mit einer Wirkung, die im Regelfall erst in 30 bis 40 Jahren eintritt, andererseits blieben die Ansprüche auf Witwen- und Witwerrenten unverändert. Eine dauerhafte Lösung des Problems stellt dies angesichts zunehmender Erwerbstätigkeit von Frauen und der grundsätzlichen Anerkennung von Kindererziehung als leistungsrelevantem Faktor im Rentenrecht nicht dar. Gerade weil aber eine Lösung des Problems einer längeren Übergangsphase bedarf – man kann Witwenrenten nicht einfach abschaffen – und weil die andere Grundstruktur des DDR-Rechts ebenfalls längerfristige Übergangslösungen erfordert, wäre hier ein Ansatzpunkt zu einer gemeinsamen künftigen Neugestaltung.

Auch ein zweiter Problembereich ist bei der Rentenreform 1992 letztlich unerledigt geblieben, nämlich die faktische Orientierung einer angemessenen Rente an der Vollzeit-Erwerbstätigkeit. Bei einer zunehmenden Verbreitung von Teilzeitarbeit, die ja auch von vielen Politikern als wünschenswert erachtet wird, wächst die Gefahr der Unterversorgung im Alter. Kann man von einer relativ gut bezahlten Teilzeitarbeit seinen Lebensunterhalt noch bestreiten, dann ist dies bei einer daraus abgeleiteten Rente häufig nicht mehr der Fall. Die freie Entscheidung für eine Teilzeitarbeit kann sicher auch nicht zum Anknüpfungspunkt für soziale Ausgleichsleistungen gemacht werden. Vielmehr wäre eingehend zu prüfen, ob z. B. durch Mindestbeiträge ein angemessenes Sicherungsniveau erreicht werden sollte, wobei einerseits wiederum Überlegungen zum Hinterbliebenenrecht, aber auch Fragen der Beitragssubvention in bestimmten Fällen, wie z. B. bei alleinerziehenden Elternteilen, einzubeziehen wären.

In einer dritten grundsätzlichen Frage, nämlich der Erörterung einer neuen Bemessungsgrundlage für Arbeitgeber, des »Maschinenbeitrags«, ist zwar zunächst eine negative Antwort gefallen, daß diese aber endgültig ist, erscheint wenig wahrscheinlich. Der Gedanke, sozusagen auch die Maschine zum Beitragszahler zu erklären, d. h., Arbeitgeberbeiträge nicht nur auf die Lohnsumme, sondern auf den Produktionswert des Betriebes zu beziehen, ist nicht neu und wird auch im Ausland diskutiert. Die Ausgangspunkte für derartige Überlegungen waren recht unterschiedlich; teils war eine Entlastung personalkostenintensiver Betriebe von Sozialabgaben unter Wettbewerbs- und Arbeitsmarktaspekten der Grund, teils die Überlegung, daß bei kapitalintensiver Rationalisierung die Bemessungsgrundlage der Löhne und Gehälter relativ zurückgeht, die Beitragssätze daher überproportional ansteigen müßten. Andererseits wurde vor einer Umorientierung der Beitragsbemessungsgrundlage aber auch heftig gewarnt, weil sie die Investitionsbereitschaft und damit das Wirtschaftswachstum behindere und damit ihrerseits die Lohnentwicklung eindämmen und Arbeitslosigkeitsrisiken erhöhen könne. Bisherige Untersuchungen haben jedoch gezeigt, daß weder die positiven Arbeitsmarkteffekte noch die negativen Wachstumseffekte in dem jeweils erwarteten Umfang eintreten, sondern relativ gering ausfallen. Andererseits könnte bei sinkender gesamtwirtschaftlicher Lohnquote und bei steigenden Beitragssätzen der »Maschinenbeitrag« sowohl unter Gesichtspunkten der finanziellen Ergiebigkeit als auch der Akzeptanz des Abgabensystems durchaus Vorteile aufweisen.

Mit der Rentenreform 1992 wird also sicher kein Schlußpunkt unter die Diskussion der Alterssicherung in der Bundesrepublik Deutschland gesetzt; sie bewirkt eine deutliche Dämpfung der zu erwartenden, demographisch bedingten, finanziellen Belastungen, und zwar bei einer Verteilung der Konsolidierungsbeiträge auf Rentner, Beitragszahler und Staat. Gleichzeitig zeichnet sich allerdings weiterer Reformbedarf ab, der zunächst nicht auf zusätzliche Einsparungen gerichtet ist, sondern auf neue soziale Problemfelder und nicht zuletzt auf die Anforderungen, die sich aus einer rentenrechtlichen Eingliederung der DDR ergeben.

4 Wandel und Kontinuität der sozialen Sicherung

Faßt man die Chancen und Risiken zusammen, denen sich die Sozialpolitik auf mittlere und längere Frist gegenübersieht, dann ergeben sich die folgenden Schwerpunkte:

1. Sehr kurzfristig schon wird die Finanz-, Wirtschafts- und Sozialpolitik sehr tiefgreifend von der Vereinigung der beiden deutschen Staaten berührt. Unabhängig davon, in welcher staats- und verfassungsrechtlichen Ausgestaltung und mit welchen Übergangsregelungen sich dieser Prozeß vollzieht, werden in einer Übergangsphase bis zur Angleichung der gesamtwirtschaftlichen Produktivität und der Lebensverhältnisse in den beiden Gebieten die öffentlichen Haushalte in der Bundesrepublik Deutschland zusätzlich belastet. Verteilungspolitische Fragen müssen um eine neue Dimension ergänzt und Grundsätze sozialer Ordnungspolitik unter Berücksichtigung teils anderer Schwerpunktsetzung in der DDR neu überdacht werden.
2. Die demographischen Veränderungen wirken sich angesichts des Strukturwandels auf die verschiedenen Felder der Sozialpolitik unterschiedlich aus. Am nachhaltigsten ist der Einfluß auf die Alterssicherungssysteme, deren Anteil an der Einkommensumverteilung langfristig erheblich zunehmen muß. Daran wird sich durch die Eingliederung der DDR in der Tendenz nichts ändern. Die Entwicklung des Erwerbspersonenpotentials – und dies gilt bei Berücksichtigung der DDR in erweitertem Umfang – signalisiert in den nächsten 20 Jahren kaum ernsthafte quantitative Spannungen; danach allerdings können aus heutiger Sicht absolute Rückgänge der Erwerbstätigenzahl nicht ausgeschlossen werden. Befürchtungen sind allenfalls bereits mittelfristig in qualitativer Hinsicht berechtigt.
3. Kurz- und mittelfristig wird die Wirtschaftsentwicklung auch auf

dem Gebiet der Bundesrepublik deutlich von der deutsch-deutschen Entwicklung bestimmt werden. Bei einer befriedigenden, nicht durch dramatische Strukturbrüche und Massenarbeitslosigkeit gekennzeichneten Wirtschaftsentwicklung in der DDR werden positive Wachstumsimpulse auch für die Wirtschaft im Bundesgebiet ausgelöst werden. Mittelfristig sind Chancen und Risiken für die deutsche Wirtschaft auch in der Weiterentwicklung der Europäischen Gemeinschaft und in einem europäischen Binnenmarkt zu sehen. In der langfristigen Tendenz werden die Wachstumsraten des Bruttosozialprodukts aber weiter zurückgehen, ohne daß damit bei einer rückläufigen Bevölkerung Wohlstandsverluste verbunden sein müßten. Gerade auch ökologisch bedingte Begrenzungen des Wirtschaftswachstums können zur Verbesserung der Lebensverhältnisse führen, wenn sich dies – wie bei Arbeitszeitverkürzungen – auch nicht in Erhöhungen des Realeinkommens niederschlägt.

4.1 Ein Sozialbudget für 2030?

Daß es nicht möglich ist, irgendwelche exakten Voraussagen über 10, 20 oder gar 40 Jahre zu treffen, ist eingangs sehr ausführlich begründet worden. Dennoch vermittelt auch eine sehr grobe Modellierung der langfristigen Zukunft Hinweise auf strukturelle Entwicklungen, auf Probleme und auf politischen Handlungsbedarf.

Als Ausgangspunkt wird im folgenden das Sozialbudget für die Bundesrepublik Deutschland im Jahre 1989 gewählt, das aus methodischen Gründen um Doppelbuchungen bereinigt wurde, die insbesondere durch Beitragszahlungen zwischen den sozialen Einrichtungen entstehen; so zahlt beispielsweise die gesetzliche Rentenversicherung Beiträge an die gesetzliche Krankenversicherung, die damit sowohl in den Leistungen der Rentenversicherung als auch in denen der Krankenversicherung enthalten sind.

Die Fortschreibung der Leistungsausgaben nach Funktionen des Jahres 1989 bis 2015 und 2030 erfolgt einerseits auf der Grundlage der durch die Bevölkerungsentwicklung nach Altersgruppen eintretenden Veränderungen in der Zahl der Leistungsempfänger, andererseits unter der Annahme konstanter Preise und einer der Erwerbstätigenproduktivität entsprechenden Lohnentwicklung. (Die methodischen Einzelheiten und Restriktionen des Modells sind ausführlich dargestellt in: P. Rosenberg: Das Sozialbudget im demographischen Wandel, in: Sozialer Fortschritt, Heft 1–2, 1989, S. 15–21.)

Das Modell zeigt, daß das Sozialbudget, d. h. die Summe der Sozialleistungen, die im Rahmen der Sozialversicherungen, der Beamtenversorgung, sonstiger Sozialleistungsgesetze (Lohnfortzahlung, Kriegsopferversorgung, Sozialhilfe usw.) als Geld- oder Sachleistungen erbracht werden, bis zum Jahre 2015 langsamer wachsen könnte als das Bruttosozialprodukt. Da für das reale Bruttosozialprodukt aus dem Anstieg der Produktivität und der Erwerbstätigenzahl eine jahresdurchschnittliche Zunahme von 1,9 % bis 2015 angenommen wurde, würde das Sozialbudget um 1,6 % jährlich wachsen. Je Einwohner, deren Zahl in diesem Zeitraum insgesamt zurückgeht, bedeutete dies eine jährliche Zunahme von 2,2 % (vgl. Tabelle 26).

Problematischer sieht der anschließende Zeitraum von 2015 bis 2030 aus. Hier kommt es nach dem Modell zu einem deutlich überproportionalen Anstieg des Sozialbudgets, und zwar ausschließlich als Folge der Expansion der Alterssicherung. Gemessen am Sozialprodukt würde das Sozialbudget von 27,6 % auf 32,4 % steigen und damit deutlich über der gegenwärtigen Relation (28,6 %) liegen. Insgesamt würde damit allerdings ein Niveau nicht oder nicht nennenswert überschritten, das in der Mitte der 70er Jahre schon einmal erreicht worden war. Schwierigkeiten könnte dieser Zuwachs des Sozialbudgets um jährlich real 1,6 % im Zeitraum zwischen 2015–2030 dennoch deshalb bedeuten, weil das Bruttosozialprodukt aufgrund der stark rückläufigen Erwerbstätigenzahl auch bei einer höheren Arbeitsproduktivität (+ 1,9 % jährlich) nur noch um einen halben Prozentpunkt im jährlichen Durchschnitt wächst. Zwar würden auch unter diesen Verhältnissen auf alle Einwohner real fast eineinhalb Prozent jährlich mehr entfallen, die Umverteilung zu Lasten der Erwerbstätigen würde aber kräftig zunehmen.

Dabei enthält diese Modellierung implizit einige Annahmen, die sich wohl ausgabendämpfend auswirken, aber doch entscheidend

Tabelle 26: Ein Sozialbudget für 2015 und 2030[1]

		1989[2]	2015	2030	1989[2]	2015	2030
		in % des Bruttosozialprodukts			Anteile in %		
Ehe und Familie		3,9	3,0	3,0	13,8	10,8	9,3
Gesundheit		9,9	9,4	9,6	34,5	34,1	29,5
Beschäftigung		2,0	0,7	0,8	6,9	2,7	2,6
Alter und Hinterbliebene		11,1	13,0	17,7	38,9	47,1	54,8
Sonstige Funktionen[3]		1,7	1,4	1,2	5,9	5,2	3,8
Sozialbudget insgesamt		28,6	27,6	32,4	100	100	100

					Durchschnittliche Veränderung in %	
		1989	2015	2030	1989–2015	2015–2030
Bruttosozialprodukt[4]	Mrd. DM	2255	3030	3270	1,9	0,5
BSP je Einwohner	DM	36300	51270	62930	2,2	1,4
BSP je Erwerbstägigen	DM	81550	103490	137230	1,5	1,9
Sozialbudget (SB)[1]	Mrd. DM	644	840	1060	1,6	1,6
SB je Einwohner	DM	10370	14150	20360	2,0	2,5
SB je Erwerbstätigen	DM	23290	28570	44400	1,3	3,0

[1] Zu konstanten Preisen des Bruttosozialprodukts. Ohne interne Verrechnungen und Beitragszahlungen
[2] Vorläufig
[3] Entschädigungen, Wohnen, Sparförderung, allgemeine Lebenshilfen und Erweiterung der Hilfe zur Pflege
[4] Zu konstanten Preisen des Jahres 1989

Quelle: Bundesministerium für Arbeit und Sozialordnung und eigene Berechnungen von politischen Maßnahmen abhängen. So nehmen beispielsweise die Ausgaben für Ehe und Familie eher unterproportional zu, was zwar angesichts weiter rückläufiger Kinderzahlen plausibel ist, andererseits aber die Deckung eines möglichen zusätzlichen Bedarfs an Familienleistungen ausschließt. Da in diesem Leistungskomplex jedoch weniger gezielte Leistungen an Familien zur Entlastung bei Kinderbetreuung und -erziehung eine Rolle spielen als vielmehr die Erträge aus der steuerlichen Behandlung der Ehegatten, wäre eine stärker auf die Entlastung der kindererziehenden Familie ausgerichtete Politik auch durch Umverteilung innerhalb dieses Funktionsbereiches »Ehe und Familie« zu leisten.

Der zweite Bereich, der in seiner Entwicklung leicht unterproportional zum Sozialprodukt und innerhalb des Sozialbudgets als anteilsmäßig sinkend ausgewiesen wird, ist die Funktion »Gesundheit«, in der die Sachleistungen der Krankenversicherung und der medizinischen Rehabilitation verschiedener Sozialversicherungsträger, aber auch u. a. Lohnfortzahlung, Krankengeld sowie Berufs- und Erwerbsunfähigkeitsrenten enthalten sind. Dabei ist für die Sachleistungen unterstellt, daß erstens deren Preise bei Waren nicht überproportional zur Gesamtwirtschaft steigen und daß zweitens die altersspezifische Inanspruchnahme von Waren und Diensten des Gesundheitswesens konstant bleibt, daß also insbesondere nicht relativ immer mehr Gesundheitsausgaben pro Kopf für die Älteren und relativ weniger für die Jüngeren aufgewendet werden. Dabei geht es hier nur um medizinische Leistungen und Krankenpflege, nicht um die allgemeine Altenpflege. Dennoch wird es einer sehr intensiven und differenzierten Beobachtung des ärztlichen und zahnärztlichen Handelns und gegebenenfalls politischer Maßnahmen bedürfen, um einen derartigen Entwicklungspfad zu erreichen. Angesichts der vielfältigen Rationalisierungsreserven, der Einsparpotentiale bei unter- oder unzweckmäßig ausgelasteten Kapazitäten erscheint mir eine derartige Entwicklung auch bei Umsetzung medizinisch-technischen Fortschritts sachlich durchaus realistisch. Sie wird allerdings nicht zuletzt angesichts weiter steigender Ärztezahlen und nur mühsam abbaubarer Krankenhauskapazitäten politisch keinesfalls konfliktfrei durchsetzbar sein.

Eine deutliche Entlastung des Sozialbudgets ist durch die Funktion »Beschäftigung« dann zu erwarten, wenn es gelingt, das Erwerbspersonenpotential in den nächsten Jahren besser auszulasten. Daß dies nicht allein über das Wirtschaftswachstum gelingen wird, ergibt sich aus den ziemlich ehrgeizigen Annahmen über ein jahresdurchschnittliches reales Wachstum von 1989 bis 2015 von knapp 2 % und einer Produktivitätsentwicklung von 1,5 % je Erwerbstätigen. Diese Kombination impliziert letztlich einen weiteren Rückgang der Arbeitszeit je Erwerbstätigen, sei es in Form der tariflichen Arbeitszeitverkürzung oder sei es als deutlich ausgeweitete Teilzeitarbeit. Unterstellt wird im Modell, daß sich die Barleistungen mit der Rückbildung der Arbeitslosenzahl stark vermindern, während die Aufwendungen für Arbeitsförderungsmaßnahmen der Bundesanstalt für Arbeit deutlich langsamer zurückgehen.

Nicht unerwartet ist der außerordentliche Anstieg des Funktionsbereichs »Alter und Hinterbliebene«, der hier nicht aufgrund differenzierter Partialanalyse über die Rentenversicherung der Arbeiter, Angestellten, Landwirte sowie über die Beamtenversorgung ermittelt wird, sondern dem ebenfalls ein pauschaler an der Altersstruktur- und Nettoarbeitseinkommensentwicklung orientierter Ansatz zugrunde liegt. Der Anteil dieser Leistungen am Bruttosozialprodukt würde sich danach bis 2030 von 11,1 % auf 17,7 %, d. h. um rd. 60 % erhöhen, ihr Anteil am Sozialbudget von rd. 39 % auf fast 55 % steigen. Der gewählte Modellansatz berücksichtigt einerseits nicht die entlastenden Auswirkungen einer Anhebung des effektiven Renteneintrittsalters, andererseits liegen in der nur beschränkten Erhöhung der durchschnittlichen Lebenserwartung der Bevölkerungsrechnung auch Risiken der Unterschätzung des Rentnerpotentials. Darüber hinaus liegen Unsicherheiten der Rechnung in der künftigen politischen Entscheidung bezüglich des weiteren Ausbaus der Alterssicherung der Frau über Kindererziehung einerseits oder über die grundsätzliche Beibehaltung eines Hinterbliebenenrentensystems andererseits.

Im Restposten »Sonstige Funktionen« sind vor allem mit den Leistungen zur Entlastung von Wohnungskosten und mit der Förderung der Vermögensbildung Ausgabenbereiche enthalten, deren

Entwicklung hinter dem Wirtschaftswachstum deutlich zurückbleiben wird. Als expansiver Posten ist hier ein zusätzlicher Aufwand für Hilfe zur Pflege eingestellt, der zu den Aufwendungen, die heute von der Sozialhilfe oder im Rahmen unzweckmäßiger Krankenhausunterbringung von der Krankenversicherung erbracht wird, künftig hinzukommen könnte. Er umfaßt insofern auch die in voller Höhe erst in den nächsten Jahren auftretenden Leistungen der ambulanten Pflegehilfe als Folge des Gesundheits-Reformgesetzes, geht aber über dessen finanziellen Rahmen hinaus.

Grundsätzlich nicht im Sozialbudget enthalten sind Aufwendungen der Gebietskörperschaften für Maßnahmen im Bereich der sozialen Infrastruktur. Soweit derartige Investitionskosten oder laufende Betriebskosten nicht über die Sozialleistungssysteme finanziert werden, wie z. B. die Krankenhausinvestitionen oder die Leistungen von Gesundheitsämtern im Rahmen allgemeiner Hygienemaßnahmen oder Gesundheitsaufklärung, sind sie nicht Bestandteil des Sozialbudgets, tragen aber dennoch zur Funktion des Sozialstaats wesentlich bei. Eine aussagefähige Kostenerfassung scheitert schon allein an den Abgrenzungsschwierigkeiten. So gehören zur sozialen Infrastruktur nicht nur die erwähnten Ausgabenbereiche, sondern z. B. auch die öffentliche Förderung von Kindergärten und Pflegeheimen, die behindertengerechte Ausgestaltung von Verkehrsmitteln und öffentlichen Gebäuden, die rollstuhlgerechte Absenkung von Bürgersteigkanten. Während in der Bundesrepublik Deutschland sehr viel Wert auf die Einkommenssicherung beim Eintritt eines sozialen Risikos, aber auch auf die medizinische Versorgung gelegt worden ist, bestehen auf zahlreichen Feldern der infrastrukturellen sozialen Ausstattung eher noch Defizite. Das gilt nicht nur im Vergleich mit der DDR auf dem Gebiet der Kinderbetreuung, es zeigt sich auch beim Blick auf einige westliche, gemeinhin nicht als sozial führend einzuordnende Staaten, wie z. B. die USA, wenn man die Berücksichtigung der Belange behinderter Personengruppen betrachtet.

4.2 Wir dürfen das soziale Netz nicht reißen lassen!

Die entscheidende sozialpolitische Frage kann letztlich nicht sein: »Steht das soziale Netz vor einer Zerreißprobe?«, sondern »Sind die Politiker bereit, den sozialen Rechtsstaat zu erhalten?«. Sicher werden die Verteilungskonflikte um angemessene Teile des Volkseinkommens oder der gesamtwirtschaftlichen Vermögensbildung künftig zunehmen, und die Privilegierten werden Abstriche von ihren Verteilungsvorteilen nicht wohlwollend hinnehmen. Die Auseinandersetzung über die sozialen Ordnungsprinzipien einer sozialen Marktwirtschaft, die sich in der deutsch-deutschen Frage teils in der Öffentlichkeit, teils in internen Zirkeln abspielen, spiegeln den künftigen Widerstreit von Interessen und Interessentengruppen beispielhaft wider.

Die sich ändernde Altersstruktur der Bevölkerung und die langfristige Abnahme der Bevölkerungszahl – beides bei isolierter Betrachtung der Bundesrepublik wie bei Analyse eines vereinigten Deutschlands – wird strukturelle Anpassungen in vielen Bereichen von Wirtschaft und Gesellschaft nach sich ziehen und politische Maßnahmen zur Einleitung, Flankierung und Absicherung des Strukturwandels erforderlich machen.

Weder die ökonomischen Entwicklungsbedingungen noch die demographisch bedingten Notwendigkeiten, die Verteilungsstrukturen zu ändern, sprechen jedoch dafür, daß der Strukturwandel nicht im Rahmen des erreichten Standards der sozialen Sicherung bewältigt werden könnte. Dies gilt auch unter Berücksichtigung der Chancen und Risiken, die die Vereinigung Deutschlands für jeden der beiden Teile mit sich bringt.

Diese Schlußfolgerung wird ganz sicher von denjenigen als verharmlosend kritisiert werden, die unter Hinweis auf eine sehr viel dramatischere Entwicklung vor allem die einseitige Verbesserung ihrer eigenen künftigen Verteilungsposition im Auge haben. Selbst Experten und Sachverständigengremien sind jedoch keinesfalls unpolitisch, interessenneutral oder gar in jedem Fall dem Gemeinwohl verpflichtete Personen bzw. Gruppen. Auch das Expertenvotum sollte also immer kritisch überprüft werden.

Das soziale Netz zerreißen zu lassen oder auch nur ernsthaft zu beschädigen bedeutete zugleich, die Gesellschaft einer Zerreißprobe mit ungewissem Ausgang zu unterziehen. Das kann die ganz überwiegende Mehrheit der Gesellschaft nicht wollen – auch diejenigen Teile nicht, die immer wieder mit wirtschafts- und finanzpolitisch motivierten Reformmodellen die Prinzipien des bestehenden Systems sozialer Sicherung in Frage stellen.

Die Aufgabe der Zukunft wird daher weniger darin bestehen, grundsätzliche Alternativen der Sozialpolitik zu formulieren, als vielmehr in der Kooperation verschiedener Politikbereiche eine ökologisch und sozial befriedigende Wirtschaftsentwicklung sicherzustellen, die Beschäftigungschancen für ein auch längerfristig hohes Erwerbspersonenpotential zu verbessern und auch auf diesem Wege eine ausgeglichenere Einkommens- und Vermögensverteilung herbeizuführen.

Der Sozialpolitiker wird dabei nicht nur aktiv zu beteiligen sein, er wird sich auch bei der Beseitigung von organisatorischen und leistungsrechtlichen Mängeln der Sicherungssysteme einer Reihe nicht leicht zu bewältigender Aufgaben stellen müssen. Hierbei sollten sich die Sozialpolitiker künftig allerdings vor der Feststellung hüten, sie hätten mit dem jeweiligen Reformgesetz nunmehr endgültig die Probleme der Zukunft gelöst. Die konkrete Ausgestaltung des sozialen Rechtsstaates ist eine dauernde Aufgabe, die Sozialpolitik hat auf sich ändernde soziale Situationen zu reagieren, hat strukturelle Änderungen der Einkommens- und Vermögensverhältnisse, neuartige Arbeitsmarktlagen und Arbeitsverhältnisse in ihren jeweiligen Handlungsrahmen einzubeziehen, und sie kann selbstverständlich nicht unabhängig von gesamt- und einzelwirtschaftlichen Bedingungen handeln.

Zwar gibt es Grundsätze sozialer Ordnungspolitik, Merkmale des sozialen Sicherungssystems, die aus heutiger Sicht als unveränderlich erscheinen, aber die konkrete Ausgestaltung unseres sozialen Sicherungssystems ist keinesfalls so festgelegt, daß dem Sozialpolitiker nicht ein breiter Gestaltungsraum verbliebe, um künftigen Problemen und Engpässen begegnen zu können. Wenn es gelingt, einer breiten Öffentlichkeit den Handlungsbedarf klarzumachen, dann gibt es keinen Grund, warum unser soziales Netz zerreißen müßte, sondern es eröffnen sich vielmehr eine Reihe von Gestaltungsoptionen zur Dämpfung sich abzeichnender Belastungen und zur Beseitigung mancher noch existierender Mängel und Lücken unserer sozialen Sicherung.

5 Literaturhinweise

Adamy, Wilhelm: Soziale Grundrechte in der Europäischen Gemeinschaft. In: WSI Mitteilungen, Heft 10, 1989, S. 550–557

Bäcker, Gerhard, u. a.: Sozialpolitik und soziale Lage in der Bundesrepublik Deutschland, 2 Bde. Köln 1989

Blüm, Norbert, u. a.: Rentenreformgesetz 1992. In: Bundesarbeitsblatt, Heft 1, 1990

Blüm, Norbert / Zacher, Hans F. (Hg.): 40 Jahre Sozialstaat Bundesrepublik Deutschland. Baden-Baden 1989

Der Bundesminister für Arbeit und Sozialordnung (Hg.): Sozialbericht 1986. Bonn 1986

Dahl, J.: Die Verwegenheit der Ahnungslosen – Über Genetik, Chemie und andere Schwarze Löcher des Fortschritts. Stuttgart 1989

Färber, Gisela: Probleme der Finanzpolitik bei schrumpfender Bevölkerung. Frankfurt a. M. / New York 1988

Ferber, Chr. v. / Radebold, Hartmut / Graf von der Schulenburg, J.-Matthias: Die demographische Herausforderung. Beiträge zur Gesundheitsökonomie 23, Gerlingen 1989

Gretschmann, Klaus / Heinze, Rolf G., u. a.: Neue Technologien und soziale Sicherung. Opladen 1989

Hauser, Richard / Engel, Bernhard (Hg.): Soziale Sicherung und Einkommensverteilung. Frankfurt a. M. / New York 1985

Höhn, Charlotte / Schubnell, Hermann: Bevölkerungspolitische Maßnahmen und ihre Wirksamkeit in ausgewählten europäischen Industrieländern. In: Zeitschrift für Bevölkerungswissenschaft, Heft 1 u. 2, 1986

Littmann, Konrad: Vater Staat wird totgedient – Der öffentliche Dienst muß um ein Drittel schrumpfen. In: Die Zeit vom 24. Februar 1989

Mackensen, R. / Thill-Thouet, L. / Stark, U. (Hg.): Bevölkerungsentwicklung und Bevölkerungstheorie in Geschichte und Gegenwart. Frankfurt a. M. / New York 1989

Mackensen, R. / Umbach, E. / Jung, R.: Leben im Jahr 2000 und danach – Perspektiven für die nächsten Generationen. Berlin 1984

Miegel, M. / Wahl, St.: Gesetzliche Grundsicherung, Private Vorsorge – Der Weg aus der Rentenkrise. Stuttgart 1985

–: Auswahl vorrangiger Zukunftsaufgaben im Bereich von Wirtschaft und Gesellschaft. Untersuchungen des IWG Bonn im Auftrag des Bundesministeriums für Forschung und Technologie. Bonn 1988

Oppenländer, K.-H. / Wagner, A.: Ökonomische Verhaltensweisen und Wirtschaftspolitik bei schrumpfender Bevölkerung. ifo-Studien zur Bevölkerungsökonomie 2, München 1985

Prognos AG/Hofer, P. / Weidig, I. / Wolff, H.: Arbeitslandschaft bis 2010, 2 Bde. Beiträge zur Arbeitsmarkt- und Berufsforschung. Nürnberg 1989

Recktenwald, Horst Claus (Hg.): Der Rückgang der Geburten – Folgen auf längere Sicht. Mainz 1989

Reyher, K. / Kühl, J. (Hg.): Resonanzen – Arbeit und Beruf – Forschung und Politik. Beiträge zur Arbeitsmarkt- und Berufsforschung. Nürnberg 1988

Rolf, Gabriele, u. a.: Sozialvertrag und Sicherung. Frankfurt a. M. 1988

Rürup, Bert: Wirtschaftliche und gesellschaftliche Perspektiven der Bundesrepublik Deutschland. München 1989

Sachverständigenrat für die Konzertierte Aktion im Gesundheitswesen: Medizinische und ökonomische Orientierung. Baden-Baden 1987

–: Medizinische und ökonomische Orientierung. Baden-Baden 1988

–: Qualität, Wirtschaftlichkeit und Perspektiven der Gesundheitsversorgung. Baden-Baden 1989

Scherf, Harald (Hg.): Beschäftigungsprobleme hochentwickelter Industrieländer. Berlin 1989

Strasser, Johano: Grenzen des Sozialstaats? Soziale Sicherung in der Wachstumskrise. Köln / Frankfurt a. M. 1979

Struwe, Jochen: Wachstum durch Sozialpolitik. Köln 1989

Thon, Manfred: Das Erwerbspersonenpotential in der Bundesrepublik Deutschland. Beiträge zur Arbeitsmarkt- und Berufsforschung. Nürnberg 1986

Weidenbach, Th. / Tappeser, B.: Der achte Tag der Schöpfung – Die Gentechnik manipuliert unsere Zukunft. Köln 1989

Weinstock, Ulrich: Europäische Sozialunion – historische Erfahrungen und Perspektiven. In: Däubler, Wolfgang: Sozialstaat EG? Die andere Dimension des Binnenmarktes. Gütersloh 1989, S. 15–33

Wirtschaft

Herausgegeben von Bert Rürup

Die Bedeutung der Ökonomie steht in einem bemerkenswerten Gegensatz zur wirtschaftlichen Allgemeinbildung. Die Reihe »Wirtschaft« hilft, diese Lücke zu schließen. Sie informiert kompetent und verständlich über grundsätzliche und aktuelle Probleme unseres Wirtschaftslebens. Ökonomische Grundtatbestände, neue wissenschaftliche Erkenntnisse und politische Konsequenzen werden dargestellt und analysiert.

Herbert Ehrenberg
Abstieg vom Währungsolymp
Zur Zukunft der Deutschen Bundesbank
Band 10263

Udo Perina
Kursbuch Geld
Anlagemöglichkeiten: Chancen und Risiken
Band 10130

Peter Rosenberg
Das soziale Netz vor der Zerreißprobe?
Ökonomische, technologische und demographische Herausforderungen
Band 10154

Roland Stimpel
Der verbaute Markt
Villenglück und Wohnungsnot
Band 10152

Jochen Struwe
EG 92 – Europa der Unternehmer?
Band 10414
(in Vorbereitung)

Fischer Taschenbuch Verlag

fi 1160/2